chultz-Roth · Ullstein Katzenbuch

Ulla Schultz-Roth

# Ullstein Katzenbuch

Haltung, Intelligenz und Charakter
der Katzenrassen

Ullstein Berlin · Frankfurt/M. · Wien

Druck: Süddeutsche Verlagsanstalt
und Druckerei, Ludwigsburg
Buchbinder: May & Co., Darmstadt
Printed in Germany 1975
ISBN 3 550 07030 6

Sämtliche Zeichnungen Robert Scholz, Glücksburg.
110 farbig wiedergegebene Katzen, 22 Zeichnungen im Text.

# Inhalt

Welches andere Tier hat die Phantasie des Menschen so angeregt wie gerade die Katze? Verzauberte Prinzen nennen sie ihre Liebhaber und glauben an ihre übersinnlichen Fähigkeiten. Als Schultertier der Hexen und Wahrsager wie in den Erzählungen von Edgar Allan Poe jagen sie dem braven Bürger die Gänsehaut des Gruselns über den Rücken und als Objekt des Aberglaubens und Lebewesen von außergewöhnlicher Zähigkeit sieht sie sogar mancher aufgeklärte Zeitgenosse in einem ganz besonderen Licht.

Der durchschnittliche Mensch bezeichnet sich als tierlieb, ohne sich im allgemeinen genauer auf eine bestimmte Tierart festzulegen. Anders verhält er sich bei der Katze. Sie scheint ihn zu einer ausgeprägteren Stellungnahme herauszufordern: der Mensch ist Katzenfreund oder Katzengegner. Er liebt dieses Tier, weil er es kennt, oder er lehnt es ab – eben weil er es nicht kennt. Die Katze lernt man nicht kennen, indem man sein Haus mit ihr teilt und sie im übrigen ihrer eigenen Wege ziehen läßt. Einer Katze muß man sich mit ganzem Herzen widmen, nur dann kann man erfahren, ob man dem großen Kreis der Katzenliebhaber zugehört oder ob man ihrer Freundschaft nicht gewachsen ist. Die Liebe zur Katze verlangt mehr als die Zuneigung zum Hund. Sie setzt ein Maß von Selbstbeherrschung voraus, wie es nicht allen Menschen gegeben ist.

## *Hund oder Katze?*

Wo sind sie geblieben, die vielen Deutschen Doggen und Bernhardinerhunde, die um die Jahrhundertwende beliebteste Haus- und Luxustiere waren? Und wo sind die vielen Deutschen Schäferhunde, Setter und Afghanischen Windhunde, die besonderen Lieblinge der Nachkriegsjahre? Aus dem Straßenbild sind sie nahezu verschwunden. Dort sieht man fast nur Zwergpudel und Teckel mehr oder weniger brav an Frauchens Seite trotten. Wo sollten auch die großen lauffreudigen Hunde in der Stadt ein ihren Bedürfnissen angemessenes Leben führen? Betrachtet man die überall entstehenden Hochhaussiedlungen mit den Augen des Tierliebhabers, dann drängt sich die Frage auf: Was kann sich außer Fischen und Kanarienvögeln an Tieren dort überhaupt wohl fühlen? Will der Mensch der Zukunft nicht ein Leben ohne Kontakt zum Haustier führen, so muß er sich in die vorhandenen Gegebenheiten fügen.

Soll er sich eines der »modernen« Heimtiere, die meist klein und zu erschwinglichen Preisen zu haben sind, ins Haus holen oder gar einen Affen, dem eine große Karriere als Haustier des Jahres 2000 vorausgesagt wird? Das wird kein reines Vergnügen sein, denn ihnen fehlt eine Voraussetzung für das problemlose Leben mit dem Menschen: die Stubenreinheit.

Das Vorhandensein dieser Eigenschaft begrenzt den Kreis der nicht ganz winzigen, für ein Einfügen in die menschliche Wohngemeinschaft geeigneten Säugetiere auf wenige Tierarten, die ihre Verdauungsprodukte bewußt absetzen. Dies tun in erster Linie Fleischfresser. Ihre im Vergleich zum reinen Pflanzenfresser konzentrierte Ernährung läßt auch die Abfallprodukte in erträglicher Menge anfallen. Diese Tiere können Darm und Blase beherrschen, sie suchen bestimmte Plätze auf und lassen sich in dieser wichtigen Körperfunktion erziehen. Wieweit in fernerer Zukunft noch andere Arten – vielleicht Frettchen, Marder und Kleinbären – unsere Wohnungen beleben werden, ist nicht vorauszusagen. Heute jedenfalls sind es noch die klassischen, jahrtausendealten echten Haustiere, auf deren Haltung der Tierfreund angewiesen ist, will er sichergehen, am Heimtier wirkliche Freude zu erleben.

Hund und Katze besitzen auch die zweite Grundvoraussetzung für die Eingliederung eines Tieres in die Menschenfamilie. Sie bringen die Bereitschaft mit, sich einer Gemeinschaft einzufügen. Beim »Meutentier« Hund ist diese Eigenschaft allgemein bekannt und gilt als besonderer Vorteil. Daß sie Nachteile haben kann, vor allem bei verkehrter Erziehung und Haltung, wird meist vergessen.

Weit weniger bekannt ist die Tatsache, daß auch die Katze soziale Bindungen liebt, daß sie kaum je der Einzelgänger ist, als den man sie so oft bezeichnet.

Die Zeiten sind vorbei, in denen sich die städtischen Tierfreunde in Hunde- oder Katzenliebhaber trennten. So wenig wie es die angeborene Feindschaft zwischen Hund und Katze gibt, so selten dürfte es sein, daß wahre Tierfreunde nur eine Tierart lieben, eine andere aber völlig ablehnen. Der Tierliebhaber sollte sich vor dem Kauf eines Haustieres nicht nur die Frage stellen: welches Tier gefällt mir und welche Rasse möchte ich besitzen? Er sollte in erster Linie feststellen: welchem Tier kann ich einen Lebensrahmen geben, der seinen Bedürfnissen entspricht?

Daher soll dieses Buch nicht nur für Katzenbesitzer geschrieben werden, sondern für alle Tierfreunde und nicht zuletzt für eingefleischte Hundenarren. Denn diese sind es, die am eindringlichsten der Aufklärung bedürfen, daß zwischen der Haltung von Katze und Hund kein abgrundtiefer Unterschied besteht. So mancher Großstadthund wird nicht nur selbst zum wesensgestörten Nervenbündel, sondern auch zur Nervensäge für seine ganze Umgebung. Dann sollten die Besitzer sich überlegen, ob nicht eine Katze immerhin viel besser ist »als gar kein Hund«. Erholsamer für die Nerven des Großstädters ist sie wohl in den meisten Fällen. Diese Behauptung wage ich reinen Gewissens, denn bevor ich völlig »auf die Katze kam«, habe ich die Freuden und Leiden der Hundehaltung ausführlich genossen.

Der »umgestiegene« Hundezüchter soll sich trösten – alle Züchterfreuden und -hoffnungen, die er bei seinen bellenden Vierbeinern hatte, können ihm auch seine Katzentiere bescheren. Klub- und Ausstellungswesen gibt es bei ihnen eher noch in ausgeprägterem Maße, da die Zusammenarbeit zwischen den Züchtern international viel intensiver ist. Die Zahl der vorhandenen und einheitlich durchgezüchteten Rassen ist nicht gering. Darüber hinaus versprechen die weiteren Zuchtbemühungen noch manche Überraschung. Die systematische

Katzenzucht ist in Europa und Nordamerika noch sehr jung im Vergleich zur Hundezucht, und für den begeisterten Züchter bietet sich neben der Gelegenheit, mit vorzüglichen Rassekatzen selbst bald Erfolge zu erringen, die verlockende Aussicht, vielleicht selbst eine neue Spielart in Haar oder Farbe oder gar eine neue Rasse zu schaffen.

Eine Voraussetzung zur erfolgreichen und freudebringenden Katzenhaltung ist nötig: jedes Tier, sei es die hochgezüchtete Rassekatze oder die ganz gewöhnliche Hauskatze, muß als anerkanntes Mitglied unserer Gemeinschaft geliebt, umsorgt und geachtet werden.

# Die Katze und ihre wilden Verwandten

## *Abstammung*

In der Erdgeschichte traten die ersten Vorfahren der Katze schon vor etwa 50 Millionen Jahren auf. Im frühen Tertiärzeitalter hatten die Miaciden, die Urväter aller Raubtiere, ihre Blütezeit. Sie hatten bereits Reißzähne, die wichtigsten Zähne des Katzen- und Hundegebisses, die im Oberkiefer aus dem vierten Praemolar und im Unterkiefer aus dem ersten Molar gebildet wurden, genau wie bei den heute lebenden Arten. Dieser Urtyp hatte am meisten Ähnlichkeit mit den heutigen Hundeartigen. Von ihm spalteten sich zunächst die Schleichkatzen ab und von diesen wieder zu Beginn des Miocäns die Vorläufer der echten Katzen. Das war noch eine ganze Spanne Zeit vor Beginn der Eiszeit und vor dem Auftreten der ersten Australhominiden, unseren frühesten menschlichen Verwandten. Eine Übergangsform zwischen Schleichkatzen und echten Katzen hat sich auf der Insel Madagaskar in die Neuzeit retten können: die Fossa oder Frettkatze (Cryptoprocta ferox Benn.). Ein besonders spiellustiges und liebenswürdiges Exemplar davon lebte siebzehn Jahre lang im Berliner Zoologischen Garten.

Alle heute lebenden Katzenarten gleichen den frühesten Formen sehr. Die einzige ausgefallene Zahnform, die die Natur bei ihnen hervorbrachte, hat sich nicht bewährt. Der Säbelzahntiger, der bereits im Obermiozän erschien, überlebte das Eiszeitalter nicht, er starb im Diluvium wieder aus. Die enorme Entwicklung seiner oberen Eckzähne war zwar sehr dekorativ, aber unpraktisch. Die Träger dieser Säbelzähne mußten den Unterkiefer fast rechtwinklig nach unten klappen, um Nahrung aufnehmen zu können. Am Ende des Eiszeitalters waren die echten Katzen unter sich. Sie bevölkerten auch Mitteleuropa mit den großen Höhlenlöwen sowie mit Geparden und Luchsen. Reste der heute nur viel weiter südlich lebenden Rohrkatze wurden in der Gegend von Stuttgart gefunden. An den Knochen von Luchs und Europäischer Wildkatze, die aus den dänischen Kjökkenmödingern und den Pfahlbauten des Bodenseegebietes stammen, lassen sich im Gegensatz zum Hund keine Anzeichen von Domestikation, von Haustierwerdung, nachweisen. Nicht einmal bei den Ausgrabungen von Pompeji fanden sich Spuren von Hauskatzen.

Obwohl die ganze Welt, mit Ausnahme Australiens, von Katzen bevölkert war, dauerte es recht lange, bis die Katze zum Haustier wurde. Warum das so war, ist unverständlich und hat wohl mehr an den menschlichen Partnern gelegen als an den Hauskatzenahnen. Denn die afrikanische Falbkatze (Abb. S. 223 u. 224), die hauptsächlichste Stammform der Hauskatzen, läßt sich sehr leicht zähmen. Sie sucht in ihrer Wildform nicht selten die Nähe des Menschen und bleibt freiwillig bei ihm. Solche im Busch aufgewachsenen Falbkatzen sind ohne die geringste Scheu und lassen sich von fremden Menschen streicheln und auf den Arm nehmen, ganz im Gegensatz zu den meisten unserer heimischen Bauernkatzen. Diese echten Hauskatzen benehmen sich viel »wilder« als die aus freiem Willen zum Menschen gekommenen Wildkatzen.

Dieser Falbkatze gleicht die Hauskatze viel mehr als der europäischen Wildkatze. Beide besitzen den zur Spitze hin dünner werdenden langen Schwanz. Bei der europäischen Wildkatze bleibt der Schwanz von der Basis bis zum Ende gleich dick und wirkt viel plumper.

Wenn sie auch nicht von ihr abstammt, so paart sich unsere Hauskatze doch freiwillig und gar nicht selten mit der Wildkatze, sofern sie nur Gelegenheit dazu bekommt. Und auch die weibliche Wildkatze nimmt sich einen Hauskater zum Liebhaber, wenn kein ebenblütiger Wildkuder erreichbar ist. Auch mit afrikanischen und indischen Wildkatzen sind Paarungen möglich; sie waren schon vor mehr als hundert Jahren dem berühmten englischen Naturforscher Charles Robert Darwin bekannt. So ist es durchaus möglich, daß bei manchen Katzenrassen, vor allem den asiatischen, neben der Falbkatze auch andere Wildkatzenarten beteiligt waren (siehe Seite 256 f). Nicht nur mit der

Asiatischen Goldkatze, dem Manul, der Rohrkatze oder der südafrikanischen Felis caffra gelangen Paarungen, sondern sogar mit dem amerikanischen Rotluchs Lynx rufus.

Vor 4000 bis 5000 Jahren erst begann der Mensch, die Katze zu schätzen – Hund, Rind und Schaf waren schon viele tausend Jahre vorher an Mensch und Haus gebunden. Doch sie wurden aus Zweckmäßigkeitsgründen gezähmt und gezüchtet. Die Katze dagegen kam als Göttin zum Menschen.

Die Sage erzählt, daß im alten Ägypten die ursprünglichen heiligen Katzen zahme Löwen waren, die frei im Tempel lebten, dem Heiligtum Bubastis. Priester kümmerten sich um das Wohl der heiligen Tiere. Zur Zeit der Liebestollheit forderten die sonst so sanften, schmeichelnden Dienerinnen der Göttin grausam ihre Opfer unter den Priestern. Schließlich fand der Hohepriester die Erleuchtung im Gebet: die kleinen und leicht zu zähmenden Falbkatzen traten an die Stelle der gefährlichen Löwen.

Die hohe Kultur Ägyptens hat uns aus der Zeit der Alten Dynastien 2980 bis 2475 vor unserer Zeitrechnung Abbildungen von Katzen überliefert, darunter sogar von einer, die ein Halsband trägt. Sie galt als Verkörperung der Himmelsgöttin und wurde zuerst noch mit Löwenkopf abgebildet, später als Katze, nahezu in ihrer auch heute noch häufigsten Form. Die ältesten Katzenmumien aus der 5. und 6. Dynastie lassen noch keine Domestikationsmerkmale erkennen, es ist nicht sicher, ob es sich um wild eingefangene oder um gezüchtete Tiere gehandelt hat. In der 12. und 13. Dynastie fand man unter den Mumien von Beni Hassan und Siut auch Jungtiere aller Altersstufen, ein sicherer Beweis dafür, daß der Mensch sich um die Züchtung gekümmert hat. Daneben gab es aber auch schon Veränderungen am Schädel mit Gebißabnormitäten und eine große Verschiedenheit der Ohrform und der Fellfärbung, wie sie meist nur nach längerer Haustierzeit aufzutreten pflegt. Der Körperbau entsprach noch dem der Falbkatze, auch fehlten schwarze und weiße Tiere.

In vollster Blüte stand der Katzenkult während der 12. Dynastie des Ägyptischen Reiches um 1800 v. Chr. Die toten Tiere wurden im Tempelbereich beigesetzt, denn ihre Seelen mußten nach dem Tode wieder in die Körper zurückkehren können. Die toten Katzen wurden ebenso sorgfältig einbalsamiert wie die Könige, für beide wurden die gleichen Binden und Präparate verwendet. Die Katzenmumien wurden zu Massen in unserem Jahrhundert gefunden, außer in Bubastis auch auf dem Katzenfriedhof von Beni Hassan.

Noch andere Katzen wurden einbalsamiert, die wir aus der Darstellung von Jagdszenen kennen. Diese Jagdkatzen waren als Gehilfen der Jäger abgerichtet, die mit einem bumerangähnlichen Wurfholz dem Wild im Sumpfdickicht zu Leibe rückten. Diese größeren Katzen waren ausgezeichnete Schwimmer; sie waren völlig zahm und gingen an der Leine. Nur haben sie mit unseren Hauskatzen und ihren Vorfahren wenig gemeinsam. Es waren gezähmte Rohrkatzen (Felis chaus) und keine echten Haustiere.

Herodot, der älteste griechische Geschichtsschreiber (5. Jahrhundert v. Chr.), und etwas später Diodor schildern ausführlich, welche Verehrung die Katzen im ganzen Land genossen, nachdem sie aus dem Tempelbezirk auch in die Häuser der Ägypter gekommen waren. Ihr Leben galt als kostbarer als das der Menschen. Brannte das Haus, so dachte niemand ans Löschen, bevor nicht die Katze in Sicherheit gebracht worden war – noch vor den Kindern! Wer eine Katze tötete, auch wenn es aus Versehen geschah, wurde ohne Urteil und ohne Berücksichtigung der Umstände mit dem sofortigen Tode bestraft. Auch diplomatische Rücksichten auf andere Völker wurden dann nicht genommen. Selbst mit den starken Römern legte man sich an, um den Tod einer Katze zu sühnen.

War die Katze eines natürlichen Todes gestorben, so rasierten sich die Familienangehörigen die Augenbrauen ab, legten Trauerkleidung an und sangen tagelang Klagelieder. Der einbalsamierte Leichnam wurde zum Katzenfriedhof gebracht, selbst wenn die Reise dorthin das letzte Geld der Familie kostete. Alljährlich fanden in Bubastis große Begräbnisfeiern statt mit einem unvorstellbaren Prunk. Allein mehrere Hunderttausend »Katzenpriester«, die im übrigen in höchstem Ansehen standen, waren dabei. Die toten Kätzchen bekamen Spielzeug und in Schüsselchen letzte Leckerbissen mit ins Grab. Dies alles fand man Tausende von Jahren später. Schließlich endeten, wie dies auch heute noch auf der ganzen Welt anzutreffen ist, die Begräbnisfeierlichkeiten vor den Toren der heiligen Städten in einem ausgedehnten Fest, bei dem es feucht und fröhlich zuging. Ein glückliches Leben wird die Katze trotz aller Verehrung damals wohl kaum geführt haben, denn für nennenswerte persönliche Freiheit war sie zu wertvoll. Auch ihr jeweiliger Partner wurde sehr sorgfältig ausgewählt, was die Haltung im geschlossenen Raum oder an der Leine zur Voraussetzung gehabt haben dürfte. Ihre Fortpflanzungsstärke entsprach ihrem Wert: sie war weit geringer als die unserer Hauskatzen. Im ersten Jahr soll sie ein einziges Junges, im zweiten Jahr zwei Kinder und jeweils im Jahr darauf ein Baby mehr bekommen haben. In sieben Jahren war es eine Nachkommenschaft von 28 Kindern. Hätten die Katzen diesen Brauch bis heute beibehalten, wäre ihr Wert und Ansehen heute ganz allgemein höher. Denn der Mensch pflegt und schätzt das am höchsten, was selten ist und ihm teuer zu stehen kommt.

Trotz strengsten Ausfuhrverbotes gelangten in der griechischen und römischen Zeit doch einige der ägyptischen Katzen in den Mittelmeerraum und nach Europa. Dort wird die Katze im ersten nachchristlichen Jahrhundert von Plutarch als Haustier erwähnt, das dabei war, sich neben den bis dahin verwendeten Mardern und Wieseln einen Platz als Mausefänger zu erobern.

Wenig wissen wir von der Abstammung und der Haltung der übrigen im Altertum im Orient lebenden Hauskatzen. Felsbilder aus dem späten 6. und dem frühen 5. Jahrtausend v. Chr. überliefern uns, daß damals in Jericho Katzen gehalten wurden. Älteste Darstellungen aus dem 6. Jahrtausend zeigen mit Katzen spielende Frauen. Wir können nur vermuten, daß dies nahe verwandte Unterarten der Nordafrikanischen Falbkatze gewesen sind.

Der bedeutendste Katzenfreund dürfte wohl der Prophet Mohammed gewesen sein. Seine recht einseitige Katzenliebe ließ ihn Einladungen ablehnen, nur weil in dem betreffenden Hause ein Hund gehalten wurde. Besaß der Gastgeber dagegen selbst eine Katze, so war seine Chance groß, daß der hochgeschätzte Gast an seinen Tisch kam. Und weil er den Schlaf seines Kätzchens nicht stören wollte, schnitt Mohammed einen Teil seines Rockes ab, auf dem das Tier ruhte. Seinem Liebling Muessa strich er dreimal segnend über den Rücken. Seit dieser Zeit, geht die Sage, landen beim Fallen alle Katzen auf den Pfoten, denn der von heiliger Hand berührte Körperteil müsse immer zum Himmel gerichtet sein.

Sehr verbreitet war die Katze frühzeitig in Ostasien. Das erste, was wir von ihr aus China kennen, war ihr Name Mao. Er erscheint in einer Ode ums Jahr 800 v. Chr. in der Zeit des Königs Hsüan. Woher sie dorthin gekommen ist, wissen wir nicht. Sie kann aus Ägypten oder Arabien eingeführt worden sein, aber auch das Blut einheimischer Wildkatzen geführt haben. Neben Mao gab es im alten China zum Mäusevertilgen noch den »Li«. Es hieß, der Li sei eine größere Katze, die dem Menschen auch die Hühner stehle. Ihr Schrei soll anders geklungen haben als der des Mao. Die vielen Ratten und Mäuse im alten China sorgten für den Beruf des Katzenhändlers, dem unglaubliche Fähigkeiten in der Beurteilung seiner Handelsobjekte nachgesagt wurden. Er konnte mit einem Blick die Qualität einer Katze und die Treue zu ihrem späteren Herrn erkennen. Ein Mao mit kurzem Körper und mit Tigerkopf galt als vorzüglicher Mäusefänger. Sein Schwanz sollte so lang sein wie sein Rücken. Langgebaute Tiere waren weniger wert, denn sie galten als Streuner, und die Katze mit einem längeren Kopf sollte mit Vorliebe den Haushühnern nachstellen. Wie zu allen Zeiten einem Pferd, so sah man damals beim Kauf auch der Katze ins Maul. Doch man beurteilte nicht die Zähne, sondern den Gaumen. Je mehr Linien er hatte, desto fleißiger erwiesen sich die Maos als Mäusefänger. Diejenigen mit neun Linien jagten das ganze Jahr hindurch. Andere, mit weniger Linien, mußten Pausen einlegen. Auch die schnarchenden Katzen sollten gute Jäger sein. Ganz sicher sind die damaligen Kätzchen ihrem Besitzer gegenüber äußerst vertraut gewesen. Von unseren heutigen Hauskatzen wird sich wohl nicht jede die Gaumenlinien kontrollieren lassen.

Von China aus kamen die Katzen nach Japan, zum ersten Mal als sie eine Schiffsladung wertvoller Bücher vor den Ratten schützen sollten. Es wird dies um das 6. Jahrhundert gewesen sein, als die buddhistische Lehre Japan erreichte. Doch erst um die Jahrtausendwende wurden sie dort bekannter. Der Kaiser hatte ein Paar Kätzchen aus

China erhalten, und zur großen Freude am Kaiserhof bekamen die sorgsam gepflegten Tiere am 19. Tag des 9. Monats im Jahre 999 ihre ersten fünf Kinder. Weil auch die weitere Vermehrung gut klappte, erhielten die Minister und andere Vornehme des Landes anstelle von Orden ein Kätzchen als Gunstbeweis. Die wertvollen Tiere wurden gekämmt und parfümiert und an goldenen Leinen gehalten, damit sie nur ja nicht verlorengingen. Man glaubte, daß allein die Anwesenheit einer Katze Ratten und Mäuse in die Flucht treiben würde. Wer sich keine lebende Katze leisten konnte, begnügte sich mit einer Nachbildung aus Ton, in der Hoffnung, daß auch sie die schädlichen Nagetiere abschrecken würde.

In Europa war die Katze vor tausend Jahren noch sehr wertvoll. In der Gesetzessammlung von Howel DDA des Guten von Wales wird sie um 950 erwähnt, und es wird aufgezählt, was der Käufer von ihr verlangen durfte. Die Tötung einer Katze der fürstlichen Heuböden war eine teure Angelegenheit. Sie mußte mit einem Schaf mitsamt Lamm gebüßt werden oder mit so viel Weizen, wie nötig war, um die am Schwanz aufgehängte tote Katze völlig zu bedecken.

Göttliche Verehrung genossen die Katzen bei den Germanen, wenn auch nur wenige Jahrhunderte lang. Als die Begleiterinnen von Freya, der Göttin der Liebe und Schönheit und aller häuslichen Tugenden, durften sie auch deren Wagen ziehen. Wer Katzen pflegte, konnte auf Schutz und Hilfe der Göttin rechnen. Glück im Hause und reicher Kindersegen waren ihm sicher. Mit dem Fortschreiten des Christentums im 4. Jahrhundert war es vorbei mit dieser Vorrangstellung. Das heidnische Tier wurde als Gefährte des Teufels und Zeichen des Bösen angeprangert. Grausam wurde ihm nachgestellt. In Metz wurden am Vorabend des St.-Johannis-Tages Katzen zu Dutzenden verbrannt. In der flandrischen Stadt Ypern wurde 962 von Graf Balduin in der zweiten Fastenwoche der »Katzenmittwoch« eingeführt, an dem die Katzen vom Turm herabgestürzt wurden. Als 1231 der Turm von Lakendhal fertig gebaut war, ging der Brauch vom Schloßturm auf ihn über. Bis 1674 hielt sich die grausame Sitte und wurde sogar 1714 wiederaufgenommen. Es wird behauptet, daß noch 1868 Katzen vom Turm in Ypern gestürzt worden seien. Zur gleichen Zeit aber war in Sachsen die Katze das einzige Tier, das in Nonnenklöstern gehalten werden durfte.

Auf dem Lande allerdings kannte und schätzte man ihren Wert. Die salischen Gesetze des 8. Jahrhunderts erwähnten sie noch nicht, doch im 14. Jahrhundert gehörte sie zu den Tieren, die bei der Übergabe eines Bauernhofes vorhanden sein mußten. Sie war damals demnach nicht nur wertvoll, sondern auch selten.

In Nordamerika wurden die Hauskatzen zum ersten Mal 1626 erwähnt – jetzt gibt es dort mehr Rassekatzen als irgendwo sonst auf der Welt. Sie waren durch Europäer eingeführt worden, ebenso nach Mittel- und Südamerika, wo man hohe Preise für sie bezahlte. So wechselte die erste nach Cuyaba am Paraguay gelangte Katze Mitte des 18. Jahrhunderts für ein Pfund Gold ihren Besitzer.

# Aussehen und Verhalten

Die Wildkatzen sind in ihrer Körperform so vorzüglich ihren Bedürfnissen angepaßt, daß Domestikationserscheinungen am Skelett erst recht spät aufgetreten zu sein scheinen. Denn Knochenfunde aus Ägypten und noch ältere aus Kleinasien geben keinen Aufschluß darüber, ob es sich um reine Wildkatzen, gezähmte oder schon zum Haustier gewordene Katzen handelt. Dabei wissen wir von Abbildungen, daß es zu dieser Zeit bereits domestizierte Tiere gegeben hat. Erst in der letzten Zeit entwickeln sich extremere Wuchstypen aus Rassen, die es schon sehr lange gibt. Unterschiede in der Größe, wie wir sie vom Hund her kennen, sind geringfügig und auf jeden Fall nicht erheblicher als bei den verwandten Wildkatzenarten.

## *Körperbau*

Das Skelett der Katze ist so gebaut, daß ihre Beweglichkeit in allen Dimensionen gegeben ist und ihre Bewegungen elegant erscheinen. Dies betrifft vor allem die Wirbelsäule. Von den sieben Halswirbeln besitzt der erste, der Atlas, seitliche Flügel, der zweite und längste, der Epistropheus oder Umdreher, einen nach hinten und vorn überragenden Kamm mit Angriffsflächen für die kräftige Muskulatur, die ein Raubtier benötigt. Vom dritten bis siebenten Halswirbel werden die Wirbelkörper kürzer und die Dornfortsätze höher. Der Dornfortsatz des dritten Wirbels ist bereits höher als bei Hunden, außerdem sind Querfortsätze vorhanden. Dreizehn Brustwirbel (einer mehr als beim Menschen) haben hohe Dornfortsätze. Der des elften Wirbels steht senkrecht; es ist der diaphragmatische Wirbel. Anders als beim

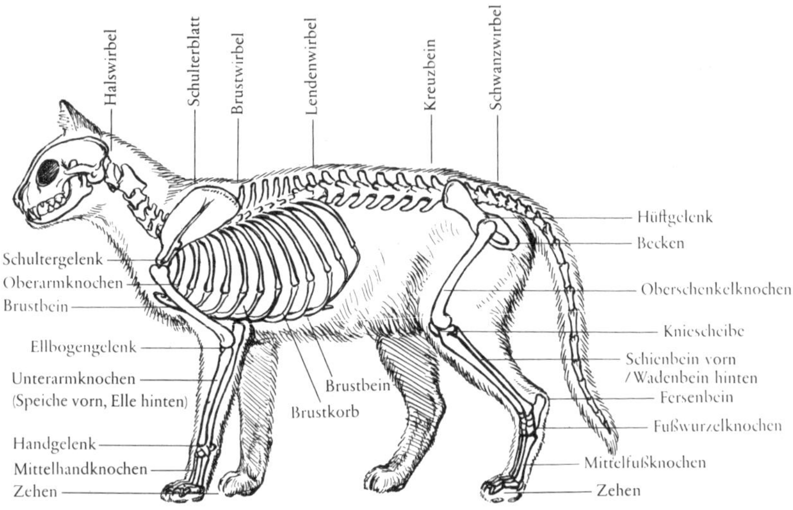


*Skelett der Katze*

Hund ist dieser »Umkehrpunkt« der Dornfortsätze äußerlich nicht zu erkennen. Wie beim Hund überragt das Schulterblatt die Dornen und bildet mit ihnen die Grundlage zur kräftigen Muskulatur der Widerristgegend. Neun der dreizehn Rippen sind direkt mit dem Brustbein verwachsen, die zehnte Rippe ist die längste. Die letzten vier Rippen erreichen das Brustbein nur mittelbar, indem sie zum Rippenbogen zusammenwachsen. Die vorderen Rippen sind abgeplattet, die hinteren drehrund. Das aus acht Skeletteilen bestehende Brustbein verknöchert erst im hohen Alter, bleibt also noch lange elastisch biegsam. Sein vorderes, über das erste Rippenpaar vorragende Ende trägt einen kegelförmigen Fortsatz, den Habichtsknorpel. Anders als beim Hund sind die einzelnen Abschnitte des Brustbeins zylindrisch, der bauchwärts stehende Teil, das Xiphosternum, endet in einem abgeplatteten Schaufelknorpel.

Die Katze besitzt sieben Lendenwirbel, deren Körper bis zum vorletzten an Länge und Breite zunehmen. Die nach vorn geneigten Dornfortsätze werden bis zum vierten ausgeprägter, die Querfortsätze sind schräg nach vorn unten gerichtet und an ihren freien Enden zugespitzt. So unterscheidet sich die Form jedes einzelnen Wirbels – bei im Prinzip gleichem Bau – von der eines gleichgroßen Hundes. Bei beiden, mehr noch bei der Katze, besitzt die Lendenwirbelsäule eine bemerkenswerte Beweglichkeit. Die drei Kreuzbeinwirbel verwachsen im zweiten Lebensjahr miteinander, die Dornfortsätze ragen deutlich hervor. Die zwanzig bis dreiundzwanzig Schwanzwirbel nehmen zunächst an Länge zu, werden dann immer kleiner, so daß die letzten nur noch 3 bis 5 mm messen können. Nur die ersten vier besitzen alle typischen Wirbelanteile.

Vordergliedmaßen

Das beim Menschen gut ausgebildete Schlüsselbein ist bei der Katze nur noch als dünnes gebogenes stabförmiges Knöchelchen von 2 bis 5 cm Länge im Bereich der Schultermuskulatur vorhanden. Einzig wichtiger Knochen des Schultergürtels ist das Schulterblatt. Seine Form ist mehr dreiseitig als die des Hundes. Die dem Muskelansatz dienende Mittelleiste trägt nahe dem Schultergelenk einen zusätzlichen Fortsatz. Der Schulterblattknorpel am endständigen Knochensaum dient vorwiegend der Stoßdämmung beim Laufen und Springen.

Der Oberarm ist ein langer, ziemlich gerader Röhrenknochen, dem im Ellenbogengelenk die Unterarmknochen, Elle und Speiche, anlie-

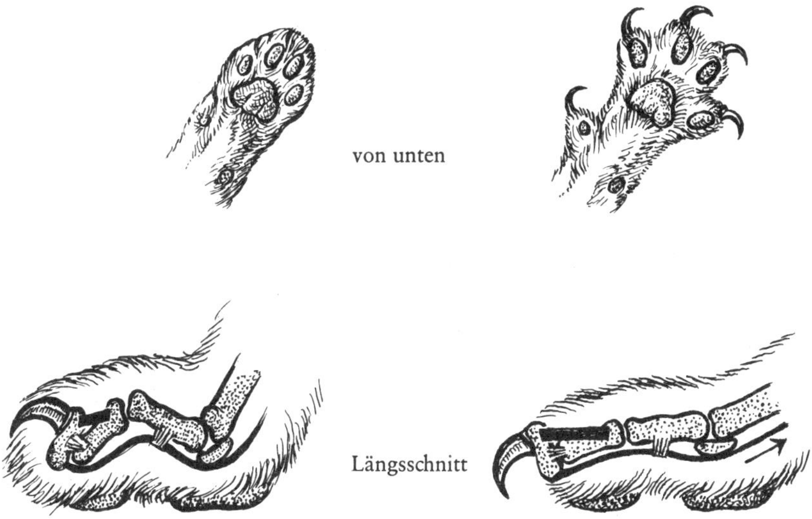


*Pfote mit eingezogenen bzw. ausgestreckten Krallen*

gen. Beide Knochen sind in geringem Maße (mehr als beim Hund) gegeneinander beweglich, sie sind von nahezu gleicher Stärke. Neben den sieben Handwurzelknochen, die in zwei Reihen geordnet sind, erkennt man im Röntgenbild in der Endsehne ein kleines Sesambein und zwei weitere zwischen den Knochenreihen. Die fünf langen Mittelhandknochen sind bei der Katze gleich kräftig und im Querschnitt gerundet. Von den fünf strahligen Vorderzehenknochen sind der dritte und der vierte Strahl am längsten, fast ebenso lang sind der zweite und der fünfte. Der erste, der Daumenstrahl, ist nur zweigliedrig, im Gegensatz zu den anderen, die dreigliedrig sind. Die stark gebogenen Krallenbeine sind spitz und seitlich zusammengedrückt. Die Endglieder lassen sich in Hauttaschen zurückziehen.

Hintergliedmaßen

An den beiden Hüftbeinen, die den Beckengürtel bilden, erkennt man in der Jugend noch die Gliederung in Darmbein, Schambein und Sitzbein. Der sie verbindende Fugenknorpel verknöchert später, so daß dann ein einheitlicher Hüftbeinknochen vorhanden ist. Die Darmbeinflügel sind schmal und langgestreckt und gehen kopfwärts auseinander. Die dem Muskelansatz dienenden Leisten sind deutlich anders angelegt als beim Hund. Schambein und Sitzbein bilden den Beckenboden.

Das schlanke Oberschenkelbein ist gerade und weniger modelliert als das der meist muskelkräftigeren Hunde. Mit dem ausgeprägten Gelenkkopf sitzt es fest in der Pfanne des Hüftbeins. Am anderen Ende bilden die beiden Gelenkknorren mit zwei eingeschobenen Knorpelscheiben, den Menisken, und mit dem Schienbein das Kniegelenk. Die Kniescheibe ist der Endsehne eingelagert. Zwei Sesambeine liegen in den Ursprungssehnen des Wadenmuskels ebenfalls im Bereich des Kniegelenks. Das Stärkeverhältnis der beiden Unterschenkelknochen ist bei der Katze weniger verschieden als beim Hund. Das Schienbein ist also nur wenig stärker als das Wadenbein. Der Zwischenraum zwischen beiden Knochen bildet eine durchgehend weite Spalte.

Von den sieben Fußwurzelknochen ist das Fersenbein am ausgeprägtesten. Von den Mittelfußknochen ist der erste stark zurückgebildet und zehenlos, die übrigen vier Zehen sind nahezu gleich lang und wie die des Vorderfußes mit zurückziehbaren Krallen versehen.

Schädel

Die Katze ist das einzige Haustier, bei dem der Gehirnschädel den Gesichtsschädel bei weitem übertrifft. Der Schädel der weiblichen Tiere wirkt runder als der der Kater. Es ist überall im Tierreich verbreitet, daß die Weibchen im Aussehen noch mehr der Jugendform genähert sind als die Männchen. Als Zeichen seiner Männlichkeit und als Ansatz für die Kopfmuskulatur besitzt der Kater einen Scheitelkamm, wenn auch längst nicht in der Ausdehnung wie ein Rüde bei den normalköpfigen Hunderassen. Der Jochbogen ist weit seitlich ausladend und begrenzt die nach vorn gerichtete Augenhöhle. Die beiden Unterkieferhälften verwachsen erst spät oder gar nicht. Sie stehen im spitzen Winkel zueinander. Der Bau des Kiefergelenks läßt nur vertikale Bewegungen zu. Er erlaubt kein seitliches Mahlen wie bei den Wiederkäuern, nicht einmal in dem geringen Maße wie beim Hund. Die jungen Kätzchen kommen zahnlos auf die Welt. Allerdings sind die Zähnchen schon im Kiefer angelegt. Dieses Milchgebiß besteht aus sechs winzigen Schneidezähnen im Ober- wie im Unterkiefer, einem Eckzahn auf jeder Seite oben und unten und je drei Backenzähnen oben und zwei unten in jeder Hälfte. Das bleibende Gebiß unterscheidet sich wesentlich von dem des Hundes. Die jeweils sechs Schneidezähne im Ober- und im Unterkiefer sind klein und gleichmäßig in Größe und Form. Einzig der Eckzahn in jeder Kieferhälfte erreicht beachtlicheres Ausmaß. Die nicht sehr großen Backenzähne sind dem kurzen Kieferbogen angepaßt. Im Oberkiefer stehen auf jeder Seite vier, von denen man nie mehr als drei sehen kann, wenn man dem Katzentier in den Rachen sieht. Denn der letzte, der erste Molar, ist sehr klein und steht quer, so daß er von dem davorstehenden Praemolar völlig verdeckt wird. Die drei vorderen Backenzähne entsprechen dem zweiten bis vierten Praemolar. Der erste, der bei Hunden recht klein ist, ist bei der Katze gar nicht vorhanden. Die drei Praemolaren nehmen von vorn nach hinten erheblich an Größe zu. Sie sind ein-, zwei- bzw. dreiwurzelig. Die drei Backenzähne des Unterkiefers entsprechen dem dritten und dem vierten Praemolar und dem ersten Molar. Auch sie werden nach hinten zu größer, haben jedoch alle zwei Wurzeln. Dieses Gebiß unterschätzt nur jemand, der noch nie einen Finger dazwischen hatte. Die scharfkantigen und spitzhöckerigen Zähne sind so scharf, daß sie auch ohne

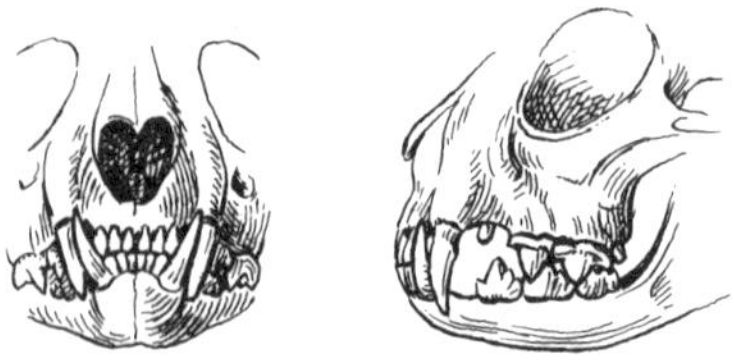

von vorn — von der Seite

*Gebiß*

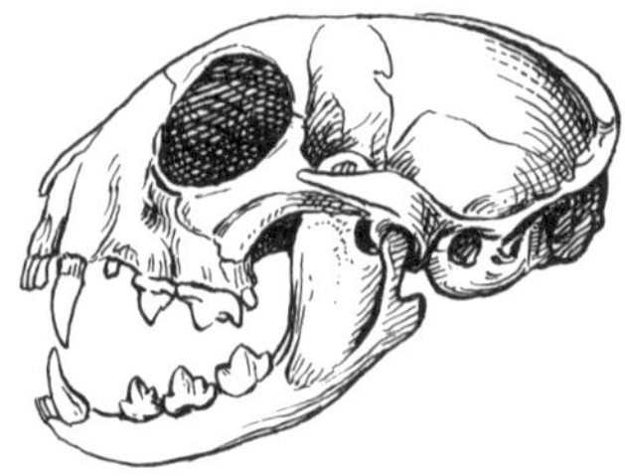

*ganzer Schädel, von der Seite*

großen Kraftaufwand ihre Wirkung tun. Für kleine Beutetiere sind sie vorzüglich geeignet, denn die Zungenseite der oberen Zähne schließt mit der Außenseite der unteren ab, und die Spitzen der einen Zahnreihe treffen genau in die Lücken der anderen. Die unteren Eckzähne führen scharf vor den Eckzähnen des Oberkiefers vorbei. Den Reißzähnen des Hundes entsprechen die identischen Zähne, oben der vierte Praemolar und unten der erste Molar, also jeweils der dritte Zahn in der Reihe. Damit läßt das Katzengebiß deutlich erkennen, daß Katze und Hund auf gemeinsame Vorfahren zurückgehen. Die bei der Katze fehlenden vorderen Praemolaren sind beim Hund nur klein und fehlen zuweilen ganz, was dann allerdings als Fehler angesehen wird.

Der in der Zeichnung dargestellte ideale Zahnschluß kann sich bei den Perserkatzen verschieben. Wenn der Gesichtsschädel stark verkürzt ist, tritt der Unterkiefer vor, und es entsteht ein Vorbiß. Dadurch berühren sich die Schneidezähne nicht mehr, und auch die Stellung der anderen Zähne zueinander kann verschoben sein.

### Muskeln

Auch die Anordnung der Muskeln ist auf große Bewegungsmöglichkeit abgestellt. Weniger als der Hund ist die Katze ein ausdauernder Läufer. Dafür ist sie geschmeidiger und im Sprung oder auf kurze Entfernungen zu größeren Leistungen imstande. Große Muskelpakete hat sie dazu nicht nötig. Deshalb fehlen ihr auch Knochenkämme und Vorsprünge, die die Ansatzmöglichkeiten der Muskeln vergrößern. Die Knochen der Katze sind bei ähnlichem Grundbau glatter und feiner als die des Hundes. Rumpf- und Bauchhautmuskeln sind bei der Katze dünne zusammenhängende Muskelplatten mit horizontalem Faserverlauf. Bemerkenswert sind die Hautmuskeln an Kopf und Hals und die Gesichtsmuskeln, die die Mimik ermöglichen. Eine ganze Anzahl Ohrmuskeln überträgt die Gemütsbewegungen des Tieres ins Sichtbare. Als einzige Tiergattung kann die Katze ihre Krallen willkürlich herausstrecken oder einziehen.

Verdauungsorgane

Die Nahrungsaufnahme beginnt mit den Lippen, der Zunge und den Zähnen. Die Mundhöhle ist kurz und breit, die Mundschleimhaut kann ganz oder teilweise pigmentiert sein. Das Epithel des harten Gaumens ist stärker verhornt und bildet sieben bis neun Gaumenstaffeln oder Papillen. Schon die alten Ägypter wußten um ihre wechselnde Zahl. Die sehr bewegliche Zunge spielt eine wichtige Rolle für die Wasseraufnahme. Nach hinten gerichtete Hornzähnchen machen ihre Oberfläche bürstenartig rauh und dadurch gut geeignet zum Säubern des Felles, Abraspeln von Fleischteilchen von Knochen und zum Aufnehmen von Wassertropfen. Zungenspitze und Zungenrükken sind mit großen Geschmacksknospen ausgerüstet.

Die Katze schlingt nicht wie ein Hund, sie kaut ihre Nahrung bedächtig, bevor sie sie durch die Speiseröhre in den Magen transportiert. Daher wird die Nahrung auch nicht so leicht wieder erbrochen. Die Katze behält, was sie sich einverleibt hat. Selbst ihren Jungen bricht sie nur ausnahmsweise Futter vor. Sie schleppt ihnen lieber Beute heran. Daher zeigt ihre Speiseröhre Unterschiede zu der des Hundes. Nur in den ersten beiden Dritteln enthält sie quergestreifte Muskulatur, die im Gegensatz zur längsgestreiften willkürlich bewegt werden kann. Der Drüsenteil ist auf ein begrenztes Gebiet beschränkt. An beiden Enden ist die Speiseröhre der Katze durch relativ starke Muskulatur eingeengt. Der U-förmig gebogene Magen gleicht leer einem engen Rohr. Er erweitert sich gefüllt sackartig, jedoch nicht in dem Maße wie beim Hund – die Katze ist auf mehrere kleine Mahlzeiten am Tage eingestellt. Die Verdauungssäfte sind auf die Verarbeitung von Kleinlebewesen mit Knochen und Haaren oder Federn vorbereitet. Die Magensäure beträgt ein Mehrfaches der menschlichen. Im Zwölffingerdarm, im Dünndarm und im Dickdarm findet die weitere Verdauung statt. Die Darmlänge der Katze ist noch kürzer als die des Hundes, bei dem sie das Fünffache der Körperlänge ausmacht.

Mit 1 bis 1,8 m Länge beträgt sie das Drei- bis Fünffache der Körperlänge. Der größte Teil davon fällt auf den Dünndarm. Als eine Domestikationserscheinung ist der Darmkanal der Hauskatze etwas länger als der von Wildkatzen. Damit ist bereits der veränderten Ernährung Rechnung getragen, die bei den Familientieren mehr pflanzliche Anteile enthält als bei freijagenden, die mit dem Magen- und Darminhalt ihrer Beutetiere nur einen sehr beschränkten Teil Pflanzenstoffe zu sich nehmen. Der Blinddarm ist – ebenfalls als Zeichen für einen reinen Fleischfresser – mit nur 2 bis 4 cm Länge ein ganz kleines Anhängsel zwischen Dünndarm und Dickdarm. Dieser ist nur wenig weiter als der Dünndarm. Der After ist ein kurzes Rohr, in das seitlich die beiden Analbeutel münden.

Die Leber als größte Drüse des Tierkörpers wiegt 65 bis 80 g. Das entspricht mehr als 2 % des Körpergewichts* und ist mehr als bei Pflanzenfressern. Ihre Aufgabe ist bei den Fleischfressern besonders vielseitig und wichtig. Neben Glykogen speichert sie Fett und in gewissen Mengen Eiweiß. Sie baut die stickstoffhaltigen Abbauprodukte zu Harnstoff und Harnsäure um, die dann über die Nieren mit dem Harn ausgeschieden werden. Sie sorgt für die Beseitigung der aus der Milz stammenden Abbauprodukte der roten Blutzellen, wobei der in der Gallenblase gesammelte Gallenfarbstoff entsteht. Schließlich entzieht die Leber dem Blut schädliche Stoffe und entgiftet sie. Dies ist ein für Raubtiere wichtiger Vorgang, da sich ja unter den Beutetieren auch immer die leichter zu fangenden kranken Tiere befinden. Ihrer Speicherfunktion entsprechend ist die Leber bei gut genährten Katzen größer und schwerer als bei hungernden. Die Gallenblase kann vollständig oder unvollständig verdoppelt sein. – Die kleine Bauchspeicheldrüse wiegt nur 8 bis 10 g und hat die Form einer Schleife. Die Milz sorgt vor der Geburt für die Bildung der roten Blutkörperchen, später für die Produktion von Lymphozyten und den Abbau von roten Blutkörperchen mit gleichzeitiger Ablagerung von Eisen. Außerdem speichert sie Blut, das bei Bedarf dem Kreislauf zurückgegeben werden kann. Sie gehört mit zum Abwehrsystem des Körpers und hilft bei der Beseitigung von Krankheitserregern. Sie liegt im linken oberen Teil der Bauchhöhle, ist hellrot, platt

* Bei diesen Angaben sind die Verhältnisse bei den relativ leichten normalen Hauskatzen zugrunde gelegt.

und lang-zungenförmig, mit einer Länge von 11 bis 18 cm, einer Breite von 1,4 bis 3,1 cm und einem Gewicht von 6 bis 32 g.

Harn- und Geschlechtsorgane

Die Nieren regulieren den Wasser- und Salzhaushalt des Körpers. Sie entfernen die harnpflichtigen Stoffe und einen Teil der körperfremden Substanzen aus dem Blut. Sie sind bei der Katze glatt und einwarzig und mit 15 bis 30 g Gewicht verhältnismäßig groß. Vom Tierarzt sind sie leicht zu tasten. Harnleiter und Harnblase zeigen keine Besonderheiten.

Die männlichen Geschlechtsorgane sind ziemlich klein. Der Hodensack ist mit dichten Wollhaaren bedeckt. An zusätzlichen Drüsen hat der Kater außer der Prostata noch die sogenannte Glandula bulbourethralis. Der kurze Penis ist nach unten gerichtet, besitzt einen 0,5 cm langen Penisknochen und verhornte Papillen an der Spitze.

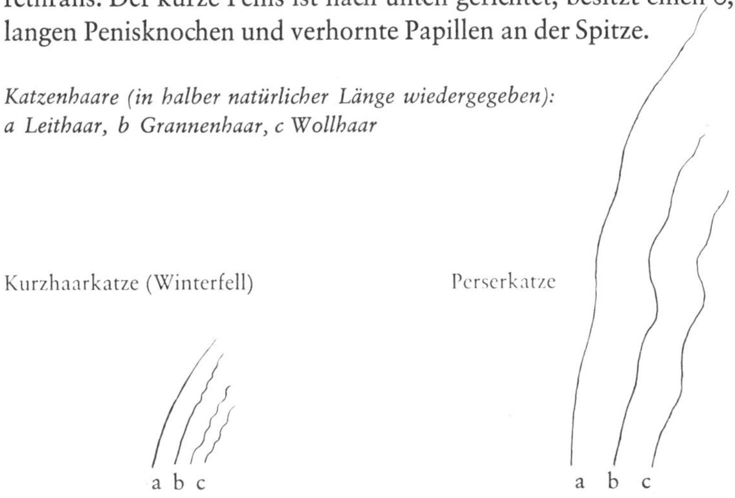


*Katzenhaare (in halber natürlicher Länge wiedergegeben): a Leithaar, b Grannenhaar, c Wollhaar*

Die knapp 1 cm langen Eierstöcke liegen in der Höhe des dritten bis vierten Lendenwirbels, die Eileiter sind 4 bis 5 cm lang. Wie beim Hund besteht die Gebärmutter aus zwei Hörnern, die 3 bis 4 mm dick und 9 bis 10 cm lang sind. Die Scheide ist 4 cm lang, die äußere Geschlechtsöffnung dicht behaart.

Die Analbeutel sind schon bei der Geburt voll ausgebildet. Ihre Drüsen arbeiten bei Katze wie Kater während der Brunst am stärksten. Sie liefern dann breiiges Sekret, wobei sich ihr Ausführgang erweitert.

Die *Blutmenge* entspricht 1/20 des Körpergewichts.

Die *Atmung* erfolgt 20- bis 30mal in der Minute, die Herzfrequenz beträgt 120 bis 140 Schläge in der Minute.

Das *Gehirn* ist windungsarm und ähnelt dem des Hundes. Mit 27 bis 31 g wiegt es 0,7 bis 1,1 % des Körpergewichts.

Haut und Haare

Die Dicke der Haut richtet sich nach dem Klima, in dem die Katze lebt. Im warmen Haus gehaltene Tiere haben, wie die in warmen Ländern lebenden, eine dünne Haut. In kalten Gegenden wird die Unterschicht der Lederhaut und das Unterhautbindegewebe stärker ausgebildet. Die Katze besitzt nur an den Fußsohlen Schweißdrüsen. Daher gibt sie bei hoher Außentemperatur, wie der Hund, die Hitze

Tabby-Räderzeichnung Tiger gefleckt (aufgelöste Streifen)

*Fellmuster*

durch Hecheln ab. Die Milchdrüsen sind über die ganze Bauchseite verteilt. Meist sind sie zu vier Paaren angeordnet. Sie können auch unpaarig und in der Zahl variierend angeordnet sein. Jedes Haar besitzt eine kleine Talgdrüse, deren Sekret beim Putzen über das ganze Fell verteilt wird. Der Haarfollikel, aus dem die Haare wachsen, kann

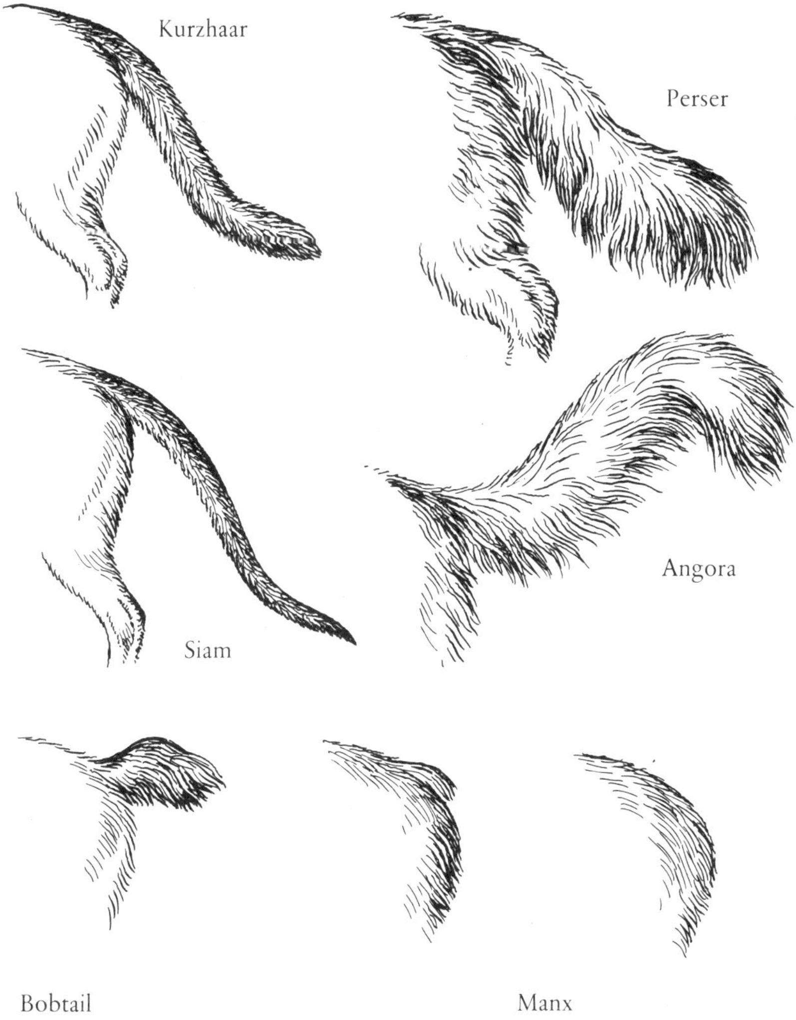


*Schwanzformen*

bei den großen Haaren durch einen kleinen Muskel bewegt werden. Dadurch können in der Erregung die Haare vom Körper weg aufgerichtet werden. Besonders beweglich sind die Schnurrhaare im Gesicht, die wichtige Funktionen bei Ertasten von Gegenständen und beim Zurechtfinden im Dunklen ausüben. Das Katzenfell setzt sich aus verschiedenen Haarsorten zusammen: neben einem Leithaar sind mehrere Grannenhaare und eine Vielzahl von kleinen Wollhaaren angeordnet. Durch verschiedene Längenausbildung oder durch das Fehlen einer Haarsorte kann die unterschiedliche Behaarung einiger Katzenrassen entstehen.

Die *Fellfärbung* wird durch Pigmenteinlagerung im Haar bewirkt. Der Farbstoff Melanin wird in granulierter Form dem ganzen Haar oder einigen Zonen des Haares eingelagert. Alle Färbungen werden durch nur zwei Arten von Melanin erzeugt. Eumelanin ist der Farbstoff für Schwarz und seine Verdünnungen Blau, Braun und Lila, Phaeomelanin ist für die Erzeugung der roten und cremefarbenen Behaarung nötig.

Unabhängig von der Farbe ist die *Fellmusterung*. Die dunklen Flekken oder Streifen können bei jeder Grundfarbe vorkommen. Sie können als sogenannte »Geisterzeichnung« auch bei einfarbigen, ja selbst bei schwarzen Katzen als noch dunklere Muster zu erkennen sein. Noch vielfältiger als die Zeichnungsmuster sind ihre Namen, denn allein für das Muster der gestromten Katze werden noch die Namen Räder-, Marmor- oder Schmetterlingszeichnung verwendet. Damit nicht genug, am häufigsten verwenden die Katzenzüchter den englischen Ausdruck Tabby für diese Tiere. Die Tigerzeichnung oder Mackerel zeigt quer zur Längsachse laufende Streifen, die bei den getupften Katzen in einzelne ovale oder runde Flecken aufgelöst sind. Bei den gewöhnlichen Hauskatzen gehen diese beiden letzten Muster häufig ineinander über.

Für die Färbung der Katze spielt es eine Rolle, wie weit das einzelne Haar ausgefärbt ist. Bei schwarzen und blauen Tieren zeigt das Haar von der Wurzel bis zur Spitze die gleiche Färbung. Bei einigen Farben ist nur die äußerste Spitze ausgefärbt. Dazwischen gibt es viele Nuancen. Auch eine mehrfache »Ringelung« kommt vor, dann ist das Haar in mehrere Farbbänder aufgeteilt. Die genauere Beschreibung und der Erbgang der Färbungen werden auf Seite 176 ff gegeben.

Die *Krallen* sind nicht nur als wirksame Waffen entwickelt, sondern sie dienen ebensosehr dem sicheren Halt beim Klettern, dem Festhalten der Beute und neben den Tasthaaren an der Hinterseite der Vorderpfote dem Betasten von Gegenständen. Dazu sind die Spitzen der Vorderpfotenkrallen spitzer und schärfer als die der Hinterbeine.

Damit sie beim Laufen nicht abstumpfen können, lassen sie sich durch Muskeln willkürlich zurückziehen. Dadurch läuft die Katze nur auf den weichen unbehaarten Sohlenballen und kann sich völlig geräuschlos fortbewegen.

Sinnesorgane

Mit der Ausstattung ihrer Sinnesorgane ist die Katze von der Natur sehr großzügig bedacht worden. Einige der fünf Sinne sind hervorragend ausgebildet, und es ist keiner ausgesprochen vernachlässigt. Darüber hinaus wird ihr von ihren Liebhabern ein »sechster Sinn« bescheinigt.

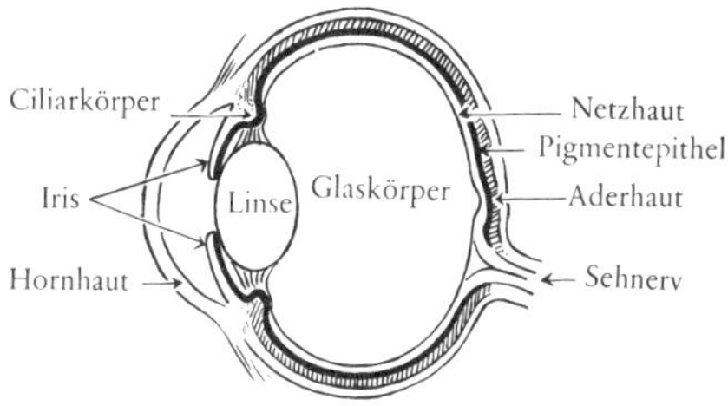


*Bau des Katzenauges*

Das Auge ist ein sehr selbständiges Organ, das durch ansetzende Muskeln ausgiebig in der Augenhöhle bewegt werden kann. Mit dem übrigen Körper wird es durch die Bindehaut an der Vorderseite und durch den Sehnerv an der Hinterfläche verbunden. Das eigentliche Fenster des Auges ist die durchsichtige Hornhaut, die durch die Bindehaut in die Körperhaut übergeht. Die übrige Wand des Augapfels ist geschichtet und wird von außen aus einer straffen Bindegewebsschicht gebildet, auf die die blutgefäßreiche und pigmentierte Aderhaut und zuinnerst die Netzhaut mit dem Pigmentepithel folgt. Am Rande der Hornhaut bilden Aderhaut und Netzhaut einen nach innen vorspringenden Ringwulst, den Ciliarkörper. Seine Außenfläche trägt die Regenbogenhaut oder Iris, die in der Mitte das Sehloch – bei der Katze besser den Sehschlitz – trägt, die Eingangspforte für das Licht. Hinter dieser Pupille liegt die Linse, ein lichtbrechender Körper, der durch die richtige Krümmung die einfallenden Bilder scharf auf die Netzhaut wirft. Der dazu nötige Zwischenraum wird durch eine gallertige Masse, den Glaskörper, ausgefüllt. Die vor der Linse liegenden Zwischenräume, die vordere und die hintere Augenkammer, werden durch wäßrige Flüssigkeit erfüllt.

Durch die starke Krümmung der Netzhaut und durch verschiedene Pigmentierung ist das Katzenauge wohl das interessanteste von allen Augen. Es leuchtet uns in fast völliger Dunkelheit entgegen, indem die geringsten einfallenden Lichtspuren durch die hinter der Netzhaut liegende Pigmentschicht reflektiert werden. Auch die Färbung der Iris beruht auf einer optischen Täuschung. Gebildet wird sie durch einen schwarzen Farbstoff, das Melanin. Doch nie sind Katzenaugen so dunkel wie Hundeaugen, denn durch die starke Lichtbrechung erscheinen sie uns im Höchstfall als kupferfarben. Dann ist nicht nur die Pigmentschicht der Netzhaut, sondern auch der Ciliarkörper und die Iris stark pigmentiert. Bei weniger starker Farbeinlagerung in diesem vorderen Augenbereich erscheinen die Augen gelb. Grün erscheint uns das Katzenauge dann, wenn die Pigmentierung von Iris und Ciliarkörper so schwach ist, daß das Blau erscheinende (schwarze) Pigment der hinteren Augenbereiche durchschimmert. Ob es sich dann um gelbgrüne, türkisfarbene oder rein grüne Töne handelt, hängt von der Pigmentmenge, aber auch oft vom äußeren Lichteinfall ab. Die richtige Augenfarbe beurteilt man bei Tageslicht im Schatten. Hemmt, wie bei den Maskensiamesen, keine Farbeinlagerung im vorderen Augenbereich den Durchblick in die Tiefe des Auges, so sehen wir wie in den Himmel: das leuchtende Blau erscheint durch die gleiche Lichtbrechung. Einen rötlichen Blauton zeigen die Augen der Chocolate-point und der Lilac-point Siamesen. Bei ihnen wird durch den Einfluß des Verdünnungsfaktors (s. auch S. 177) das Pigment im Auge vermindert.

Die Katze sieht sechsmal schärfer als der Mensch, sie erkennt und unterscheidet ihren Besitzer noch in weiter Entfernung. Ihre beiden

bei wenig Licht — bei mittlerem Licht — bei hellem Licht

*Pupillengröße*

Augen sind nach vorn gerichtet, das läßt sie auch kleinste Punkte, wie zum Beispiel Insekten, sehr scharf sehen. Auch die richtige Einschätzung der Entfernung wird dadurch erleichtert, was für den Mausefang ausschlaggebend ist. Die Pupillen stellen sich auf die vorhandene Helligkeit ein. Bei grellem Licht sind sie zu schmalen senkrechten Schlitzen zusammengezogen, im Dunkeln erweitern sie sich nahezu kreisrund, so daß auch geringste Lichtspuren noch zum Sehen ausreichen. In vollständiger Dunkelheit kann auch die Katze nichts sehen. Dann ist sie auf andere Sinnesorgane angewiesen.

Das Gehör der Katze ist unübertroffen und viel besser als das von Hund und Mensch. Die Katze hört in einem viel höheren Frequenzbereich als wir. Dort, wo wir uns von lautloser Stille umfangen glauben, lauscht sie auf die hohen feinen Mausestimmen und achtet gleichzeitig darauf, ob sie nicht die Schritte eines mit ihr verfeindeten Hundes wahrnimmt. Die moderne Katze erkennt von weitem den Automotor ihres Besitzers und steht immer rechtzeitig zum Empfang an der Tür bereit. Ihr Gleichgewichtssinn ist sehr ausgeprägt. Daher kommt das Märchen, daß sie beim Fallen aus größter Höhe unverletzbar sei. Beim Balancieren auf hohen Kanten hält sie das Gleichgewicht mit ihrem Schwanz wie der Seiltänzer mit der Stange. Dieser Schwanz, unterstützt durch die Hinterbeine, dreht beim freien Fall den Körper in der Luft, so daß die Füße zum Boden zeigen. Bei dem geringen Körpergewicht können die elastischen Beine dann tatsächlich manchen Sturz aus recht großer Höhe ohne schädliche Folgen auffangen.

Der Tastsinn in den Sinneshaaren des Kopfes und der Pfoten ist so vorzüglich, daß die Katze sich damit in völliger Dunkelheit orientieren kann. Sie reagieren unglaublich fein und werden auch zum Abtasten von Beutetieren und verschiedenen Gegenständen verwendet.

von oben

von vorn — bei ruhiger Stimmungslage — bei Aufmerksamkeit

*Tasthaare*

Der Geruch ist zwar nicht so vorzüglich entwickelt wie der des Hundes, doch den des Menschen übertrifft er noch lange. Die Katze benötigt ihn auch nur dort, wo sie mit Gesicht, Gehör und Gefühl nicht weiterkommt. Und das ist gar nicht so oft. Immerhin reagiert sie sehr erregt, wenn sie riecht, daß in ihrem Heim ein fremder Hund auf dem Teppich liegen durfte. Und was Frauchen in der Einkaufstasche mitgebracht hat, läßt sich auch nur erschnuppern.

Der feine Geschmackssinn wird auch nur selten wirklich benötigt. Jedenfalls ist er immer dann bereit, wenn eine Medizin im Futter verabreicht werden soll. Geschmack und Geruch werden eine Rolle spielen, wenn manche Tierarten zwar erbeutet und getötet, aber nie gefressen werden. Die zu den Insektenfressern gehörenden Spitzmäuse sind eine solche ungenießbare Jagdbeute.

Um den »sechsten Sinn« richtig zu erklären, müssen wir wohl auf die vorhandenen Sinne zurückgreifen. Noch können wir aus verschiedenartigen Untersuchungen und Versuchen schließen, daß das legendäre Heimfindevermögen mancher Katzen durch Fernorientierung mit dem Gehör ermöglicht wird.

## *Bewegungsarten*

Der Katze steht eine ganze Reihe von Fortbewegungsmöglichkeiten zur Verfügung, die sie mehr oder weniger gern ausübt, zumeist jedoch vorzüglich beherrscht. Schleichen, Gehen, Traben, Galoppieren, Springen und Klettern gehören zu ihren normalen Fortbewegungsarten. Schwimmen wird dagegen nur in der Not versucht, dann aber auch gekonnt. Beim geduckten Schleichen wird, wie beim Gehen, jeweils nur ein Bein vom Boden abgehoben. Dabei wird nach dem Vorderbein der einen Seite das Hinterbein der anderen Seite vorgeführt, dann das Vorderbein der gleichen und das Hinterbein der ersten Seite. Neben diesem Kreuzgang wird auch der Paßgang zwischendurch eingelegt, bei dem hintereinander Vorder- und Hinterbein der gleichen Seite bewegt werden. Bei höherer Geschwindigkeit wird der zweite Fuß vom Boden gehoben, bevor der erste den Grund wieder berührt, es sind dann gleichzeitig zwei Beine in der Luft. Dies ist jeweils das Vorderbein der einen und das Hinterbein der anderen Seite. Als Er-

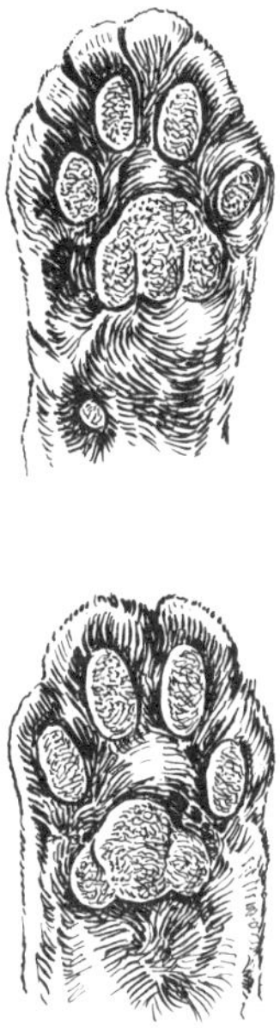

Vorderlauf

Hinterlauf

*Wildkatzenpfote*

Hauskatze

Wildkatze

*Trittspuren*

flüchtig

vertraut schnürend

*Spur der Hauskatze*

gebnis haben wir ein raumgreifendes Traben. Gebräuchlicher ist der Kreuztrab oder der geworfene Trab, selten dagegen der Paßtrab. Die schnellste Fortbewegungsart ist der Galopp. Abgesehen von wenigen Galoppsprüngen bei der Jagd wird diese Gangart bei der Flucht ausgeführt. Eine trainierte verwilderte Hauskatze kann dabei bemerkenswerte Strecken hinter sich bringen, ohne daß ein weit größerer Hund sie bei der Verfolgung einholen kann. Zumeist kürzt sie die Galoppstrecke ab, sobald sich eine Fluchtmöglichkeit nach oben bietet. Auf kurze Strecken soll eine Katze eine Geschwindigkeit von 50 km pro Stunde erreichen. Immerhin gehört das schnellste Landsäugetier, der Gepard, zu ihren Verwandten. Beim Galopp wechseln gekrümmte und gestreckte Phasen der Wirbelsäule einander ab. Die beiden Vorderläufe und die beiden Hinterläufe werden jeweils gleichzeitig bewegt. Der Bewegungsablauf erfolgt so schnell, daß nur Filmaufnahmen die genaue Reihenfolge der Beinbewegungen erkennen lassen. Selten verläuft der Galopp ganz gleichmäßig, er wird der Bodenbeschaffenheit und wahrscheinlich der eintretenden Ermüdung angepaßt. So können gelegentlich gleichzeitig drei Beine, bei anderen Galoppvariationen nur ein Bein den Boden berühren, Rechts- und Linksgalopp abwechseln, Phasenverschiebungen der Beinpaare bis hin zum Sprung eintreten oder der Galopp als schneller Trab erscheinen.

Mit ihren kräftigen Hinterbeinen ist die Katze ein vorzüglicher Springer, der in der Waagrechten ein Mehrfaches seiner Körperlänge überwindet. Beim Hochspringen nützt sie alle Möglichkeiten, sich zwischendurch abzustützen und dadurch größere Höhen zu erreichen. Bei Sprung nach unten hält sie sich zunächst mit den Hinterbeinen an der Absprungstelle und stützt sich mit den Vorderbeinen an der darunterliegenden senkrechten Wand ab. Der Absprung erfolgt dann sozusagen hängend. Auf diese Weise wird eine sehr exakte Landung auf kleinster Fläche bei abgeschwächtem Aufprall erzielt. Der Sprung vom hohen Schrank auf den Küchentisch zwischen alle Kochvorbereitungen endet dadurch ohne die geringsten Folgen, genau auf dem einzig freien Fleckchen.

Beim Klettern geht der Antrieb von den Hinterbeinen aus, die sich in Beugehaltung einkrallen und durch Strecken den Körper nach oben schieben. Den Vorderbeinen bleibt das Halten und die Führung überlassen. Abwärtsklettern an Baumstämmen erfolgt rückwärts. Dies scheint die einzige Bewegungsart zu sein, die erlernt werden muß, denn nur dabei gibt es Schwierigkeiten, wenn junge Katzen sich hoch versteigen, dann aber nicht gekonnt herunterfinden.

### *Ausdrucksformen und Spiel*

Zu den unbewußten Äußerungsformen gehört das Schnurren, das nur der Katze eigen ist. Es ist ein Zeichen des Wohlbehagens und des Vertrauens und läßt sich oft nur durch Berühren auslösen. Vermutlich wird es im Kehlkopf in der Nähe der Stimmbänder erzeugt, zu fühlen ist es am ganzen Brustkorb. Es dürfte nicht leicht sein, dieses Rätsel exakt zu lösen, denn die Katze schnurrt nur, wenn sie bewußt glücklich ist.

Eine große Rolle spielen bei den Katzen die Übersprungbewegungen, die es auch bei anderen Tieren, ja auch beim Menschen gibt. Dies ist der technische Ausdruck für Ersatzhandlungen. Wenn eine Spannung gelöst werden soll oder eine Situation peinlich zu werden droht, so wird sie am leichtesten durch irgend etwas anderes bewältigt. Wenn ein Antrieb, zum Beispiel der Sprung nach der Beute, verhindert wird, so wird die Ersatzhandlung, die Übersprungbewegung, ausgelöst. So kann das Gitter vor den Vögeln im Garten zum Lippenlecken und Schnattern des Unterkiefers führen, aber auch zum Gähnen oder zum Putzen. Diese hingebungsvolle Körperpflege ist bei der Katze die häufigste Ersatzhandlung. Sie wird auch dann vorgenommen, wenn eine ranghöhere Katze im Wege sitzt oder wenn der Hund sich nähert, den die Katze zwar kennt, aber noch nicht lieben will. In dieser Situation müßte sie entweder weglaufen oder angreifen. Doch da auch bei den Tieren der Entschluß zu einer vielleicht folgenschweren Handlung, und seien es nur Folgen für das »Ansehen«, nicht immer leicht zu fassen ist, flüchten sie sich in eine Ersatztätigkeit. Auch reine Faulheit kann sie auslösen oder – bei unseren Haustieren sehr häufig – ein ausgesprochenes oder erwartetes Verbot von Frauchen. Die Katze, der ich verbiete, in den Kamin zu klettern, schärft sich die Krallen am besten Teppich – nicht um mich zu ärgern, sondern um mein Verbot zu achten, ohne ihr »Gesicht zu verlieren«. Denn Übersprungbewegungen sind Lösungen aus Konfliktsituationen.

*Spiel.* Im Leben der Katzen nimmt das Spielen eine wichtige Stellung ein. Das Spiel ist bei allen Tierarten den jungen Tieren zu eigen. Sie spielen mit den Geschwistern die Situationen durch, die sich in ihrem späteren Leben auch mit artfremden Partnern, also mit Feinden und Beutetieren, ergeben können. Bei einzeln lebenden Tierarten stellt das Spiel der Jugend die gesellige Phase ihres Lebens dar. Ihr Spiel hat keinen Zweck außer dem Selbstzweck, es will nichts erreichen. Daher ist es im Spiel auch gleichgültig, ob ein Spiel zu Ende gespielt oder ob immer wieder die gleiche Situation wiederholt wird. Bei den Haustieren wird das Spiel der Jugendlichen ins Erwachsenenalter übernommen. Doch immer gibt es gewisse Spielregeln, die eingehalten werden und die uns Aufschluß geben können über unser Tier. Das Spiel ist immer lustbetont, es setzt ein Sichwohlfühlen voraus und bekannte Partner. Eine unglückliche Katze spielt nicht, auch wenn wir ihr die schönsten Sachen vorhalten. Es muß zwar immer etwas zum Spielen da sein, was sich bewegt oder sich bewegen läßt. Doch wenn es fehlt, hat ein Kätzchen immer noch den eigenen Schwanz, den es fangen kann. Mittags wird selten gespielt, dazu sind die Stunden da, in denen eine richtige Katze aktiv wird, also vormittags und abends. Die Aufforderung zum Spiel geht von den jungen Tieren aus, die ältere Katzen dazu auffordern. Spiel mit artfremden Hausgenossen ist möglich, wenn man sich sehr gut kennt.

Bei allen Tierarten kommt das Bewegungsspiel vor. Das Kampfspiel wird nur mit gleichaltigen Geschwistern oder mit der Mutter gespielt, die dann die unterlegene Rolle übernimmt. Bei dieser Spielart sorgt eine Beißhemmung dafür, daß es nicht Ernst wird. Das Fluchtspiel ist das auch bei den Menschenkindern gebräuchliche Fangen-Spiel. Nur bei jagenden Tierarten, also auch bei der Katze, ist das Jagd-Fang-Spiel üblich. Sexuelle Spiele werden bei den Tieren lange vor der Pubertät gelegentlich gespielt. Die letzten, die individuellen Spiele, sind ein Vorrecht der höchstentwickelten Arten, der Menschenaffen und des Menschen. Das schließt nicht aus, daß einzelne Katzen und Hunde, die in engem Menschkontakt leben, mit uns Ansätze zu diesen individuellen Spielen zeigen.

*Beutefang*

Der Beutefang der Hauskatze erregt die Menschengemüter meist stark, wobei Ausdrücke wie »grausam« immer wieder verwendet werden. Dabei werden rein menschliche Gefühlsregungen auf Katze und Maus projiziert. Und damit ist zweimal daneben getroffen. Die jagende Katze verhält sich so, wie die Natur ihr das in die Wiege gelegt hat. Und dieses Jagen war jahrhundertelang für die ackerbauende und kornspeichernde Menschheit eine Hilfe im Kampf gegen schädliche Nagetiere. Noch heute wird in Indien und in anderen Entwicklungsländern ein erheblicher Prozentsatz – zwischen 20 und 40 % – des geernteten Getreides von Ratten und Mäusen vernichtet.

Eine hungrige Katze spielt nicht lange mit der erbeuteten Maus; sie frißt sie. Bei einem Durchschnittsgewicht von 20 Gramm bei erwachsenen Mäusen muß die Katze mindestens fünfzehn von ihnen oder eine entsprechend größere Zahl junger Mäuse fangen, um einigermaßen satt zu werden. Und das dürfte einige Zeit dauern. Wenn unsere gut genährten Katzenlieblinge länger mit ihrer Beute spielen, so müssen wir dies ihrem Spiel- und Betätigungstrieb zuschreiben und einer Affektstauung aus Mangel an Jagdmöglichkeit. Ich sah auch eine erwachsene Katze ihre erste erbeutete Maus, auf die sie tagelang angesessen hatte, sofort fressen, wohl aus Angst, daß man sie ihr abjagen würde.

Wenn die Katzenmutter ihren Sprößlingen lebende Beute bringt, so ist dies notwendig, damit die Jungen das Jagen erlernen. Diese Übungsmäuse werden recht schonsam behandelt und nur mit weicher Pfote durch die Luft geschleudert. Es soll nicht behauptet werden, daß die Mäuse diese Behandlung als angenehm empfinden. Körperliche Schäden entstehen dabei nur ausnahmsweise, und wenn man nach einer Stunde meint, jetzt sei es »genug des grausamen Spiels« und aus Neugier das Mäuschen im Käfig weiterpflegt, dann kann man feststellen, daß ihm nicht das geringste dabei zugestoßen ist. Wurden die Jungen des Mausespiels müde, dann hielt die Mutterkatze, auf der Seite liegend, die ebenfalls müde gewordene Maus zwischen ihren ausgestreckten Beinen, allen Beteiligten eine Erholungspause gönnend.

Die gesamte Beutefanghandlung setzt sich aus drei Abschnitten zusammen: 1. dem Fangen, 2. dem Töten und 3. dem Fressen. Unter natürlichen Verhältnissen ist der erste Abschnitt der langwierigste und wird unmittelbar von den beiden anderen gefolgt. Bei der vom Menschen ernährten und »verspielten« Katze kann der erste Abschnitt des Fangens weiter in die Länge gezogen werden. Hat die Katze die Maus zu schnell ergriffen, bevor das »Programm Fangen« ganz abgelaufen ist, so läßt sie sie wieder frei, um sie weiter fangen zu können. Es hat dann den Anschein, als ob sie sie absichtlich in eine geschützte Ecke laufen ließe, um sie daraus hervorangeln zu können. Bei meinen Katzen waren dies immer Verstecke, die nach hinten blind endeten, so daß das Mit-der-Pfote-Herausziehen auch Erfolg hatte. Von allen aus Garten und Keller lebend in die Wohnung geschleppten Mäusen hat sich keine dort häuslich eingerichtet.

Selbst die auf dem Feld jagende Katze läßt ihre Beute nach dem Fangen mitunter wieder frei, sie spielt mit ihr. Ob und wie lange das geschieht, scheint nicht unwesentlich vom Wetter abzuhängen. Bei gutem, trockenem Wetter »weiß« die Katze, daß sie jede Menge Beute macht. Sie kann es sich leisten, den Abschnitt Fangen in die Länge zu ziehen. Kurz vor oder bei Regen sind auch die Mäuse nicht gern unterwegs, die Katze muß daher das Spiel verkürzen, um richtig satt zu werden.

Hat die Katze das Glück, eine zweite Maus passend zum Fangen zu haben, wenn sie eine noch lebende zwischen den Zähnen hält, dann kommt sie in Verlegenheit. Denn faßt sie mit der Schnauze zu, dann entkommt ihr die erste Maus. Deshalb muß sie die Pfote zu Hilfe nehmen und die zweite Maus damit halten. Bereits ein 60 Tage altes Katerchen hat sich so umsichtig verhalten. Die Schwierigkeit, beide Mäuse zu töten, wird nicht immer erfolgreich gemeistert.

So lange das Fangen dauert, so schnell geht das Töten vor sich. Mit einem Nackenbiß wird die Beute sehr schnell getötet. Dabei muß offensichtlich eine Hemmung beseitigt werden, denn der Nackenbiß wird vom Kater bei der Paarung, von der Mutterkatze beim Herumtragen ihrer Kinder und von allen Katzen beim Transportieren lebender Beute sehr zart ausgeführt. Daher bedarf es zum schnellen Tötungsbiß eines zusätzlichen auslösenden Faktors. Bei der frei jagenden Katze wird dies sehr häufig schlicht Hunger sein. Oft ist das Hinzukommen einer anderen Katze oder eines Menschen die »Nahrungskonkurrenz«. Je größer die Beute ist, um so stärker ist die Erregung

*Bewegungsstudien der jagenden Katze*

beim Fang und um so schneller wird getötet. So geschieht dies bei erwachsenen Mäusen eher als bei jungen und bei den wehrhaften Ratten ganz besonders schnell. Bei manchen Tieren oder in einigen Situationen fehlt diese auslösende Erregung. Dann kann dieser zweite Abschnitt des Beutemachens fehlen. Entweder wird die Maus dann »totgespielt«, dann kann sie immerhin noch gefressen werden, oder sie entkommt wieder. Nicht zu unterschätzen ist bei manchen Kätzchen die Furcht vor der lebenden Beute, die die Hemmung vor dem entscheidenden Biß nicht überwinden läßt.

Auch das Fressen der Beute ist keine Selbstverständlichkeit. So werden zwar Nagetiere gefressen, die zu den Insektenfressern gehörenden Spitzmäuse zwar gejagt und getötet, dann aber allenfalls nach Hause gebracht, nicht jedoch verzehrt. Eine gut jagende Katze wird selbst bei fehlendem Hunger ihre Beute töten, dann aber nicht verzehren. Gutes Futter vom Menschen ist kein Hinderungsgrund, eher die Grundlage für eine fleißige Jägerin. Das Beutetier wird im allgemeinen immer zuerst am Kopf angeschnitten. Junge Tiere tun dies auch von der Schulter her, seltener von einem Hinterbein an. Mäuse werden mit Schwanz und Haar, ohne jeden Rest aufgefuttert, von größerer Beute bleiben je nachdem der Schwanz, die Läufe oder der Balg mit einigen Teilen übrig.

Eine ganz wesentliche Rolle für die Jagdqualität spielt die soziale Stellung der Katze. Je höher ein Tier im Rang steht, um so selbstbewußter ist es und um so besser bewährt es sich auf der Jagd. Aus der Erfahrung der Bauern stammt die Behauptung, daß eine Katze nie geschlagen und gejagt werden darf, wenn sie Ratten fangen soll. Diese großen und mit gefährlichen Zähnen ausgerüsteten Nager setzen große Geschicklichkeit, Mut und Kraft voraus. Sie werden nur von vollerwachsenen und bestens gehaltenen Katzen zur Strecke gebracht. Gefressen werden sie seltener als Mäuse oder Kaninchen.

Die am Boden jagende, auf abwartendes Lauern eingestellte Hauskatze jagt von sich aus wenig Vögel, die auf Bäumen leben und ihr zu schnell davonfliegen. Sie erlernt es jedoch sehr schnell, daß diese Tiere eine andere Jagdtaktik nötig machen. Ein ins Zimmer verflogenes Vögelchen ließ meine halbwüchsigen Kätzchen sofort die Wände und Fenster hoch gehen und war gefangen, bevor ich überhaupt dazwischentreten konnte. Vor allem unsere gepflegten Rassekatzen, die wenig Möglichkeit besitzen, auf Mausejagd Erfolge zu erringen, lernen es leicht, sich auf die Singvögel im Garten zu spezialisieren. Sie richten dann großen Schaden unter den boden- und heckenbrütenden Singvögeln an. In vielen Parks sind die Nachtigallen nur durch herumstreifende Hauskatzen, die meisten aus »gepflegtem Hause«, ausgerottet worden. Ebenso sind die eben aus dem Nest entwachsenen Jungvögel gefährdet, die von ihren Eltern noch tagelang am Boden versorgt werden und sehr hilflos sind. Die Naturschutzgesetze schreiben zum Schutze der Vögel bestimmte Zeiten vor (siehe Seite 57), an denen die Katzen im Hause gehalten werden müssen. Wir alle sollten durch Einhalten dieser Schonzeiten beweisen, daß wir nicht nur Katzenfreunde, sondern auch Tierfreunde sind.

Sobald die kleinen Kätzchen das Alter erreicht haben, in dem sie feste Nahrung zu sich nehmen, bringt ihnen die Mutter Beute. Sie spielt mit der Maus vor den Kindern, die sich nicht nur für die Maus interessieren, sondern auch die Stelle beschnuppern, wo sie vorher gelegen hat. Mit 34 Tagen fraß eins meiner Kätzchen eine Maus vom Kopf her an – genau wie die alten Katzen. Zunächst brachten meine Mutterkatzen nur junge Mäuse lebend zum Nest. Die wehrhafteren erwachsenen Nager wurden immer erst getötet. Erst die neun Wochen alten Kinder wurden für reif befunden, sich an ausgewachsenen Mäusen zu versuchen. In diesem Alter waren einzelne meiner Kätzchen schon ganz routinierte Mäusefänger. Das heißt, sie wußten recht gut mit den von der Mutter herangebrachten jungen Mäusen umzugehen. Mit sechs Wochen vollbrachte der erste seinen ersten Nackenbiß, der allerdings noch nicht zum vollen Erfolg führte. Auch innerhalb des gleichen Wurfes verhalten sich die Kätzchen recht verschieden zur Beute. Es sind immer die gleichen, die die Maus erobern. Andere lernen das erst später, manche wohl nie. Die Reaktion auf das erste Gebissenwerden von einer Maus ist ebenfalls unterschiedlich. Im allgemeinen ist der Biß in die Lippen der erste Schmerz im Leben des Kätzchens. Das im Wesen weichere Tier zieht sich zurück und hat genug von der Maus, die ihm weh getan hat. Andere, mutigere Katzenkinder betatzen nun die Maus und halten den geschundenen Kopf außer Reichweite. Die ganz couragierten aber brechen das Spiel ab und töten den gefährlichen Nager durch einen Nackenbiß. Dies geschieht völlig spontan aus der Überraschung und dem Schmerz heraus und ganz bestimmt, ohne daß diese Tötungsart von der Mutter abgeguckt worden wäre.

Der Umgang mit der Beute ist instinktiv so fest verankert, daß ich der Meinung bin, daß weniger das Anlernen durch die Mutter in einem bestimmten Alter die Jungkatze zur Mäusejägerin werden läßt als die ihr angeborene Veranlagung. Wahrscheinlich handelt es sich dabei – wie bei den Jagdhunden – um eine Erbanlage, die alle Wildkatzen besitzen. Hätten sie sie nicht, müßten sie ja verhungern. Bei den Hauskatzen kann sie verlorengegangen sein, denn es wird von Katzen berichtet, die vom Bauernhof und gut jagenden Eltern stammen und die nie eine Maus getötet haben. Eine Katze mit der Anlage zum guten Mausefänger erjagt auch dann Beute, wenn sie in ihrer Jugend keine Gelegenheit hatte, dies zu lernen. Minouche fing mit vier Jahren die erste Maus, die ihr über den Weg lief, und begriff sofort, daß Vögel nirgends leichter zu fangen sind als im Winter am Futterhaus.

Die Mutterkatze liegt nur scheinbar unbeteiligt in der Nähe, wenn ihre Kinder das Jagen üben. Sowie es nötig wird, greift sie ein. Ja sie belohnt den erfolgreichen Nachwuchs so, wie man es bei Tieren kaum für möglich halten würde. Als ihr sechs Wochen alter Sohn sein erstes Mäuschen getötet und verspeist hatte, beleckte Tigrette das Katerchen viel intensiver, als dies sonst zu dieser Tageszeit üblich war, und bot ihm mitten auf dem Küchenfußboden das Gesäuge. Und seine Reaktion war ebenfalls »menschlich«: er erkannte offensichtlich das Lob und schnurrte erstmalig beim Saugen.

## *Katzen unter sich*

Katzen gelten gemeinhin als ungesellige Einzeltiere, die ans Haus mehr gebunden sind als an die Familie, und doch leben sie dort, wo ihre Vermehrung ihnen selbst überlassen bleibt oder wo Katzenfreunde sie zu sich holen, in erstaunlich großen Gruppen auf begrenztem Raum. So unsozial, daß sie ganz für sich alleine leben wollten, sind sie nicht. Sie sind aber auch nicht solche Meutentiere, daß man beliebig viele von ihnen auf engen Raum zusammenpferchen dürfte, in der Meinung, daß ausreichende Ernährung die Grundlage zu ihrem Glück sei.

Die natürlich gehaltene Katze besitzt ein Heim erster Ordnung, umgeben von einem Streifrevier, das auf dem Lande bis zu ungefähr einem Quadratkilometer groß ist. Begegnungen mit anderen Katzen laufen nach einem ganz besonderen Ritus ab. Die einzelnen Tiere kennen einander, stehen zueinander in einer ganz bestimmten Rangordnung, mögen oder hassen sich und kommen meist recht gut miteinander aus.

Das Heim erster Ordnung kann für die Einzelkatze ein ganzes Haus sein, in dem sie keine Artgenossin duldet, oder auch nur eine Ecke in einem Zimmer, die ihr ganz ureigener Besitz ist, der ihr von keiner anderen Katze streitig gemacht werden darf. Bei eng an den Menschen angeschlossenen Katzen mit reichlich Platz im Hause fehlt auch bisweilen diese strenge Heimordnung. Die wenigen Tiere erheben keinen festen Anspruch auf einen bestimmten Sitz- oder Ruheplatz. Möchten sie einen besonders begehrten Ort aufsuchen, der schon besetzt ist, dann setzen sie sich dazu, selbst wenn dies engste Tuchfühlung mit der Artgenossin bedeutet. So ziehen sie den Platz auf unserem Schoß manch anderer Stelle vor oder gar das nächtliche Schlafen in unserem Bett.

Der äußere Streifbezirk, der Heimbezirk zweiter Ordnung, wird mit anderen Katzen geteilt. Dies sind zunächst alle zum eigenen Haus gehörenden Tiere wie auch Nachbarkatzen, deren Jagdrevier sich mit dem anderer Katzen überschneidet. Manche Einrichtungen werden von vielen Tieren gemeinsam benutzt. Denn wenn die Katze auch ihr ganzes Reiver genau kennt, so zieht sie bestimmte Wechsel und Wege vor. Sie richtet sich dabei auch nach den äußeren Umständen. So wird sie bei Regen die asphaltierte Straße entlangspazieren, um vom Haus in ihr bevorzugtes Jagdrevier zu gelangen, bei trockenem Wetter streift sie lieber gleich durchs Gras. Und während sie in den frühen Morgenstunden die Straße direkt überquert, benützt sie bei Gefahr oder bei mehr Betrieb auf den Straßen verborgenere Wege.

Die Jagdreviere können sich je nach Jahreszeit verschieben, denn sie sind nicht zu allen Zeiten gleich ergiebig an Beute. Wenn eine Katze pünktlich ihren täglichen Zeit- und Wegeplan einhält, dann liegt dies an den äußeren Umständen. Die Futterzeiten im Hause liegen fest, vor allem auf dem Lande, wo die Melkzeiten auch zumeist die einzige Gelegenheit sind, mühelos etwas vorgesetzt zu kriegen. Und die Jagd auf Kleinnager, die die Futterbasis der jagenden Katze darstellen, hat nur in den frühen Morgen- und in den Abendstunden Aussicht auf Erfolg. Lebt die Katze ungestört, dann ist sie auch sehr konstant bei der Einhaltung von Zeit und Weg.

Die gemeinsame Nutzung von Wegen und Plätzen bedeutet nicht, daß dies gleichzeitig von mehreren Katzen geschieht. Selbst Katzen mit gemeinsamem Heim ziehen es vor, draußen allein herumzustreifen. Treffen zwei Katzen unterwegs so aufeinander, daß sich ihre Wege kreuzen, so werden ganz bestimmte Verkehrsregeln eingehalten. Wenn sie an einer Katzenwegekreuzung zusammentreffen, so bleiben beide Katzen sitzen, blicken einander an und warten erst einmal ab. Schließlich sieht eine Katze weg und jetzt ziehen sich entweder beide Tiere dorthin zurück, woher sie gekommen sind, oder eine Katze setzt den Weg fort, erst zögernd, dann immer schneller werdend, bis sie die Kreuzung überwunden hat.

Erkennen sich beide Tiere rechtzeitig, so kommt es äußerst selten zu einem Zusammenstoß. In unübersichtlichem Gelände dagegen können sie auf kürzere Entfernung aufeinandertreffen. Dann sind Kämpfe nicht ausgeschlossen. Meistens gibt es ein Wegerecht, das gut befolgt wird. Kennen sich die Katzen, was im allgemeinen der Fall ist, dann zieht sich die rangniedere zurück und überläßt der höherstehenden den Vortritt. Hat die in früheren Kämpfen unterlegene Katze die Kreuzung bereits betreten, so gebührt ihr der Vortritt. Sie darf auch dann zuerst weitergehen, wenn sich das Treffen in der Nähe ihres Heimbezirks erster Ordnung abspielt.

Diese Höflichkeit wird auch gezeigt, wenn die rangniedere Katze auf einem gemeinsamen Sonnenplatz liegt. Es würde der überlegenen dann nicht einfallen, sie von dem Platz zu vertreiben.

Auch im Hause respektieren alle Katzen den Heimbereich erster Ordnung ihrer Artgenossen. Zwar darf die höherstehende den Bereich der ihr untergeordneten Katzen besuchen und beschnuppern, doch geschieht dies mit Zurückhaltung. Treffen bei den Gängen durchs Haus zwei Katzen in der Tür aufeinander, so darf diejenige weitergehen, die zuerst die Pfote auf die Schwelle gesetzt hat. Falls die ranghöhere diese Spielregeln nicht einhält, darf die sonst unterlegene Katze ungestraft nach ihr spucken und ihr den Weg versperren.

Diese Höflichkeits- und Spielregeln können natürlich nur dort entwickelt und eingehalten werden, wo genügend Platz dafür vorhanden ist. Hält man auf engem Raum, also im begrenzten Haus oder nur in einer Wohnung, zu viele Katzen, so muß es unweigerlich zu dauernden Reibereien kommen. Die Sicherheit des von den anderen respektierten Heimbezirks fehlt dann, die Katzen werden nervös, leicht entwickelt sich ein Tier zum Tyrannen, und eines oder mehrere werden zu Ausgestoßenen, die auf keinem Sitzplatz geduldet werden. Die unglücklichen Tiere sind dauernd irgendwie in Bewegung und kommen nicht zu einem gemeinsamen Spiel.

Besonders auffällig tritt die Rangordnung an der Futterschüssel zutage. Die ranghöchste Katze darf zuerst fressen und sich die besten Bissen aussuchen. Wird auf mehreren Tellern serviert, dann erwartet sie, daß kein anderes Tier bei ihr mitfuttert. Die anderen müssen sich dann zu vielen um die restlichen Futternäpfe drängen. Schon bei den Jungtieren eines Wurfes ist eine solche Tischordnung zu bemerken.

Änderungen in der Rangordnung bei mehreren im Hause gehaltenen Katzen treten regelmäßig dann auf, wenn eine Katze Junge bekommt. Die Mutterfreuden steigern auch bei der Katze das Selbstbewußtsein und lassen sie im Rang um einige Stufen höher steigen. Bereits während der Trächtigkeit läßt sich dies an der Futterschüssel feststellen. Die tragende Katze frißt zuerst, sie läßt auch ihren älteren Kindern nicht mehr den unbedingten Vortritt. Sind die Jungen erst auf der Welt, dann wird die Alte von ihren Artgenossen ganz besonders respektiert. Schwierigkeiten zwischen Mutterkatzen können jedoch auftreten, wenn ein rangniederes Tier geworfen hat, ein übergeordnetes aber aus irgendwelchen Gründen, z. B. wegen älterer Kinder, nicht auf seine Überlegenheit verzichten will. Dann kann es zu dauernden Reibereien kommen, die das Heranwachsen der Kätzchen nicht gerade fördern. Sie sind ja keine ausgesprochenen Meutentiere, die in ihrer Jugend die soziale Anpassung erlernen müßten. Als zukünftiger Einzeljäger ist das Hauskatzenkind darauf eingestellt, sehr selbstbewußt und sorgenfrei unter dem Schutz der starken Mutter aufzuwachsen. Die in der Jugend gestärkte Selbstsicherheit dürfte viel wichtiger für den späteren Mäuse- und Rattenfänger sein als das Anlernen zum Jagen selbst. Denn alle Verhaltensweisen, die dafür notwendig sind, praktiziert unser Kätzchen ja von ganz alleine im Spiel (siehe auch Seite 38).

Wo die Katzen in natürlicher Umgebung frei herumstreifen dürfen, halten sie Zusammenkünfte ab, die nur selten ein Katzenhalter beobachten kann. Dies ist einmal ein gemeinsames Herumsitzen von Katern und weiblichen Katzen an einem bestimmten Treffpunkt in der Nähe ihrer Reviere. Dabei geht es ganz friedlich zu, die Tiere sitzen im Abstand von wenigen Metern oder so dicht aneinander, daß sie sich gelegentlich das Fell belecken können. Dieses stille Zusammensitzen dauert gewöhnlich einige Stunden, selten die ganze Nacht.

Außerdem gibt es noch richtige »Herrenabende«, als »Bruderschaft Kater« bezeichnet, zu denen nur die männlichen Tiere erscheinen. Es handelt sich dabei um vollerwachsene, kräftige Kater von annähernd gleicher Rangstellung. Diese wurde bereits in vorausgegangenen Kämpfen festgelegt und braucht nicht bei jeder sich bietenden Gelegenheit neu festgelegt zu werden. Bis ein junger Kater in diese Gemeinschaft aufgenommen wird, muß er so manchen Kampf bestehen. Wenn er beginnt, mannbar zu werden, dann wird er von den erwachsenen Katern direkt aufgefordert, sein Heim zu verlassen und sich zu stellen. Sie holen ihn ab, locken ihn mit gurrenden Rufen aus dem Hause, ohne daß es bei den ersten Treffen zu irgendeiner Auseinandersetzung kommen muß. Nie habe ich gesehen, daß meine weiblichen Katzen außerhalb der Rollzeit »Besuch« bekommen hätten. Ein Kater dagegen wurde regelmäßig abgeholt. Nach dem plötzlichen Ausbleiben eines verunglückten Katers kam sein großer Freund, der sonst sehr zurückhaltend Menschen gegenüber war, ins Haus und durchlief suchend mehrere Räume. Für eine rollige Katze hatte er sich weder vorher noch nachher so weit vorgewagt.

Selten kommt ein junger Kater im ersten Lebensjahr schon mit Verletzungen nach Hause, die von durchgefochtenen Rangordnungskämpfen zeugen. Meistens finden sie erst im zweiten Lebensjahr statt. Jetzt muß sich das vollerwachsene Tier beweisen und die Herausforderung seiner Geschlechtsgenossen annehmen. Hat es sich dann aber seine Stellung erkämpft und wird es von ihnen voll anerkannt, dann kommt es selten mehr zu Raufereien. Sie wären auch sinnlos. Denn anders als bei vielen anderen Tierarten, kommt der Kater nicht dann zum Liebesgenuß, wenn er sich im Kampf als der Stärkste beweist, sondern dann, wenn ihn die rollige Katze erwählt hat. Und sie sucht sich unter den Kavalieren der Nachbarschaft durchaus nicht immer den kräftigsten aus. Auf diese Weise kommen jeweils mehrere Kater in einer Gegend zur Fortpflanzung und nicht nur einer.

Aus den Aufforderungen an den Jungkater durch einen alten Kämpen können sich regelrechte Tierfreundschaften entwickeln. Einer meiner Kater wurde regelmäßig von dem gleichen älteren Tier abgeholt, das oft stundenlang auf ihn wartete. Zweck dieser gemeinsamen Spaziergänge war keine bloße Förmlichkeit, sondern die beiden jagten zusammen Kaninchen. Vom Fenster aus konnte ich beobachten, wie sie in 5 bis 20 m Abstand nicht nur auf das Wild, sondern auch auf den Jagdpartner achteten. Der Stil dieser Zweierjagd auf Kaninchen war dann auch anders als der alleinjagender Katzen.

Wenn sich zwei einander fremde erwachsene Katzen begegnen, so richtet sich ihr Verhalten sehr nach dem Ort, an dem die Begegnung stattfindet. Die Katze im eigenen Heimrevier oder in dessen Nähe ist dann entschieden im Vorteil. In weitgehend neutraler Umgebung gehen die Tiere in freundlich gelöster Haltung mit nach vorn gerichteten Ohren und locker herabhängendem Schwanz aufeinander zu und versuchen, den Artgenossen unter dem Schwanz zu beriechen. Dieser hält meist nicht still, so daß beide dann im Kreis umeinander herumgehen. Bei gleich selbstbewußten und dabei freundlichen Tieren kann das eine durch leichtes Anheben des Schwanzes das Beriechen erleichtern. Häufig zeigt jedoch eine Katze leichte Unsicherheit, worauf die andere zudringlicher die Geruchskontrolle erstrebt. Zu starke Annäherung wird durch Fauchen abgewiesen, das die überlegene zumeist respektiert. Das direkte Fixieren mit den Augen, Blick in Blick, vermeiden die meisten Katzen. Es hemmt sie bei ihren Bewegungen. Auch vom Menschen schätzen sie es nicht.

In Körperhaltung und Gesichtsausdruck besitzt die Katze nicht weniger als der Hund alle Möglichkeiten, ihre Stimmungslage kundzutun. Die normale Ausgangslage ist ein freundliches Gesicht mit aufgerichteten, nach vorn zeigenden Ohren. Der Rücken ist gerade, der Schwanz hängt locker nach unten. Aus dieser Grundhaltung kann sich die Angriffs- oder die Abwehrhaltung entwickeln. Im Angriff bleibt der Körper aufgerichtet, der gerade Rücken steigt nach hinten zu an, die aufgerichteten Ohren werden seitlich auswärts gedreht, der Schwanz hängt nicht mehr gelöst, sondern wird an der Basis leicht angehoben und bildet einen Haken am unteren Drittel. In der Abwehrhaltung drückt sich die Katze an den Boden, die Ohren werden seitlich angelegt. Bei Bedrängung legt sie sich auf den Rücken und verteidigt sich mit Krallen und Zähnen.

Die Abwehrstellung der Katze ist keine Demutsgeste mit Anbieten des schutzlosesten Körperteiles wie beim Hund, es ist eher eine Abschreckungsgeste, bei der nicht auf Gegenwehr verzichtet und vom stärkeren Gegner auch nicht unbedingt der Angriff aufgegeben werden muß.

Die meisten Stimmungslagen sind gemischt aus Angriffs- und Abwehrgefühlen. So drückt dann je nach Überwiegen der einen oder der anderen Stimmung der Körper die Gemütsverfassung des Tieres aus. Überwiegt die Angriffslust, so ist der Schwanz mehr angehoben, und die Beine stehen gerade. Überwiegt die Abwehr, so drückt sich die Katze mehr an den Boden. Bei großer Intensität beider Stimmungen, also wenn Angriffs- und Abwehrstimmung gleich stark sind, kann der berühmte Katzenbuckel entstehen. Die Überlagerung der beiden Stimmungen tritt dann auf, wenn ein starkes Tier an ein noch stärkeres gerät oder wenn das normale Auseinandergehen oder erfolgreiche Flucht nicht gegeben ist. Die Verteidigung des Heimes oder gar des Nestes mit Jungen kann den normalen Fluchtdrang unterdrücken und aus einer vorwiegenden Abwehrhaltung die Angriffsstimmung in den Vordergrund rücken lassen.

Der Kampf zwischen einander fremden Katzen beginnt mit Haaresträuben, vor allem an Rücken und Schwanz. Durch diesen Droheffekt erscheint das Tier größer, der Gegner soll eingeschüchtert werden. Der Schwanz bildet einen steifen Haken nach abwärts. Unter Fauchen, Knurren und Spucken schreiten beide Katzen steifbeinig aufeinander los. Schließlich stürzt die eine vor und versetzt der Gegnerin Hiebe auf den Kopf. Versucht diese zu fliehen, so folgt sie ihr und versucht sie schräg von hinten zu fassen. Die unterlegene Katze legt sich auf den Rücken, um den Nacken zu schützen, schützt durch Einziehen des Halses die Kehle und wehrt sich mit Krallen und Gebiß.

Vollausgefochtene Kämpfe zwischen Katzen sind selten. Im allgemeinen genügt ein Tatzenhieb, ein Fauchen, ja sogar ein leichtes Schlagen der Schwanzspitze oder das Drehen der Ohren, um die Fronten abzustecken. Nur bei den Rangkämpfen der Kater wird der Kampf auch richtig durchgeführt. Dabei ertönt der Katergesang, bei dem dumpfes Grollen mit hellen, schrillen Tönen abwechselt. Die gebogene Schwanzspitze schlägt immer schneller hin und her, während die beiden Gegner aufeinander zu und seitlich aneinander vorbeigehen. Mit sprungbereiten Hinterläufen versuchen sie, den Rivalen im Genick zu fassen und zu Boden zu werfen. Das gelingt selten, meist fallen oder werfen sich beide Kater auf den Rücken und kämpfen liegend unter lautem Geschrei mit allen ihren Waffen. Wenn es einem gelingt, sich aus dem Knäuel zu lösen, beginnt mit Drohstellung und Angriff der Kampf von neuem, bis der Besiegte sich davonschleicht oder im Galopp flüchtet. Bei nahezu gleichen Partnern endet der Kampf nach ein oder mehreren Runden mit einer Übersprunghandlung (siehe Seite 37), also mit Putzen oder Schnuppern.

Anderen Tieren, meist Hunden gegenüber, wird im Prinzip die gleiche Angriffs- oder Abwehrhaltung eingenommen wie gegenüber Artgenossen. Dabei wird weit häufiger der Katzenbuckel mit stark gesträubtem Fell gezeigt. Bei einem überlegenen artfremden Feind wird nach Möglichkeit die Rettung in der Flucht gesucht. Ist das Davonlaufen aussichtslos oder sind Junge zu verteidigen, dann kann es zu so blindwütigen Ausfällen kommen, daß selbst ein stark überlegener Gegner vom Kampf abläßt.

Auch wenn der »Gegner« nicht sichtbar ist, wird die gleiche Angriffs- oder Abwehrhaltung eingenommen, wenn die Katze seine noch frische Witterung in ihrem Heimbezirk wahrnimmt. So streifte meine halbjährige Katze steil aufgerichtet mit gesträubtem Fell und schlagender Schwanzspitze durch die Wohnung und beschnupperte alle Stellen, die einige Stunden vorher ein »Besuchshund« berührt hatte. Ihre ältere Schwester, erfahrener im Umgang mit Hunden, war weit weniger aufgeregt.

Bei unseren ganz in der Familie gehaltenen Katzen sind Abwehr- und Angriffshaltung weit seltener zu sehen als freundliche Gesten, sei es dem Menschen oder den übrigen vierbeinigen Familienmitgliedern gegenüber. Der vertraute Hund wird dann ebenso behandelt wie die andere im Haushalt lebende Katze. Die Zärtlichkeit drückt sich aus im Köpfchengeben, bei dem die Stirn gegen das andere Tier gedrückt und dann mit Hals, Schulter und Seite an ihm entlang gestrichen wird. Beim gegenseitigen Köpfchengeben können beide Schädel zusammenstoßen. Aneinanderreiben der Flanken mit hocherhobenen Schwänzen, Durchlaufen unter der Kehle des anderen und Beschnuppernlassen der Analgegend werden einer anderen Katze, aber auch dem Hund angeboten, der von dem Angebot auch Gebrauch macht. Als Begrüßungslaut kann außer dem bekannten Schnurren auch ein »Purren« ausgestoßen werden. Zeichen der Zuneigung ist das soziale Putzen und Belecken des Fells, vorwiegend im Gesicht, am Nacken und an den Ohren, das gern auch dem Menschen gegenüber angewandt wird. Das im Austausch von uns gewährte Köpfchengraulen wird als Ersatzhandlung gern angenommen.

*Sexualverhalten.* Kater, aber auch Hunde, riechen die herannahende Rolligkeit der Katze, ohne daß wir Menschen äußerlich eine Schwellung der Geschlechtsteile bemerken können. Das Verhalten der zur Liebe bereiten Katze ist aber so verändert, daß es nicht zu übersehen ist (siehe auch Seite 139). Den Kater schlägt sie in den ersten Tagen noch ab, achtet dabei darauf, daß er sie nicht aus den Augen verliert. Die Fluchten werden immer kürzer, das dazwischenliegende Wälzen auf dem Boden immer ausgeprägter. Die einige Tage dauernden Liebesspiele und Paarungsvorbereitungen sind von allerhand Gesängen begleitet, teils von der Katzendame, die nach dem Kavalier ruft, teils, weicher und lockender, von ihrem Bewerber. Ist die Katze willig, so duckt sie sich auf den Boden, stellt die Hinterbeine weit nach hinten mit hochgehobenen Fersen, macht das Kreuz hohl und bietet sich mit seitlich angehobenem Schwanz an. Der Kater stürzt sich auf sie, faßt sie im Genick und tritt mit den Hinterfüßen auf ihren Rücken. Die Paarung verläuft sehr schnell, die Katze wirft sich herum und teilt bisweilen ihrem Partner einige Hiebe aus.

Ist kein artgleicher Partner erreichbar, so bietet sich die liebeskranke Katze Ersatzpartnern an, nicht nur dem Menschen. Sie kann dann auch dem männlichen Hundekameraden recht eindeutige Anträge machen.

## *Das Zusammenleben mit anderen Haustieren*

Erstaunlich viele Katzenzüchter besitzen einen *Hund*. Auch heute noch leben auf dem Lande und in Forsthäusern Hunde und Katzen friedlich unter einem Dach. Es scheint wohl mehr eine Frage der Unterbringungsmöglichkeit als eine Frage der Einstellung zu sein. Unumgänglich ist die sprichwörtliche Feindschaft nie gewesen. Vom Hund her besteht sie nicht, wenn er nicht auf Katzen gehetzt wird. Oft wird allein durch das Davonlaufen der Katze bei ihm der Verfolgungstrieb ausgelöst. Ebenso oft ist das Losstürmen freundlich gemeint und eine Aufforderung zum Spiel. Doch woher soll die Katze die Absicht ahnen; sie sucht ihre Sicherheit klugerweise in der Flucht. Damit rettet sie nicht selten ihren Pelz, denn manche Jagdhund- und Terrierrassen sind in früheren Zeiten auf Raubwildschärfe gezüchtet worden. Sie können dann die freilaufende Katze als Beutetier betrachten. Das schließt nicht aus, daß auch Hunde dieser Rassen die eigenen Katzen nicht nur dulden, sondern sie auch als Angehörige ihrer »Meute« gegen jeden Fremden verteidigen, ihnen als den schwächeren gestatten, ihr Lager einzunehmen und aus ihrem Futternapf zu fressen. Der Hund ist als geselliges Wesen leicht dazu zu bringen, neue Mitglieder seiner Familie einzugliedern. Eine Jungkatze, die noch keine arteigene Witterung abgibt, wird er sofort akzeptieren. Das Zusammenfinden mit einer älteren Katze braucht eine gewisse Zeit. Vor allem kommt es auf das Verhalten der Katze an. Beide Tiere müssen die friedliche Einstellung des anderen erkennen. Hund und Katze sprechen nicht die gleiche Sprache, sie bedienen sich verschiedener Ausdrucksmittel. Und wenn sie sich gegenseitig auch verstehen lernen, so kann es doch gelegentlich zu Verständigungsschwierigkeiten und Übersetzungsfehlern kommen.

Um eine erwachsene Katze mit einem erwachsenen Hund in friedliche Hausgemeinschaft zusammenzubringen, darf die Katze noch keine oder keine nachhaltigen schlechten Erfahrungen mit anderen Hunden hinter sich haben. Es muß ein Mensch vorhanden sein, der beide leiten kann, dem Hund also Meutenführer und der Katze Mutterersatz darstellt. Er gibt der schwächeren Katze das Gefühl der Sicherheit und läßt den Hund seine Oberherrschaft fühlen. Bei diesem Zusammengewöhnen muß der bewegungsaktive Hund gebremst werden, und man muß vermeiden, daß die Katze wegen eines wirklichen oder eines eingebildeten Angriffs die Flucht ergreift. An die stürmischen Freudenbezeigungen und Spielversuche des meist größeren Hausgenossen gewöhnt sie sich nur langsam, sie schätzt sie nie. Ich habe mehrmals dieses Experiment durchgeführt, auch mit einem scharfen Jagdteckel, und es wurde immer so etwas wie eine Tierfreundschaft daraus, in der meist der Hund sich in einigen Verhaltensweisen anzugleichen versuchte. Der eine putzte sich auf Katzenart, ein anderer benutzte mit mangelnder Treffsicherheit die Katzenklos. Die Katzen schmusten mit dem Hund und begrüßten ihn auf ihre eigene Art. Kam die Katze zum Hund, so wurde dieser einige Tage in Diele und Wohnzimmer angekettet. Kam der Hund ins Heim der Katze, war dies nicht nötig. Die beiden blieben zunächst nie unbeaufsichtigt zusammen. Die Voraussetzung für ein Zusammenbringen älterer Tiere verschiedener Arten ist das Verständnis des Menschen, der ihre Ausdrucksweisen kennen, ihr Verhalten beurteilen und vorauswissen muß. Nur so kann er Dolmetscher zwischen ihnen sein und aus Verständigungsschwierigkeiten herrührende Auseinandersetzungen im Keime verhindern.

Die mit einem Hund zusammenlebende Katze ist damit nicht ganz allgemein »hundelieb«. Sie betrachtet fremde Hunde mit Mißtrauen, wie sie ja auch nicht jede andere Katze als Freund ansieht. Je nach dem Abstand zu dem fremden Hund wird mit Haaresträuben die »Imponierhaltung« eingenommen, die Flucht ergriffen oder zum Angriff übergegangen. Besuche fremder Hunde in Wohnungen mit Katzen bereitet man besser vor, indem man die beiden sich gar nicht erst zu Gesicht bekommen läßt. Das Argument des Besuchers »mein Hund tut keiner Seele etwas« trifft nur auf einen körperlichen Angriff zu. Das Eindringen eines vierbeinigen Fremdlings in ihr engeres Revier stört eine Katze erheblich.

Während der Hund eine ins Haus genommene Katze als neuen Meuteangehörigen meist bald duldet, nimmt die Katze einen hinzugekommenen Hund oft sehr übel. Sie betrachtet ihn als Eindringling in ihr Heim. Ihre ersten Reaktionen sind Flucht und Angriff, je nachdem, wie das Hundetier sich verhält und wo das Treffen stattfindet. In der Nähe ihres Lieblingsplatzes oder in dem Raum, in dem sie sich am liebsten aufhält, überwiegt der Angriff auf den Hund. Um sie in ihrem »Heim erster Ordnung« nicht zu sehr zu stören, werden wir den Hundeneuling in anderen Räumen unterbringen. In den ersten Tagen sollten beide Tiere unser Haus gemeinsam bewohnen, aber sich nicht gleichzeitig in denselben Räumen aufhalten. Den Schicht- oder Raumwechsel nehmen wir so vor, daß wir entweder die Katze auf unserem

Arm am Hund vorbeitragen oder – wenn er schutzbedürftig ist – den kleinen Hund. Wir sollten uns Zeit lassen mit dem Zusammengewöhnen. Die Katze muß begreifen, daß wir ihr keine artgleiche Konkurrenz ins Haus geholt haben, daß dieses Tier keine Katze ist und somit eine andere Sprache spricht. Vor allem muß sie erkennen, daß der neue Hausgenosse harmlos ist und ihr nichts Böses tut. Dann wird sie bald aus ihrer Neugier heraus näher kommen und eine neutrale Haltung annehmen. Überschreitet der spielfreudige Hund den von ihr gewünschten Abstand, setzt es natürlich Pfotenhiebe, die mit Fauchen und Spucken begleitet sind. Daran muß und wird er sich gewöhnen. Er nimmt das ganze Katzentheater auch gar nicht weiter übel – wenn er einige Zeit hatte, sich an uns, unser Haus und an den Geruch des Katzentieres zu gewöhnen. Wir müssen allen vierbeinigen Hausgenossen die bei uns gültige Rangordnung beibringen: wir sind der Boß. Damit erkennt nicht nur das angriffslustige Tier uns als möglicherweise strafende Autorität an. Dem ängstlichen Vierbeiner – ob dies nun die Katze oder der Hund ist – geben wir die schützende Sicherheit. Für dieses Zusammenfinden unserer Hausgenossen brauchen wir Geduld und äußere Ruhe. Zusätzliche Belastungen durch äußere Unruhe oder Besuch sollten wir fernhalten. Auch sollte die Katze überall, wo sie mit dem Hund zusammentrifft, eine Fluchtmöglichkeit nach oben – also auf Tisch und Schränke – vorfinden. Das dämpft ihre Angriffslust und befriedigt ihre Neugier.

Das Zusammenleben mit anderen Haustieren ist eine Sache der Gewöhnung. Die Bauernkatze lernt von der Mutter, daß Kühe und Pferde zum Haus gehören und daß Hühner und anderes Hausgeflügel nicht gejagt werden dürfen. Gleichzeitig kann sie durchaus anderem Getier an den Kragen gehen, nicht nur Mäusen und Ratten, wenn sie im Jagdrevier die Gelegenheit findet.

Eine Katze im Haus schließt *Vogelhaltung* nicht aus. Man braucht es ja nicht auf Experimente ankommen zu lassen nach dem Motto: Wenn die beiden sich streiten, dann kaufen wir einen neuen Kanarienvogel. Erziehung und Gewöhnung können Jagd- und Fangtrieb zuverlässig zurückhalten. Dann wird nicht nur der im Käfig sitzende, sondern auch der frei fliegende Ziervogel in Ruhe gelassen. Auf andere, wildlebende Vögel im Garten muß sich diese Duldsamkeit nicht erstrecken.

Sogar ihrem natürlichsten Beutetier gegenüber kann eine Katze sich zurückhalten. Die meine begriff im Mauselaboratorium sehr schnell, daß die Tiere in den Käfigen nicht für sie bestimmt waren, es sei denn, sie hätten sich selbständig gemacht. Brachte die Inspektion der Ecken und Schlupfwinkel Fehlanzeige, so wartete sie, ob nicht ein unvorsichtiges Mäuschen durch den Draht schlüpfte. Dieses erreichte dann allerdings nicht mehr den Fußboden. Pfotenhiebe auf die am Draht kletternden Nager lernten die heranwachsenden Katzen zu unterdrücken.

## *Wildernde Katzen*

Über den Schaden, den die Hauskatzen der *Jagd* zufügen, gehen die Ansichten extrem auseinander. Die Katzen jagen nur schädliche Nager, sagen ihre Liebhaber. Unsere Hofkatzen wildern nicht, so behaupten die Bauern. Schießt der Jagdinhaber dann mit ihrer Zustimmung alle weiter als erlaubt im Revier angetroffenen Katzen ab, so ist plötzlich das ganze Dorf völlig katzenleer. Sie haben also doch alle gewildert. Bei der ungehemmten Vermehrung der Katzen auf dem Lande und bei der Zahl der echt verwilderten Hauskatzen, die ihre Jungen im Wald zur Welt bringen und großziehen, ist auf eine Regulierung nicht zu verzichten. Der Jäger ist ja von Natur aus kein Katzenfeind, so mancher hält und liebt sie im eigenen Hause. Doch ihm ist der Schutz der frei lebenden Tierwelt anvertraut. Wenn in einer niedergebrannten Scheune unlängst in Niedersachsen 24 tote Katzen gefunden wurden, dann fragt man sich, wie diese armen Tiere denn satt geworden sein mögen. Ihre Beköstigung hätte den Hofbesitzer eine schöne Stange Geld gekostet – oder kann es auf dem Hof so viele Ratten und Mäuse geben? Was sollen solche Tiere denn anderes tun, als sich den Magen zu füllen, wie immer es nur möglich ist.

Magenuntersuchungen von geschossenen Katzen ergeben immer ein starkes Überwiegen von Mauseresten und auch von Küchenkost. Wie könnte es anders sein? Mäuse sind auch das tägliche Brot von Füchsen und anderem Raubwild, nur sie sind in nennenswerter Menge vorhanden. Und daß weit von menschlichen Ansiedlungen entfernt angetroffene Katzen Milchbrei gegessen hatten, beweist nur die Jagdpassion selbst einer Katze mit Heim.

In der Umgebung eines Dorfes leben höchstens fünf bis acht Rebhuhnpaare, die im Jahr ein Gelege von neun bis fünfzehn Eiern großzuziehen versuchen. Auf sie stürzen sich, wo immer es geht, die Greifvögel aus der Luft, die Wiesel, Marder und Füchse aus der Deckung des Bodens. Wenn jede wildernde Katze auch nur zu jedem hohen Feiertag sich ein Rebhuhn einverleiben würde, so wäre auch das schon zuviel. Und mit dem anderen Niederwild, mit Hasen und Fasanen sieht es kaum anders aus. Die moderne Landwirtschaft läßt immer weniger Deckung und verspritzt tonnenweise Gift, dazu fordert der Autoverkehr einen hohen Tribut. Soviel Niederwild ist in den Revieren gar nicht vorhanden, daß man Reste davon im Mageninhalt von Katzen finden könnte. Es handelt sich ja nicht um einzelne Katzen, die wildern, sondern meist um ein Dutzend auf jedem Bauernhof, die nur mit Milch versorgt, sich ihren Lebensunterhalt selbst erbeuten müssen. Wenn ihnen dann noch durch Giftaktionen auf den Feldern für einige Wochen die Mause-Grundlage entzogen ist, was anderes sollen die Katzen denn dann jagen?

Wenige, dafür gut gehaltene Katzen im ländlichen Haushalt – das allein kann Abhilfe schaffen. Gute Fütterung, nicht nur Milch beim Melken, und echter Familienanschluß müssen die Tiere mehr an Haus und Hof binden. Weite Ausflüge werden dann überflüssig, denn Jagdmöglichkeiten gibt es in den Gebäuden und im Garten reichlich. Weil aber zur erfolgreichen Schädlingsjagd Ruhe und Abstand unentbehrlich sind, weichen überzählige Katzen in die freie Feldmark aus.

Zur Kleinhaltung des Bestandes ist das Wegnehmen und Töten der Jungen eine ungeeignete Methode. So dumm ist die Mutterkatze nicht, daß sie sich damit abfindet. Sie versteckt ihre Neugeborenen, bis sie selbständig sind. Von den auf Seite 68 ff beschriebenen Möglichkeiten der Geburtenbeschränkung dürfte für das Dorf das Sterilisieren (nicht Kastrieren!) der meisten Kater die einfachste Methode sein.

Selbst wenn wir unserer Katze alles erlauben würden, so hat doch der *Gesetzgeber* die Freizügigkeit eingeschränkt. Vom 15. März bis zum 15. August und im Winter, »wenn eine geschlossene Schneedecke liegt«, darf die Katze zum Schutz der Vögel nicht frei herumstreifen. In dieser Zeit darf sie in fremden Gärten vom Grundstücksbesitzer eingefangen werden. Er muß die Katze gut behandeln und sie dem Besitzer zurückbringen, falls er ihn kennt. Unbekannte Katzen muß er im

Tierhort abliefern. Soweit sollte es niemand kommen lassen. Es ist durchaus möglich, das Tier im Sommer vorwiegend im Hause zu halten. Zum mindesten sollte man die Katze auch im eigenen Garten nur einige Stunden laufen lassen. Die von ihr ausgehende Beunruhigung der fütternden Singvögel ist groß. Die kleinen Tierchen müssen ohnehin von Sonnenaufgang bis Sonnenuntergang pausenlos in der Luft sein, um ihre Brut satt zu kriegen. Nebenbei ist es auch noch viel Ungeziefer von unseren Gartenpflanzen, das sie verfüttern. Absoluten Hausarrest sollten wir beachten, wenn die Jungvögel aus dem Nest kommen. Dann hocken sie noch einige Tage auf dem Boden herum, bis sie richtig fliegen können. In dieser Zeit fallen sie auch einem ungeschickten Jäger zum Opfer. Niemand soll sein Gewissen beruhigen mit der berühmten umgehängten Schelle. Daß Katzen davon neurotisch werden, glaube ich nicht, viel eher werden sie so leise und vorsichtig zu schleichen lernen, daß trotz Glöckchen nichts zu hören ist. Und bis das unerfahrene Vogelkind etwas begriffen hat, ist es längst zu spät.

Im *Jagdrevier* darf die Katze das ganze Jahr über bejagt werden, sobald sie sich mehr als 200 Meter vom Haus entfernt. Ihr Besitzer kann zusätzlich noch mit einem Bußgeld belegt werden, wenn er sie fahrlässigerweise unbeaufsichtigt im Jagdrevier herumstreifen läßt. Geschieht dies vorsätzlich, so kommt er sogar mit dem Strafgesetzbuch in Konflikt. Auch zu Schadenersatzleistungen kann er verpflichtet werden.

# Katze und Mensch

Jeden Katzenfreund beglückt die Tatsache, daß sich die Katze weit inniger an einen Menschen anschließen kann, als sie das je mit einer anderen Katze tut. Diese lebenslange enge Bindung rührt wohl nicht nur von einem Kindlichbleiben der Katze als Folge der Haustierwerdung her, sondern auch von der Mutterstelle, die der Mensch für die Katze einnimmt. Die Rolle der Mutter hat bei wenigen Tierarten eine so starke, oft über das völlige Erwachsenwerden der Jungen hinausgehende Bewertung wie bei der Katze. Das junge Kätzchen erkennt die Hausfrau sofort als Ersatzmutter an. Die erwachsene Katze, die eigenen Nachwuchs großzieht, befördert den Menschen zur »Obermutter«, die von der ganzen Katzenfamilie geachtet und geliebt wird. Von ihrer Mutter, auch von der menschlichen, läßt die Katze sich erziehen. Es müssen nur die Spielregeln eingehalten werden, die Erziehung muß katzengemäß sein (siehe Seite 103 f). Sie darf nicht in einer gerade noch einem Hund zumutbaren Dressur bestehen.

Nur dadurch, daß der Mensch als Mutter betrachtet wird, läßt es sich wahrscheinlich erklären, daß in manchen Häusern eine unnatürlich große Zahl von Katzen auf recht engem Raum miteinander lebt, ohne daß die Tiere stark gedrückt oder verklemmt wirken. Der Mensch nimmt dann die oberste Stelle in der Rangordnung (siehe Seite 47) ein und behütet die schwächsten seiner »Kinder« vor den Angriffen der stärkeren.

Je weiter sich die Katzenhaltung von einem natürlichen Katzenleben entfernt, um so enger muß die Zuneigung zum Menschen werden. Die frei umherstreifende Katze sucht sich ihre Kontakte zu Artgenossen. Sie geht auf Jagd, wird selbständig und in gewisser Weise unabhängig. Wenn sie nach durchbummelter Nacht abgekämpft und müde nach Hause kommt, will sie in erster Linie Ruhe, bis sie ausgeschlafen und aufgefüttert auf neue Erlebnisse auszieht.

Die Zeichen der Zärtlichkeit sind vielseitig. Sie reichen vom Nasenkuß und Kopfreiben mit Schnurren bis zum Saugen an Frauchens Arm, selbst noch durch die mehrjährige Katze. Die liebevoll gehaltenen Tiere schnurren bei der leisesten Berührung sofort los, auch wenn es sich nicht um ihre nächsten Menschen handelt. Für sie bedeutet jeder Kontakt mit der menschlichen Hand etwas Angenehmes, haben sie doch keine schlechten Erfahrungen damit machen müssen. Daß beim liebebetonten Saugen am Menschen und manchmal auch ohne dieses Saugen der »Milchtritt« angewandt und dabei die Krallen ausgefahren werden, ist ein Zeichen der Zuneigung und des Anerkennens als Mutter. Beim dünnen Menschenfell bleiben gelegentlich blutige Spuren davon zurück, das muß in Kauf genommen oder kann durch Unterschieben eines Kleidungsstücks verhindert werden. Man darf stolz sein auf diesen äußersten Liebesbeweis.

Die menschenbezogene Katze kommt mit ihren Schmerzen und Kümmernissen zur Besitzerin, so manche Katze verweigert jede Nahrung, wenn sie nicht vom Teller ihres Herrn kommt. Sogar bei der Geburt (Seite 145) und bei der Aufzucht der Jungen wird dem Menschen eine wesentliche Rolle zuerkannt.

Die im ganzen Haus frei laufenden Katzen suchen die Nähe des Menschen nicht immer nur dann, wenn alles friedlich zugeht. Als ein von mir im Keller umgestoßenes Brett mit großem Getöse umfiel, da verkrochen sich die Katzen nicht, wie ich erwartet hätte. Sie kamen alle gelaufen. Auch wenn Fremde im Garten sind, bleiben sie mehr in meiner Nähe als sonst. Ob sie im Notfall ihre Familie ernsthaft verteidigen ... Für ausgeschlossen halte ich es nicht.

Ausgesprochen selten sind *aggressive* Katzen, also Tiere, die, ohne selbst direkt angegriffen zu sein, auf Menschen losgehen. Ihre Haltung drückt mit gesträubtem Fell, steil aufgestellten und nach vorn gerichteten Ohren, aufrechtstehendem, durch Spreizen der Haare buschig gewordenem Schwanz und einem Katzenbuckel höchste Angriffslust aus. Fremde Menschen und erst recht Hunde, die ins Haus und somit in den Heimbezirk der Katze kommen, werden angegriffen und mit den Krallen verletzt. Das geschieht unabhängig davon, ob Jungkatzen vorhanden sind, und kann auch von in der Jugend kastrierten Katern praktiziert werden. Früher sind solche angriffslustigen Katzen häufiger vorgekommen, heute sind sie Raritäten. Zu ihrer Familie, zu den dazugehörigen Menschen können sie von größter Zärtlichkeit und Liebe sein. Auch einige nahe Freunde, die regelmäßig zu Besuch ins Haus kommen, werden schließlich geduldet. Abgewöhnen läßt sich eine solche Wesensveranlagung, die höchstwahrscheinlich im Erbgut verankert ist, nicht. Man muß die Katze eben so halten, daß sie mit Fremden nicht in Berührung kommt. Für alleinstehende Menschen, die sich keinen Hund halten können, wäre eine wachsame aggressive Katze ein nicht zu verachtender Schutz.

Die enge Menschbezogenheit der Katze muß nicht auf einen einzigen Menschen gerichtet sein; sie kann sich auf mehrere Familienmitglieder erstrecken und sie kann noch von einer mehrjährigen Katze auf einen fremden Menschen übertragen werden. Das vollerwachsene Tier wird beim richtigen Kontakt mit dem neuen Herrn den Besitzwechsel dann besonders leicht verkraften, wenn es sich dabei Umweltvorteile einhandelt. Das kann mehr Raum zum Herumstreifen sein, das Entfernen von einer Artgenossin, die sie unterdrückt hatte, ganz allgemein weniger Konkurrenz durch ihresgleichen oder auch nur Mäuse im Haus und ein interessanter Ausblick auf einen Vogelgarten.

Daher sollten sich weder Züchter scheuen, eine erwachsene, überflüssig gewordene Katze abzugeben, noch Käufer, ein solches Tier zu nehmen. Wichtig ist nur das rechte Einfühlen, die »richtige Hand« für Katzen. Dann kann das Tier gerade für einen älteren Menschen ganz besonders geeignet sein und ihm all seine Zärtlichkeit schenken.

Eine Katze gehört nur dort »zum Haus«, wo sie nicht zu den Menschen gehören darf. Ein Wohnungswechsel mit ihr ist nicht das geringste Problem. Man sollte sie dabei nur vor allzuviel Rummel bewahren (siehe Seite 82). Ein regelmäßiger Wechsel zwischen Stadtwohnung und Wochenendhaus kann ihr zur Selbstverständlichkeit werden. Sie lernt sehr schnell, die jeweiligen Annehmlichkeiten ihres Aufenthaltsortes auszuschöpfen.

Irgendwann einmal äußert fast jedes Kind den Wunsch, ein größeres Haustier zu besitzen. Handelt es sich dabei nicht nur um eine Augenblickslaune, warum sollte er dann abgeschlagen werden? Die Eltern müssen nur bedenken, daß weder Katze noch Hund ein Spielzeug sind, für Kinder so wenig wie für Erwachsene. Es sind auch keine Spielkameraden auf Probe, die bei Nichtgefallen in die Ecke gestellt oder einfach weitergegeben werden können. Ebenso ist das lebende Tier denkbar ungeeignet als Erziehungsmittel, um die Ausdauer und das Pflichtbewußtsein des Kindes zu entwickeln. Selbst bei großer Tierliebe ist ein Schulkind überfordert, wenn es allein für ein Haustier sorgen muß. Das gilt auch für den älteren Schüler, bei dem zudem noch Berufsausbildung, Militärzeit und vielleicht sogar Eheschließung in die Lebenserwartungszeit seines vierbeinigen Spielgefährten fallen. Die Mutter muß sich von vornherein darüber klar sein, daß sie sich wesentlich mit um das Tier ihres Kindes kümmern muß. Von ihrer Einstellung zum Haustier hängt es ab, ob dem kindlichen Tierwunsch nachgegeben werden soll. Die Liebe eines Kindes zu seinem Schützling ist nur dann unbelastet, wenn es nicht dauernd von Schuldgefühlen geplagt wird. Durch die weniger anspruchsvolle Pflege, die eine Katze fordert, eignet sich die Katze für das Kind eher besser als ein Hund. Sie erzieht es auch mehr zur Rücksichtnahme und Toleranz, denn sie läßt sich nicht bedingungslos in Besitz nehmen. Katze und Hund bleiben weit über ihre Jugend hinaus verspielt. Das darf jedoch nicht darüber hinwegtäuschen, daß sie die längste Zeit ihres Lebens als vollerwachsene Persönlichkeiten das Leben ihres Besitzers teilen. Als solche müssen sie von Erwachsenen und Kindern behandelt werden, nicht als lebendige Teddybären. Falsch behandelte »Kinderkatzen« können sich zu recht unleidlichen Wesen entwickeln.

Nicht selten nimmt der Katzensegen rascher zu als erwartet. Dann taucht eines Tages die Frage nach der Zahl der Katzen auf, die ein Katzenfreund verkraften kann. An ihm liegt es nicht, er kann auch eine größere Anzahl lieben. Doch seine Lieblinge fühlen sich nicht mehr unbedingt glücklich, wenn sie in einer zu großen Gemeinschaft leben müssen. Sie wollen sich zurückziehen können und ihre Plätze haben, auf denen sie ungestört ruhen dürfen, sie wollen sich bei ihren Streifzügen durchs Haus nicht zu oft in die Quere kommen. Und vor allem wollen sie die Liebe ihres Menschen nicht mit zu vielen Artgenossen teilen. Der reine Liebhaber begrenzt daher die Zahl seiner erwachsenen Tiere. Dazu kommen die gelegentlichen Jungen, die nicht als Konkurrenz betrachtet werden. Sie sollten dann aber auch wirklich alle an andere Katzenfreunde weitergegeben werden. Denn sie

*Welches Menschenalter entspricht dem Katzenalter?*

| Katzenalter | Menschenalter | Katzenalter | Menschenalter |
|---|---|---|---|
| 1/2 Jahr | 12 Jahre | 11 Jahre | 64 Jahre |
| 1 Jahr | 18 Jahre | 12 Jahre | 68 Jahre |
| 2 Jahre | 24 Jahre | 13 Jahre | 72 Jahre |
| 3 Jahre | 30 Jahre | 14 Jahre | 76 Jahre |
| 4 Jahre | 35 Jahre | 15 Jahre | 80 Jahre |
| 5 Jahre | 40 Jahre | 16 Jahre | 84 Jahre |
| 6 Jahre | 44 Jahre | 17 Jahre | 88 Jahre |
| 7 Jahre | 48 Jahre | 18 Jahre | 92 Jahre |
| 8 Jahre | 52 Jahre | 19 Jahre | 96 Jahre |
| 9 Jahre | 56 Jahre | 20 Jahre | 100 Jahre |
| 10 Jahre | 60 Jahre | | |

*Was geschieht wann im Katzenleben?*

| | | |
|---|---|---|
| Die Augen öffnen sich | | 5. – 12. Tag |
| Die Zähne brechen durch | | 4. Woche |
| Wir füttern zu | | 4. Woche |
| Erste Wurmkur | | 7. Woche |
| Erste Impfung (Katzenseuche) | | 8. Woche |
| Zweite Wurmkur | | 9. Woche |
| Zweite Impfung | | 10. Woche |
| Besitzerwechsel | ab | 10. Woche |
| Tollwutimpfung (nur für Katzen mit freiem Auslauf) | ab | 5. Monat |
| Geschlechtsreife | | 6 – 10 Monate |
| Operation zur Unfruchtbarmachung Katze | | 6 – 8 Monate |
| Kater | | 12 – 18 Monate |
| Wiederholungsimpfung (Katzenseuche) | | 14 – 15 Monate, dann jährlich |
| Wiederholungsimpfung (Tollwut) | | 2 1/2 Jahre, dann zweijährlich |

werden schließlich ebenfalls erwachsen. Will man aus reiner Liebhaberei oder aus Zuchtgründen mehr Katzen halten, dann kann man aus drei bis fünf Tieren bestehende Familien voneinander getrennt in verschiedenen Räumen unterbringen. Sie haben dann das Gefühl, ihren Menschen nur für sich zu haben. Der Preis, den sie dafür zahlen müssen, besteht in der eingeschränkteren Bewegungsfreiheit.

## *Katzenkauf*

Man kann auf verschiedene Weise zu einem Kätzchen kommen, durch Kauf, durch Schenkung oder durch Diebstahl, denn das Kätzchen, das uns auf dem Spaziergang über den Weg läuft, ist in den seltensten Fällen herrenlos. Es ist auch kein kluges Unternehmen, »die Katze im Sack zu kaufen« – wie schon die Redensart sagt.

Von einem Tier, das unser Leben teilen soll, haben wir bestimmte Vorstellungen, und unsere Erwartungen werden nur dann erfüllt, wenn nicht nur die Augenblickslaune und ein süßes Aussehen die Wahl bestimmen. Auf dem Lande waren gute Mause- oder gar Rattenkatzen immer sehr begehrt. Man holte sich die Jungen von erfolgreichen Müttern und möglichst erst in einem Alter, in dem sie die ersten Mausefangerfolge bereits aufzuweisen hatten.

Für die Stubenkatze, die uns nur Freude und Gesellschaft bringen soll, ist anderes wichtiger als gute Jagdpassion. Ganz sicher wollen wir aber auch bei ihr nicht auf Intelligenz verzichten. Die alten Züchter hatten es im Gefühl, für den modernen Skeptiker hat es inzwischen die Wissenschaft bewiesen, daß die geistige Entwicklung eines Lebewesens schon im Mutterleib und im Säuglingsstadium beeinflußt wird. Wenn während der Zeit der Gehirnentwicklung eine ausreichende Ernährung vorhanden ist, können sich die Intelligenz und geistige Leistungsfähigkeit des Jungtieres wie auch des menschlichen Kindes voll entfalten. Wir machen kein gutes Geschäft, wenn wir uns ein Hungerkätzchen schenken lassen. Das sorgfältiger aufgezogene Tier wird uns mehr Freude und sicher auch weniger Tierarztkosten bringen.

Das Kätzchen für die Wohnung muß völlig stubenrein sein. Es darf gar nicht erst, wie bei Bauernkatzen üblich, seine Geschäftchen in der freien Natur erledigen. Es muß – von der Mutter – gelernt haben, daß dazu einzig und allein das Katzenklosett der passende Ort ist. Und es sollte vor allem auch von seinen ersten Lebenswochen an im engen Kontakt mit Menschen gelebt haben. Wird ein Katzenwurf in der Wohnung großgezogen, dann eilt es gar nicht so sehr mit dem Abgeben der Kleinen. Denn Katzen säugen sehr lange, und sie werden weit intensiver von ihrer Mutter erzogen als junge Hunde. Ein Alter von drei Monaten ist dann für den Erwerb recht günstig – man kann auch länger warten. Doch dabei entgehen dem neuen Besitzer zu viele Wochen der bezaubernden Katzenkindheit. Ist jedoch eine kleine Rassekatze nur von einem Züchter zu erhalten, der die Aufzucht im Zwinger erledigt, dann sollte man das Tierchen mit acht bis neun Wochen zu sich holen, damit sich die kindliche Prägung auf den Menschen vollzieht.

Es ist Geschmackssache, ob man eine der bekannten oder der selteneren Rassekatzen wählt oder eine »gewöhnliche« Hauskatze. Auch diese kann mit Stammbaum gezüchtet und auf Ausstellungen gezeigt werden. Eine stolze Hauskatze ist nicht weniger edel und elegant als ihre seit langem bewußt gezüchteten Vettern. Man muß ihr nur die entsprechende Haltung und Ernährung angedeihen lassen. Ob man ihr den Vorzug gibt oder einer anderen Rassekatze, der Kauf sollte mit ebensoviel Bedacht vor sich gehen wie der eines Rassehundes. Denn die Investitionen an Liebe und an finanziellen Aufwendungen, die in das kleine Wesen gesteckt werden, sind nahezu gleich.

Unbedingt soll das Kätzchen gesund sein und frei von Ungeziefer. Man darf ruhig zwischen das Fell pusten, um danach zu suchen und um Ekzeme oder Ausschlag festzustellen. Die Augen müssen klar, das Fell sauber, und der Leib darf nicht aufgetrieben sein. Kurzhaarkatzen haben ein glänzendes, anliegendes Fell und fühlen sich schwer an, die wolligen Perserchen wirken dagegen auf der Hand leichter, als man gedacht hätte. Entdecken wir irgendwelche Mängel, dann sollten wir uns nicht durch beruhigende Erklärungen zufriedenstellen lassen, sondern uns den Kauf noch einmal überlegen. Wer unsicher ist, ob er sich nicht überängstlich benimmt, sollte sich Rat vom Katzenklub oder einem anderen erfahrenen Katzenzüchter – es kann auch einer von einer ganz anderen Rasse sein – holen. Im Zweifelsfalle hilft auch der Tierarzt, auch vor dem Kauf und nicht erst hinterher.

Wer nicht von Freunden oder Nachbarn ein Kätzchen bekommen

*Welche Katze paßt zu wem?*

| | |
|---|---|
| Für die ganze Familie | Europäisch Kurzhaar, Halbperser, Perser, Kartäuser |
| für Menschen mit viel Zeit | Siam, Abessinier, Russisch Blau, Burma, Europäisch Kurzhaar |
| für berufstätige Alleinstehende | Perser, Colourpoint, Kartäuser, Orientalisch Kurzhaar, möglichst zwei Tiere, dann auch andere Rassen |
| für Individualisten | Burma, Abessinier, Orientalisch Kurzhaar, Birma |
| für Menschen, die mit der Katze spazierengehen wollen | Europäisch Kurzhaar, Kartäuser, Siam, Abessinier |
| für Menschen, die die Katze mit ins Wochenende nehmen wollen | Europäisch Kurzhaar, Siam, Kartäuser, Halbperser |
| für zartbesaitete Menschen | Orientalisch Kurzhaar, Birma, Colourpoint und alle anderen |
| für Kinder | Halbperser, Europäisch Kurzhaar, Perser, möglichst Kätzchen, die in Familien mit Kindern aufgewachsen sind |
| für unbeherrschte Menschen | eine Plüschkatze – keine lebende. |
| in die Ein-Zimmer-Wohnung | Perser, Colourpoint, Birma, Orientalisch Kurzhaar |
| in die Etagenwohnung | Europäisch und Orientalisch Kurzhaar, Burma, Perser, Colourpoint, Abessinier, kastrierte Siam |
| ins Einfamilienhaus | Abessinier, Siam und jede andere Rasse. |

kann, erfragt sich Züchteradressen vom Katzenklub (siehe Seite 265), der in allen größeren Städten telefonisch Auskunft gibt. Auch in den Tageszeitungen finden sich Verkaufsanzeigen. Wem sich die glückliche Möglichkeit bietet, eine Katzenausstellung zu besuchen, der sollte sich diese Gelegenheit auf keinen Fall entgehen lassen, auch wenn er dann unter der Qual der Wahl zu leiden hat.

Von Tierschutzvereinen und Tierhändlern macht man besser nur als Vermittler von Züchteradressen Gebrauch. Eine Qualitätsverbesserung ist nie mit dem Aufenthalt eines Jungtieres in einem Tierasyl oder einer Zoo-Handlung verbunden. Zu psychischen Schäden kann nur zu leicht die Übertragung von Krankheiten kommen.

Katzenkinder gibt es nicht nur im Sommer. Durch den Einfluß der Domestikation, des Haustierlebens, verteilt sich der Segen, wenn auch nicht ganz gleichmäßig, über das ganze Jahr. Daß Maikätzchen die besten sind, trifft allenfalls auf dem Lande zu, wo die Katzenmutter für sich und ihre Jungen weitgehend selbst sorgen muß. Der Liebhaberzüchter wird allen seinen Schützlingen die gleiche Sorgfalt zukommen lassen – unabhängig vom Geburtsmonat.

*Katze* oder *Kater* – falls man keine Zuchtgelüste hat, sollte man sich nicht unbedingt festlegen, wenn man sich für eine bestimmte Rasse und einen bestimmten Wurf entschieden hat. Die Kater werden kräftiger mit dickerem Kopf, wenn man sie ausreifen läßt und nicht zu früh kastriert (siehe Seite 70). Möchten wir unbedingt einen kleinen Kater oder nichts anderes als ein Katzenmädchen erstehen, dann sollten wir uns nicht scheuen, den Züchter um Vorführung beider Sorten zu bitten. Denn für den Ungeübten ist nicht mit einem Blick zu erfassen, was er gerade vor sich hat. Beim Vergleich beider Geschlechter wird auch er den Unterschied erkennen.

*So unterscheidet sich das Katzenmädchen (links), vom Katerchen (rechts)*

All diesen Überlegungen zum Trotz wird so manche Mensch-Katzen-Gemeinschaft auf ganz anderer Basis gegründet. Ganz ohne Zutun des Menschen taucht plötzlich irgendwoher ein Kätzchen auf, kommt immer wieder und hält tage- und nächtelang vor Tür und Fenster aus. Dagegen ist nicht viel zu tun, man muß das arme Wesen eben lieben und sich in das Schicksal fügen. Und man wird es nicht bedauern, diesmal nur dem Gefühl und nicht dem Verstand gehorcht zu haben. Diese Zugelaufenen werden meist die zärtlichsten und dankbarsten Hausgenossen. Wie hart ihr bisheriges Leben gewesen sein mag, das Zutrauen zum Menschen haben sie bewahrt und durch kluge Ausdauer bewiesen, daß sie zu den von der Natur bevorzugten Glückskindern ihrer Art gehören.

Wenn allerdings unsere Kinder mit Katzen unbekannter Herkunft auftauchen, dann sollten wir eher zurückhaltend sein. Handelt es sich um einen echten Findling, dann ist der Tierhort zuständig, der den Besitzer ausfindig zu machen sucht. Ein Tier, das wir unseren Kindern zum Gefährten geben, sollte nicht vom Zufall ausgelesen, sondern auf seine Eignung untersucht und auf seinen Gesundheitszustand geprüft sein. Die Tierliebe der Kinder und ihre lebenslange Einstellung zum Haustier werden ausschlaggebend von den Erfahrungen bestimmt, die sie mit ihren ersten Lieblingen machen können. Eignet sich das Tier nicht für Kinder, muß es wegen unangenehmer Eigenschaften oder Krankheiten doch nach der ersten Begeisterung wieder weggegeben werden, so wird dadurch ihre Tierbegeisterung meist stark gedämpft.

### *Fruchtbar oder unfruchtbar?*

An jeden Katzenliebhaber tritt die Frage heran: Sollen wir unseren Liebling unfruchtbar machen lassen oder schadet es ihm? Wer keinen züchterischen Ehrgeiz hat, sollte davor nicht zurückschrecken. Die längst bewährte Methode der Unfruchtbarmachung durch Operation ist jedem Tierarzt geläufig, sie ist für ihn ein Routineeingriff, und wir können unseren Patienten anschließend wieder mit nach Hause nehmen.

Für diesen Schritt gibt es bei der Katze zwei Möglichkeiten. Erstens die Kastration, bei der beide Eierstöcke entfernt werden. Danach tritt keine Rolligkeit mehr auf. Bei der einfachen Sterilisation werden nur die Eileiter durchtrennt, so daß kein Ei mehr befruchtet werden kann. Unfruchtbar sind die Katzen in beiden Fällen. Bei der Sterilisation werden sie aber weiterhin rollig mit allen Begleiterscheinungen. Bei beiden Operationen ist die Ausführung ziemlich gleich, es muß im Bauch operiert werden. Daher sollte man nicht auf halbem Wege stehenbleiben, sondern die Kastration vorziehen.

Die Angst, daß die kastrierte Katze zu leicht fett wird, ist nur dort begründet, wo sie zu üppig gefüttert wird. Natürlich bleibt die fruchtbare Katze schlanker, denn sie ist während der Rolligkeit viel unruhiger, verbraucht also dabei Energie. Zudem ist ihr Appetit in dieser Zeit gebremst, da sie alle ihre Gedanken auf die Erfüllung ihrer Liebessehnsucht gerichtet hat. Dadurch, daß der Anreiz zum Entweichen wegfällt, bleibt das unfruchtbare Tier häuslicher. Sein Interesse am Mausefang wird darunter nicht leiden – wäre sie auf Katersuche, so hätte sie ohnedies keinen Sinn für die kleinen Nager.

Hat man sich zu diesem Schritt entschlossen, dann sollte man nicht zu lange damit warten. Er läßt sich so ziemlich zu jeder Zeit durchführen, selbst bei älteren Katzen, die bereits fleißig für Nachwuchs gesorgt hatten. Sie sollten nur nach Möglichkeit nicht zu fett sein. Welches Alter am besten ist, darüber sind sich die Experten noch nicht einig. Die holländischen Züchter empfehlen nicht vor acht Monaten zu operieren, in England und den USA zieht man das Backfischalter von drei bis fünf Monaten vor. Die Verfechter dieser Methode meinen, daß dadurch eine bessere hormonale Anpassung stattfindet und die Tiere schlanker bleiben.

Der Besitzer einer Edelkatze scheut oft diesen endgültigen Schritt, denn er möchte irgendwann vielleicht doch einmal züchten. Für ihn gibt es seit einigen Jahren den Ausweg der vorübergehenden Unfruchtbarmachung durch Spritzen und Pillen. Dabei handelt es sich um Hormonpräparate, die rezeptpflichtig sind. Sie sind also nur durch den Tierarzt zu bekommen. Die Dosierung ist sehr individuell. Bei mancher Perserkatze hält die Wirkung einer einzigen Spritze viele Monate bis zu einem Jahr vor. Andere Tiere sind schon nach kurzen Wochen wieder für die Liebe bereit. Welche Pille oder Spritze verordnet wird, hängt vom behandelnden Tierarzt ab, der die Medikamente kennen und die Kur vertreten muß. Bewährt hat sich Perlutex L. Bei manchen Katzen genügt eine Pille am Beginn der Rolligkeit, anderen steckt man jede Woche eine ins Mäulchen oder jeden Tag eine über eine bestimmte Zeit. Diese Hormonbehandlung darf nur dann durchgeführt werden, wenn man ganz sicher ist, daß nicht schon eine Befruchtung stattgefunden haben könnte. In diesem Falle würde die Trächtigkeit bestehenbleiben, die kleinen Kätzchen nach einigen Wochen jedoch im Mutterleib absterben.

Zur Dauerbehandlung über Jahre hinaus sind diese Hormongaben nicht zu empfehlen. Es ist dann mit Nebenwirkungen, im ungünstigen Fall mit Gebärmutterentzündungen, zu rechnen. Das ist die heutige Ansicht. Ganz sicher beschert die pharmazeutische Industrie in wenigen Jahren auch den Katzen die ungefährliche Pille. Immer aber wird die Hormonbehandlung über lange Zeit weit teurer sein als die einmalige Kastration, die keinerlei Spätschäden erwarten läßt.

Obwohl der *Kater* uns nicht direkt mit reichem Kindersegen konfrontiert, erspart auch er uns nur selten die Entscheidung über sein weiteres Liebesleben. Der Urin der geschlechtsreifen Katzenherren riecht recht penetrant. Zudem hat unser Prachtstück auch noch die Angewohnheit, ihn an alle möglichen Stellen in der Wohnung zu spritzen, um sein Revier zu markieren. Wenn es soweit gekommen ist, dann bleibt meist keine andere Wahl als der Gang zum Tierarzt. Bis dahin sollte man warten, denn der dicke Katerkopf und der ganze männliche Habitus entwickeln sich so recht erst im zweiten Lebensjahr.

Auch beim Kater haben wir die Wahl zwischen Kastration und Sterilisation. Durch die Entfernung der Hoden bei der Kastration wird der starke Geschlechtstrieb entschärft, das Spritzen hört auf. Bei der Sterilisation werden nur die Samenstränge durchtrennt. Das Tier wird zwar unfruchtbar, an seinem Liebesleben ändert sich dagegen nichts, alle damit verbundenen Nachteile bleiben uns bewahrt. Bei beiden Eingriffen bleiben die erwachsenen Kater weiterhin begattungsfähig, denn dieser Teil des Geschlechtsverhaltens wird von der Hypophyse, einer Hirnanhangsdrüse, gesteuert. Sie verlieren lediglich die Möglichkeit, Nachkommen zu zeugen. Doch muß der Katzenbesitzer aufpassen, da die bereits in den Ausführgängen befindlichen lebenden Samenfäden noch viele Wochen nach der Operation befruchtungsfähig bleiben. Lediglich neue kommen nicht mehr hinzu.

Die Unfruchtbarmachung des Katers ist im allgemeinen die Kastration. Nur dort, wo der Katzenbesitzer einen gut deckfähigen, aber unfruchtbaren Kavalier für seine Kätzinnen wünscht, der sie in ihrer Rolligkeit befriedigt, ohne für Nachwuchs zu sorgen, ist die Sterilisation vorzuziehen. Ein Kater, der regelmäßig deckt, spritzt auch selten, ob er nun sterilisiert ist oder nicht. Auch auf dem Lande, wo die Vermehrung der Katzen ungesteuert und dem Zufall überlassen ist, würde die Sterilisation der Kater die übergroße Zahl der Nachzucht reduzieren.

## *Haltung und Unterbringung*

Wie man die Katze unterbringt, wieviel Freiheit man ihr bietet, das richtet sich in erster Linie nach den Gegebenheiten, also danach, wo wir das Glück oder Pech haben zu wohnen. Sie kann in der Einzimmerwohnung glücklich sein, verschafft sie sich doch weit mehr Bewegung als ein Hund, denn sie bewegt sich auch in der dritten Dimension. Wenn irgend möglich, sollte dazu auch die Gelegenheit sein, sei es durch einen Kletterbaum in der Diele, in Küche oder Bad oder die Möglichkeit, auf einen Schrank zu steigen. Ein bevorzugter Platz ist auf der Fensterbank in der Sonne oder um die Vögel und den Straßenverkehr zu beobachten. Dieses Vergnügen sollte ihr vornehmlich dann vergönnt sein, wenn sie viele Stunden lang auf ihr berufstätiges Frauchen warten muß.

Die volle Freiheit ist für die Katze fast überall lebensgefährlich. Nicht nur in der Stadt fordert der Straßenverkehr unzählige Opfer. Auf dem Land besteht die Gefahr, daß auch eine gut gefütterte Katze wildert und schließlich dabei selbst zur Strecke kommt (siehe Seite 58). Und leider halten es sehr viele Hundebesitzer für das Vorrecht und eins der wenigen Vergnügen ihrer Lieblinge, sie hinter den Lieblingstieren anderer Leute herjagen zu lassen. So können nur wenige Vorstadt- und Einfamilienhauskatzen ungefährdet die Freiheit genießen. Nur zu oft werden sie sogar zur lebenden Zielscheibe schießwütiger Nachbarn. So ist es immer sicherer, das Tier nur unter Aufsicht mit in den Garten zu nehmen oder ihm einen Balkon oder Auslauf einzudrahten. Für die Gesundheit und für die Fellentwicklung ist der Aufenthalt an der frischen Luft zu jeder Jahreszeit gesund, und es ist erstaunlich, wie lange ein Katzentier selbst bei trockenem Frost freiwillig im Freien bleibt.

Wenn völlig freier Auslauf riskiert wird, empfiehlt sich eine »Katzentür« an einer Keller- oder sonstigen in den Garten führenden Tür. Viele ältere Häuser auch in der Stadt besitzen diesen Privateingang noch. Unbedingt nötig ist er nicht, denn die Katze macht sich durch Klopfen oder Rufen auch vor dem geschlossenen Fenster bemerkbar. Es ist nur notwendig, daß jemand zu Hause ist. Zu finden weiß die Katze den Menschen dann schon. So meldet sie sich nachts nur am Schlafzimmerfenster, tagsüber dort, wo sie die Menschen weiß, in der Küche oder im Wohnraum, wenn sie sich nicht eine unverschlossene Tür selbst öffnet. Sie entwickelt dabei einen ausgezeichneten Raumsinn, verbunden vielleicht sogar mit Überlegung. Eine vierjährige neuerworbene »Nurstubenkatze« durfte bei mir durch die untere Gartentür nach draußen. Herein kam sie wieder durch den ein Stockwerk höher liegenden Vordereingang, den sie selbst geöffnet hatte.

Wo weder Balkon noch Garten einen abgegrenzten Freiluftraum erlauben, kann ein Drahtrahmen im Fenster ein ungefährliches Luftbad sichern. Der handwerklich begabte Katzenfreund wird ungezählte Möglichkeiten finden, durch einen vorgebauten Drahterker, ein vorgezogenes Kellerfenster oder anderes das Leben seiner Katze zu verschönern.

Daß die Katze so selten mit auf den Spaziergang genommen wird, liegt nicht an ihr. Ob mit oder ohne Leine, es gibt begeisterte Spaziergängerinnen unter den Katzen. Ohne Leine trägt man das Tier besser erst ein Stück von zu Hause weg, denn in der fremderen Umgebung folgt es besser dem Menschen. In der Nähe des Heimes möchte es zu intensiv an allem herumschnuppern. In welchem Tempo und wie lange man den Spaziergang ausdehnt, ist Gewohnheitssache. Einen forschen Wandererschritt darf man dabei natürlich nicht einhalten. Allzusehr braucht man auch nicht herumtrödeln zu lassen. Für den Anfang wird mit kurzen Wegen begonnen. Dabei klappt es besser, wenn die Katze zunächst getragen wird und nur zurücklaufen darf.

Der einen oder den wenigen Familienkatzen kann das Leben in allen Räumen der Wohnung oder des Hauses gestattet werden. Im

Einfamilienhaus gehört dazu auf jeden Fall der Keller. Schließlich ist es nicht unangenehm, wenn unser Liebling die Mäuse gar nicht erst im Haus heimisch werden läßt. Für die Katze ist die unterschiedliche Temperatur in den verschiedenen Teilen des Hauses vorteilhaft. Sie bringt eine gewisse Abhärtung mit sich, wenn auf die Bewegung im Freien verzichtet werden muß.

Solange wir Angst um Polstermöbel und Tapeten haben, lassen wir das Katzenkind nur in unserer Gegenwart in die eigentlichen Wohnräume. In Diele, Bad und Küche kann es sich in der unbeaufsichtigten Zeit genügend bewegen. Lebensmittel dürfen dann jedoch nicht herumstehen, denn unser Kätzchen muß erst lernen, daß Naschen nicht erwünscht ist. Einfacher als langwierige Erziehungsversuche ist das Wegräumen der Lebensmittel.

Nur für Züchter und für die Besitzer von Deckkatern lohnt sich die Anschaffung eines Katzenhauses. Man kann es selbst mauern oder aus Holz und Fertigteilen zimmern, wenn möglich direkt ans Wohnhaus, damit es an die Heizung angeschlossen werden kann. Wasser- und Sielanschluß erleichtern die Sauberhaltung entscheidend. Schön und zweckmäßig, wenn auch nicht immer billig, sind fertige Hundehäuser oder Gartenlauben, die bei Frost durch einen Ofen geheizt werden müssen. So wichtig wie der angrenzende, auch oben eingedrahtete Auslauf ist die Lage im Garten. Das Katzenhaus soll nicht direkt an der Straße liegen, doch in der Nähe des Gartensitzplatzes. Die Tiere brauchen den Sichtkontakt zu Artgenossen und Menschen. Am günstigsten ist die Orientierung der Fenster und Ausläufe nach Osten.

Selbstverständlich müssen Wände und Einrichtung leicht zu säubern und zu desinfizieren sein. Kacheln oder Kunststoffplatten sind als Verkleidung der Innenwände zweckmäßiger als Holz. Freundliche Farben, einige ausrangierte Stühle mit Kissen sollen das Innere so wohnlich gestalten, daß sich auch die menschlichen Familienmitglieder dorthin gern einmal mit irgendwelchen Tätigkeiten zurückziehen. Wenn es einzurichten geht, sollten auch die Zwingerinsassen einzeln stundenweise mit in die Wohnung kommen.

Im Innenraum und im Außengehege sind Sitzbretter in verschiedener Höhe, ein herabhängendes dickes Seil und ein Kletterbaum wichtig, um Bewegungs- und Spieltrieb zu befriedigen. Und natürlich darf innen wie außen das Klosett nicht fehlen.

Welchen Platz sollen wir unserem Katzentier zum Schlafen anbieten, und wie gewöhnen wir es an sein Bett? Es ist nichts einfacher zu lösen als diese Frage, denn unser Liebling hat da seine eigenen Vorstellungen. Er läßt sich allenfalls einen Platz verbieten, aber bestimmt keinen als ausschließliches Lager anweisen. Wir dürfen ihm die verschiedenen Möglichkeiten anbieten, wählen wird er selbst. Lassen wir ihm absolute Freiheit, so finden wir ihn schlafend im freien Fach des Bücherregals, auf dem Schrank, im Bettkasten oder unter dem Sessel, auf dem Schreibtisch, im Küchen- oder Wäscheschrank, auf dem Ofen, im Papier-, Wäsche- oder Hundekorb, auf jedem Sessel, Sofa oder Bett, genausogut aber auch mitten auf dem Teppich.

Dem neuerworbenen Katzenkind geben wir ein Lager in unserer Nähe, einen Pappkarton mit Wolldecke oder Kissen in der Küche, ein Körbchen im Wohnraum und einen Schlafplatz in dem Raum, in dem es die Nacht verbringen soll. Es gibt wunderschöne und elegante Katzenbetten und -körbe zu kaufen. Die Anschaffung lohnt sich dann, wenn wir sicher sind, daß gerade unsere Katze ein bestimmtes Lager bevorzugt und nicht ununterbrochen den Liegeplatz wechselt. Der Bezug des Kissens und die Decke des Liegeplatzes müssen regelmäßig gewaschen werden. Je sauberer die Umgebung der Katze, um so geringere Mühe wird uns ihre Körperpflege bereiten.

Katzen legen sich gern auf leere Tische. Das muß man verstehen. Denn dort liegen sie erhöht und können sich ganz ausstrecken, was sonst meist nur auf dem Fußboden möglich ist. Vollgestellte Tische werden mit weniger Vorliebe besucht. Kann man seinem Tier die Freude machen, ihm einen sonst wenig benutzten Tisch – es muß ja nicht gerade der Eßtisch sein – möglichst in einem sonnigen Raum freizugeben, dann ist die Wonne perfekt, wenn auf den Tisch eine weiche Wolldecke gelegt wird.

Ein heißgeliebter Liegeplatz ist die Fensterbank, nicht allein der Sonne wegen, sondern vor allem auch wegen des Ausblicks. Häufig befinden sich dort außer Katzen auch Topfpflanzen, die dann sehr oft angeknabbert werden. Nicht immer leiden nur die Blumentöpfe darunter. Manche sind den Katzen unbekömmlich, ja giftig. So ist es besser, eine Trennung vorzunehmen. Das sonnigste Fenster hält man allein der Katze vor und möbliert es mit einem Kissen, das Blumenfenster stellt man so voll, daß das Aufspringen schwierig wird.

Grundsätzlich sollte die Katze nicht zu warm gehalten werden. Kommt sie nie aus der Wohnung heraus, so verzögert sich der Haarwechsel dann unter Umständen bis hin zur Dauerhaarung. Gelegentliches in Zugluft geraten kann dann bereits zu Erkältungskrankheiten führen. Kommt das Tier nie richtig an die frische Luft, so sollte es wenigstens stundenweise in einen weniger geheizten oder ungeheizten Raum kommen. Der Temperaturbereich bei der im Hause gehaltenen Katze richtet sich nach den Gegebenheiten der Wohnung. Die anpassungsfähige Katze wird sich da wohl fühlen, wo ihre Menschen sich aufhalten. Dies gilt für Kurzhaar- wie für Langhaarrassen. Die extrem kurz behaarten Siam- und Orientalisch-Kurzhaar-Tiere sollten nicht zu sehr abgehärtet werden. Temperaturen unter 20 Grad Celsius ab und zu schaden ihnen zwar nicht, sie bewirken jedoch eine stärkere Fellentwicklung, die unerwünscht ist. Das ganz kurze Haar erhält man nur, wenn die Temperatur möglichst gleichmäßig bei 22 bis 25 Grad gehalten wird.

Der Liegeplatz der Katze sollte geschützt sein, also allseitig geschlossen oder erhöht, z. B. auf einem Sessel. Die Katze, die durchfroren aus Kälte und Schnee nach Hause kommt, darf man ruhig auf dem Kachelofen oder unter der Heizung sich aufwärmen lassen. Es ist nur wichtig, daß der Wechsel zwischen warm und kalt regelmäßig, also mehrmals täglich, vorgenommen wird und daß die Katze jederzeit zurück ins Haus kommen kann. Dann braucht man sich um eine Erkältung keine Sorgen zu machen.

Das Kätzchen hat eine glückliche Natur; es findet sein Spielzeug überall. Und wenn gar nichts Spielbares vorhanden ist, dann amüsiert es sich mit seinem eigenen Schwanz. Wer für sein Tier Spielsachen kaufen muß, ist phantasielos oder erliegt den Verlockungen des Zoohandels. Denn da gibt es Gummimäuse und Spielbälle und was immer man sich denken kann. Genauso gut eignet sich vieles, was ohnehin im Haushalt vorhanden ist: ein Papierknäuel, Flaschenkorken, leere Garnrollen, eine Feder, ein Stückchen Fell oder Schaumstoff, kurz alles, was spielerisch gerollt oder durch die Luft geworfen werden kann. Das Kätzchen empfindet das Spielen mit der Beute nach – daher die Vorliebe für kleine und relativ leichte Spielsachen. Geliebt wird immer auch eine an einer Schnur hängende Zigarettenschachtel, aber auch die Vorhangschnur und Troddeln, wo immer sie noch zu finden sind.

Schaden wird bei diesem Spiel kaum entstehen. Die aufs Spiel versessene Katze will ihre »Beute« ja lange bewegungsfähig halten (siehe Seite 39 f), sie also nicht verletzen. Das Papierknäuel wird also nicht gleich auseinandergenommen und zerrupft wie vom Hundekind. Wir können es nach dem Spiel mit einem Griff in den Papierkorb befördern.

Katzen respektieren das Spiel ihrer Hausgenossen. Sie sehen zwar interessiert zu, beteiligen sich jedoch nur selten daran und rauben das Spielzeug auch nicht. Ein Eigentumsbegriff an einem bestimmten Ding bildet sich nicht, also wird es auch nicht verteidigt.

Zum Wohlbefinden der Katze gehört unbedingt das Krallenschärfen. Die Krallen bedeuten ihr ja nicht nur die Möglichkeit, sich in jeder Lage festhalten oder sich verteidigen zu können, in ihnen liegt auch das »Fingerspitzengefühl« der Katze. Daher werden sie sorgfältig gepflegt, durch häufiges Schärfen nicht nur spitz gehalten, sondern auch gesäubert. Abzugewöhnen ist dieser Naturtrieb nicht, allenfalls auf Stellen zu verlagern, die unsere menschlichen Besitzansprüche nicht berühren.

Daß Katzen, die freien Auslauf haben, sich nur an die Naturbäume halten, stimmt nur zum Teil. Wenn das Verlangen sie zu Hause überkommt, suchen sie dort nach dem passenden Objekt. Leider finden sie das zumeist in unseren Polstermöbeln. Um sie von diesen abzulenken, müssen wir andere, annehmbare Angebote machen. Gern wird ein Naturholzstamm oder ein dicht mit Sisalwäscheschnur umwickelter Pfosten angenommen. Da sie sich dabei sehr hochrecken, sollte er gleich auf Zuwachs angeschafft werden – ein ausgewachsener Kater reicht leicht über einen Meter hoch. Ein Stück alter Teppich, zusammengerollt und in eine Ecke gestellt oder in den Kellergang gelegt, wird ebenfalls sehr geliebt. Es muß nicht einmal ein Perserteppich sein, Sisal oder Kokos wird weit lieber genommen. Auf ein Brett oder ein Stück Spanplatte geklebte Teppichfliesen eignen sich senkrecht gestellt zum Kratzen, waagrecht irgendwo angebracht auch als Sitzbrett. Bringen wir eine solche teppichbezogene Plattform in anderthalb Meter Höhe auf einen Kratzbaum mit zusätzlicher Schnurumwicklung an, so haben wir nicht nur drei hochgeschätzte Kratzstellen geschaffen, sondern auch einen Lieblingsliegeplatz. In Flur oder Küche wird sich sicher eine Ecke für dieses Katzenmöbel

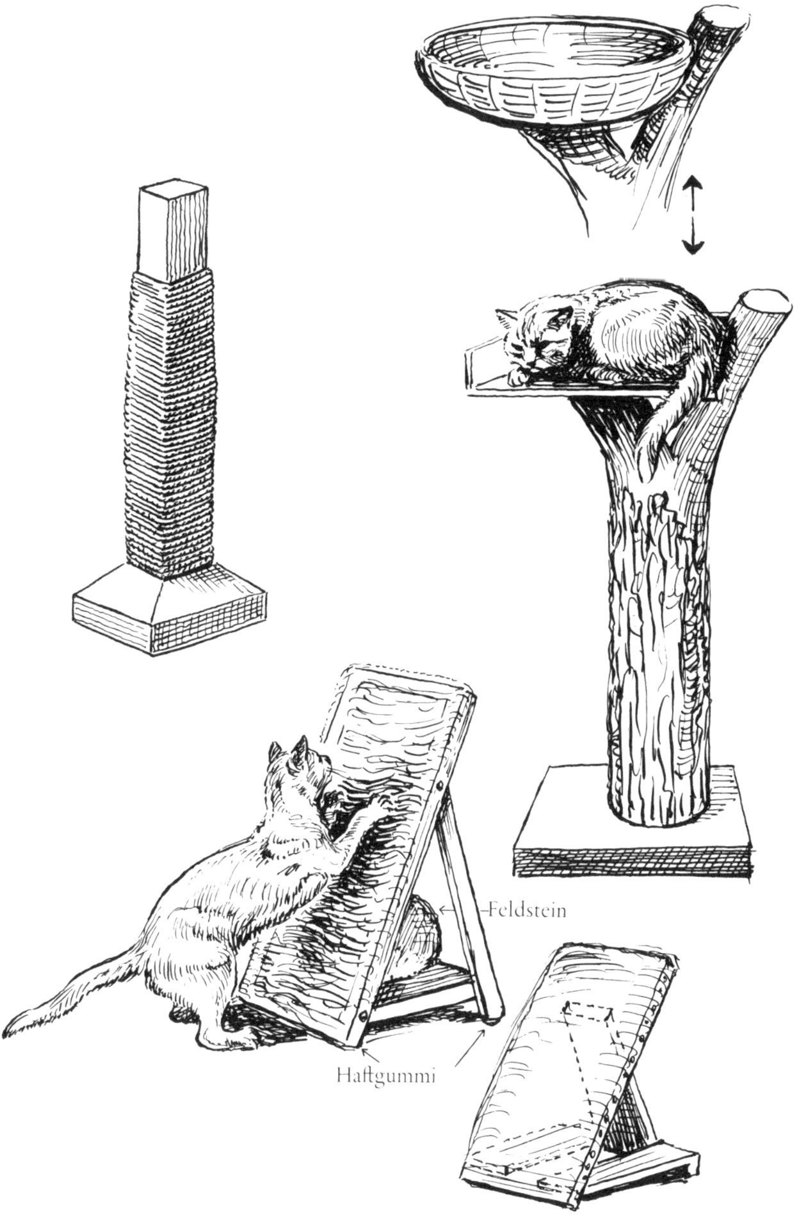


*Kratzgelegenheiten*

finden. Zur besseren Standfestigkeit wird der Stamm mit Winkeleisen auf ein Standbrett geschraubt. Die genehmigte und von uns gewünschte Kratzgelegenheit muß dem Tier immer zugänglich sein, nur dann gewöhnt es sich ausschließlich daran und verschont die übrige Wohnung.

Durch Kürzen der Krallenspitzen Schäden an den Möbeln verhindern zu wollen, hat wenig Sinn. Die stumpfen Krallen werden besonders gründlich geschärft und verursachen wesentlich breitere Kratzer. Die Krallen durch Operation ganz zu entfernen, ist eine so einschneidende Tierquälerei, daß sie verboten werden müßte. Einen solchen Eingriff kann man mit dem Entfernen aller Finger und Zehen beim Menschen vergleichen. Die Katze kann nichts mehr befühlen und nichts mehr festhalten, sie kann sich nicht mehr verteidigen und wird ängstlich. Vor allem wird sie in ihren Bewegungsmöglichkeiten stark eingeschränkt. Sie wird ja immer dann, wenn sie im Sprung versucht sich festzukrallen, abrutschen und herunterfallen. So muß sie unsicher in ihren Bewegungen und schließlich apathisch oder neurotisch werden. Einer Tierart, die man vornehmlich wegen ihres Selbstbewußtseins schätzt, sollte niemand einen solchen Eingriff mit körperlichen und psychischen Folgen zumuten. Wer mit dem Problem des Krallenschärfens nicht zurechtkommt, sollte sich die Katzenhaltung besser überlegen und ganz auf sie verzichten.

Der städtische Hundehalter muß bei jedem Wetter, frühmorgens und spätabends und auch zwischendurch, seinen Vierbeiner an verschmutzten Bäumen und Straßenecken abhalten. Dagegen ist das Sauberhalten der Katzenklosetts ein wahres Vergnügen. Vor allem entfällt das schlechte Gewissen, wenn die eigene Bequemlichkeit über die körperlichen Bedürfnisse des Haustiers gestellt wird. Der Katze macht es wenig aus, wenn wir am Sonntag ausschlafen oder einen Stadtbummel über die Zeit hinaus ausdehnen wollen. Denn ihr ist die Möglichkeit gegeben, ihre Geschäftchen im Hause zu erledigen. Dadurch entfallen bei ihr auch Verstopfung und andere Altersbeschwerden, die der alternde Stadthund so oft erdulden muß.

Als Katzenklo eignen sich am besten die viereckigen Haushaltsschüsseln aus Plastik, die auch schon von ganz kleinen Kätzchen erklommen werden. Durch den hohen Rand wird nicht so leicht die Einstreu über Bord gescharrt, und ihre Säuberung ist leichter als die im Zoogeschäft käuflichen Katzenschalen, die unbegreiflicherweise alle am Boden mit einem Reliefkatzenkopf versehen sind. Als Einstreu nimmt man Sand, Torf, Sägespäne, Zeitungspapierschnippel oder die steinchenartige Katzenstreu, die man sich bei Bedarf größerer Mengen sackweise sogar vom Heizöllieferanten ins Haus bringen lassen kann. Sie ist das gleiche Material, das als Ölbinder verwendet wird. Die Katze verscharrt ihre Häufchen, sie liebt eine nicht zu dünne Schicht an Einstreu. Sparsamkeit an ihrer Menge rentiert sich nicht, denn aus der üppigeren Lage lassen sich die Häufchen und nassen Stellen leichter herausheben, so daß nicht immer der ganze Inhalt der Schale entleert werden muß und auch die Schüssel selbst weniger leicht Geruch annehmen kann. In jeder Zoohandlung und in vielen Kaufhäusern gibt es perforierte Schaufeln, mit denen sich die Verdauungsprodukte leicht aufnehmen lassen.

Welche Einstreu verwendet werden soll, muß ausprobiert werden. Zunächst gibt man immer diejenige, die die Katze beim Züchter gewöhnt war. Hat sie sich an ihr Klo im neuen Heim gewöhnt, dann kann man wechseln. Am besten bietet man das alte und das neue Material gleichzeitig an. Zieht das Tier das eine eindeutig vor, sollte die Angelegenheit damit entschieden sein. Sand und Sägespäne sind billig, binden jedoch den Geruch weniger gründlich als Torf oder Steinchen. Gartenbesitzer, die einen Komposthaufen unterhalten, nehmen im allgemeinen Torf. Für die Stadtwohnung ist die Steinchenstreu am saubersten, will man nicht Zeitungspapier verwenden, das zwar auch den Geruch bindet, den Tieren aber weniger Scharrgelegenheit gibt. Sein Hauptvorteil besteht darin, daß es sich in der Toilette hinabspülen läßt. Die anderen Einlagen steckt man vorsorglich in einer Plastiktüte in die Mülltonne, um Verstopfung der Kanalisation zu vermeiden.

Der passende Platz für das Katzenklo ist die Toilette. Man muß nur dafür sorgen, daß die Tür geöffnet ist. Im eigenen Haus kann durch eine kleine Katzentür der Zugang immer frei bleiben. Manche Katzen lernen es auch, das Spülbecken zu benutzen. Eine Reserveschüssel kann im Flur, im Kellergang oder sonstwo stehen. Häufig wird die am weitesten von den Aufenthaltsräumen entfernte Schüssel am liebsten aufgesucht. Es ist nicht falsch, versteckt in den Wohnräumen eine Schale zu deponieren. Wird das Tier dort versehentlich längere Zeit eingeschlossen, kann auch bei plötzlichem Durchfall kein Malheur passieren.

Wie oft die Klosetts gesäubert werden, hängt vom Tageslauf der Hausfrau ab. Wer immer zu Hause ist, sollte das nach jeder Benutzung tun, die berufstätige Katzenmutter macht es morgens und abends und stellt lieber eine Schale mehr auf. Alle zwei bis drei Tage wird die Einstreu ganz erneuert und die Schüssel ausgespült. Ob dazu nur klares Wasser und eine Bürste verwendet werden oder Spül- und Desinfektionsmittel, ist Ansichtssache. Die Katze schätzt es mehr, wenn ihr Klo nicht nach Chemikalien riecht. Wenn Mütter kleiner Kinder und Halter mehrerer Katzen nur beruhigt sind, wenn sie ganz gründlich vorgehen, gewöhnen sich die Tiere auch daran. Nie sollte man die Plastikgefäße heiß auswaschen, weil sie danach leichter Geruch annehmen.

Bei mehreren Katzen sollte man zur Regel machen: ein Klo mehr, als Katzen vorhanden sind. Wenn die Schalen auch mehr als einmal benutzt werden, so ist die saubere doch die begehrteste. Kann erst nach längerer Zeit die Säuberung durchgeführt werden, so werden die gereinigten Schüsseln meist sofort aufgesucht, die sauberen Tiere haben anscheinend nur darauf gewartet. Auch die Katze mit Gartenauslauf sollte ausschließlich an ihre heimischen Klos gewöhnt sein, und wenn man sie auch auf der Terrasse aufstellt. Man macht sich und seine Vierbeiner nicht beliebter, wenn sie sich in den Sandkästen der Nachbarskinder verewigen.

Katzen können sich sehr lange beherrschen, wenn sie nicht ihre gewohnte Gelegenheit finden. Mein Kater stürzt nach durchbummelter Nacht als erstes auf sein heimisches Klosett, und erst sechs Wochen alte Kätzchen hielten eine ganze Nacht dicht, als sie versehentlich im falschen Zimmer eingeschlossen waren. Man darf sich aber nicht völlig darauf verlassen. Denn hat das Tier erst gemerkt, daß es notfalls seine Bedürfnisse auch in Kellerecken und unter Schränken erledigen kann, dann ist es mit seiner Sauberkeit vorbei.

*Leine* und *Halsband* brauchen wir immer, wenn wir unser Tier weiter von zu Hause wegnehmen, sei es zum Spaziergang oder auf Reisen. Die käuflichen Halsbänder sind schmal, meist mit Gummizug und Glöckchen. Für den Spaziergang ist ein breiteres normales Hundehalsband besser, das unser Tier notfalls sicher zurückhält, also ohne Gummiband. Die Leine sollte ganz leicht sein, aus Leder oder selbstgemacht aus einer Seidenkordel. Für die frei laufende Katze birgt jedes Halsband die Gefahr des Hängenbleibens. Der einzige Wert besteht darin, daß damit eine Besitzerklärung verbunden ist, besonders wenn Anschrift und Telefonnummer vermerkt sind. Wenn einer Katze nichts Böses zustößt, dann findet sie auch ohne Namensschild sicher nach Hause. Ganz sinnlos sind die Glöckchen am Halsband, die als Warnung für die Singvögel gedacht sind. Den Vögeln bringen sie keinen Nutzen, denn die Katze kann so vorsichtig anschleichen und auf der Lauer liegen, daß nicht der leiseste Ton zu hören ist. Und springt sie zu, dann nützt dem Vogel kein Gebimmel mehr. Für ein sensibles Wesen wie eine Katze ist eine Glocke um den Hals keine Freude. So bleibt nur die fragwürdige Beruhigung für das Gewissen des Katzenhalters. Der wirkliche Tierfreund dürfte geeignetere Maßnahmen treffen, um die frei lebende Tierwelt zu schützen (siehe Seite 57).

Selten sieht man eine Katze im *Auto.* Dabei ist sie kein schlechterer Autofahrer als ein Hund. Sie kann ohne Bedenken auf Wochenendfahrten und Urlaubsreise mitgenommen werden. Am liebsten fährt sie frei mit und nimmt interessiert an der Umwelt teil. Sie lernt es auch, daß sie sich auf den hinteren Plätzen frei bewegen, aber nicht nach vorn kommen darf, wo sie den Fahrer behindern könnte. Er muß ohnehin die anderen Verkehrsteilnehmer sorgfältig beobachten, die offensichtlich – besonders bei mehreren Katzen und vielleicht noch einem mitfahrenden Hund – etwas aus der Fassung geraten. Fenster und Schiebedach dürfen bei einer frei mitfahrenden Katze nur spaltweit offen sein, und auch dann sind Halsband und Leine eine weitere Sicherung, denn die gewandte Katze entwischt viel schneller durch die geöffnete Tür als ein Hund. Auf längere Fahrten nimmt man ein Katzenklosett mit, bei nicht ganz reisefesten Katzen immer. Denn einige verspüren schon nach wenigen Minuten den Drang, sich zu lösen. Sicherer ist die Fahrt in einem Korb, einem Hundekorb oder einem größeren Deckelkorb. Dann können Dach und Fenster nach Belieben geöffnet werden. In diesem Fall legen wir aber lose eine Decke oder ein Kleidungsstück über den Korb auf dem Rücksitz, denn der Korb schützt wenig gegen den Fahrtwind auf der Autobahn. Die Katzenkoffer lassen, namentlich im Sommer, die Luft nicht genügend zirkulieren, die Katze hechelt als Zeichen, daß es ihr zu warm wird.

Manche Katzenbesitzer nehmen ihre Tiere mit auf Ausflüge und lassen sie in der Natur die Freiheit genießen. Ganz ungefährlich ist das nicht. Zwar geht die Katze freiwillig nicht weit von ihren Leuten weg und kommt auch auf Rufen zurück. Doch wenn sie in der fremden Umgebung erschrickt und in Panik davonläuft, ist die Sorge groß. Ein Halsband mit Anschrift ist dann auch nicht die Ideallösung. Denn sitzt es zu fest, so ist es selbst eine Gefahr, und sitzt es lose, wird es in Wald und Busch zu leicht abgestreift. Da die Katze einen ausgezeichneten Orientierungssinn besitzt, sollte man ihre Rückkehr abwarten. Wegzufahren, um sie zu suchen, wäre falsch. Muß man aus anderen Gründen den Platz verlassen, so läßt man zum mindesten etwas Vertrautes, den Katzenkorb oder eine Decke, zurück und kommt baldmöglichst wieder. Irgendwann ist die Katze bestimmt zum Ausgangspunkt zurückgekehrt.

Für die Besitzer einer Ferienwohnung oder eines Wochenendgrundstücks sollte die Mitnahme der Katze eine Selbstverständlichkeit sein. Ob sie allgemein auf *Reisen* mitgeführt wird, muß von Fall zu Fall entschieden werden. Dann wird alles mitgenommen, was das Tier benötigt, einschließlich der Klosettschüsseln und Einstreu für den Anfang und einiger Dosen des gewohnten Futters (siehe Seite 88).

Muß das Tier zu Hause bleiben, dann ist es meist besser, es in der gewohnten Umgebung zu belassen, wenn es nicht zu katzenverständigen Freunden gegeben werden kann. Für die Pflege wird sich immer jemand finden, der zweimal täglich nach dem Tier sieht und es versorgt. Tierheime und Katzenpensionen mit vielen Pfleglingen sind für die nur an den Menschen gewöhnte Katze auch bei sorgfältigster Versorgung oft Plätze, an denen sie todunglücklich ist.

*Was tun, wenn die Katze entläuft?* Es kommt leider, auch bei großer Sorgfalt immer wieder vor, daß eine Katze durch Tür oder Fenster entweicht oder im Freien vom Arm springt. Meist reagiert der Mensch, dem das passiert, so verkehrt, wie es nur möglich ist. Er läuft hinter der Katze her, obwohl er wissen müßte, daß er immer den kürzeren zieht. Durch dieses Hinterherjagen treibt er die Katze erst richtig in die Flucht, sie flüchtet schneller und weiter, als sie dies ohne Verfolgung tun würde. Passiert das Unglück am Heim der Katze, dann genügt oft schon das Öffnen und Offenstehenlassen der Haustür. Die Katze geht eher wieder ins Haus, wenn niemand im Türrahmen steht

*So trägt man die Katze bequem und sicher*

und lockt. Besser umgeht man das Tier, bringt es zwischen sich und die Tür und kehrt die Flucht um ins vertraute Heim in Richtung des Hauses.

Entkommt die Katze im Freien vom Arm des Besitzers, aus dem Transportbehälter oder aus dem Auto, so verhalte man sich völlig ruhig, bis man sieht, wohin die Flucht geht. Das Tier wird sich sehr bald irgendwohin zurückziehen, auf eine Mauer oder unter eine Hecke setzen oder sich Schutz suchend an eine Wand drücken. Bis dahin verhält sich der Mensch, dem das Unglück passiert ist, ruhig. Sitzt die Katze still, dann geht er seitlich, ohne das Tier direkt mit den Augen zu fixieren, ruhig in ihre Nähe, bis auf ungefähr einen Meter. Erst dann wendet er sich dem stillsitzenden Tier langsam zu und redet beruhigend auf es ein. Von ihrem Besitzer wird sich die Katze dann ohne weiteres greifen lassen. Vor Fremden drückt sie sich zu neuer Flucht oder zur Abwehr an den Boden. Dann muß schnell zugefaßt werden, denn eine zweite Chance zum Einfangen kommt im allgemeinen nicht mehr. Man greift mit einer Hand über den Hals und kann das Tier dann auf den Arm nehmen. Bei fremden Katzen muß unter Umständen mit Abwehrkratzen gerechnet werden. Auch wenn dies geschieht, darf man nicht loslassen, sonst hat man die Katze für immer verloren. Man halte sie so fest wie nötig (siehe auch S. 107), rede immer weiter beruhigend auf sie ein und bringe sie schnell in Sicherheit.

Ihrem Gebiß nach ist die Katze noch ausgeprägter Fleischfresser als der Hund. Ein zweiter wesentlicher Unterschied liegt in den Nahrungsgewohnheiten ihrer Vorfahren. Als allein jagende Kleinraubtiere waren sie auf viele kleine Beutetiere angewiesen, und so erstreckte sich ihre tägliche Nahrungsaufnahme über den ganzen Tag. Sie sind also immer auf einen gewissen Grad der Sättigung eingestellt und nicht auf einmaliges Verschlingen größerer Futtermengen mit anschließender meist ein- oder mehrtägiger Enthaltsamkeit. Während bei den Hunden und den ähnlich jagenden Großkatzen ein gelegentlich eingeschalteter Hungertag zur Erhaltung der Gesundheit beiträgt, ist er bei der Hauskatze unnötig. Die Kleinkatzen beweisen uns ja auch durch die Art ihrer Eßgewohnheiten, daß es ihnen fremd ist, schnell und viel in sich hineinzuschlingen. Gierig schlingende Katzen sind Ausnahmen, die sich durch Not in der Kindheit solche falschen Tischsitten angewöhnt haben. Die von ihrer Mutter oder ihrer menschlichen Ziehmutter richtig und ausreichend ernährten Tiere fressen ruhig und mäßig. Wie kommt es dann aber, daß es eine ganze Anzahl zu fetter Katzen gibt? Die Gründe sind die gleichen wie beim Menschen. Zum ersten sind es kalorienreiche Nahrungsmittel mit zu hohem Fett- oder auch Zuckeranteil, zum zweiten mangelnde Bewegung oder mangelnde andere Interessen oder Möglichkeiten, sich solche zu verschaffen. Die frei lebende Katze, die stundenlang jagt, vor echten oder eingebildeten Gefahren flüchtet und mit Artgenossen kämpft, hat einen ganz anderen Nährstoffbedarf als ein gleichaltriges und gleich lebhaftes Tier, das die Verlockungen der Außenwelt nur durch die Fensterscheibe verfolgen kann. Mangelndes Erfolgserlebnis auf anderen Gebieten lassen bei den nur im Zimmer gehaltenen Tieren den täglichen Mahlzeiten eine zu hohe Bedeutung zukommen. Zu oft sind sie die einzigen Höhepunkte des Tages.

Aus diesen Gründen läßt sich nichts allgemein Gültiges über die tägliche Futtermenge der erwachsenen Katze aussagen, wohl aber über die Zusammensetzung der Nahrung. Sie sollte zu zwei Dritteln aus eiweißhaltigen Futtermitteln und zum anderen Drittel aus Kohlenhydraten, Fetten und Gemüse bestehen. Bei einer so ausgewogenen Ernährung werden auch die nötigen Vitamine und Mineralstoffe zugeführt. Das wenige, das eine Katze am Tag benötigt, braucht nicht viel zu kosten, es kann aber auch ganz erheblich zu Buch schlagen, je nach den Einkaufsgewohnheiten des Besitzers. Dabei muß nicht die am teuersten gefütterte Katze auch die bestgenährte sein. Denn einseitige Fütterung, vor allem wenn sie mit den Leckerbissen Leber oder Rinderherz durchgeführt wird, ist ebenso schlecht wie Mangelernährung ganz allgemein. Denn jede einseitige Nahrung birgt den Mangel an benötigten Bestandteilen in sich.

Der erwachsenen Katze gibt man am besten eine Hauptmahlzeit und zwei Nebenmahlzeiten. Wie diese Mahlzeiten verteilt sind, richtet sich vor allem nach den Bedürfnissen der Hausfrau. Im normalen Haushalt gibt man die große Fleischmahlzeit um die Mittagszeit herum. Wer berufstätig ist, füttert entweder morgens oder abends, je nachdem, wann er die nötige Sorgfalt auf die Fütterung legen kann.

Fleisch, gelegentlich im Austausch mit Fisch, ist die Grundlage zur Hauptmahlzeit. Man gibt es wenn möglich roh und in Würfel oder Streifen geschnitten, denn die Katze liebt das Kauen. Geeignet sind alle Sorten Muskelfleisch von Wild, Geflügel, Hauskaninchen, mageres Rind- oder Kalbfleisch, bedingt auch Schweinefleisch. Von Innereien gesunder Tiere kann man Herz und Lunge roh verfüttern. Rohe Leber enthält sehr viel Vitamine, man sollte sie daher nur einmal in der Woche geben. Sie eignet sich durch ihre abführende Wirkung gut als Regulierungsmittel für die Verdauung. Gekocht stopft sie, ist also bei Durchfallneigung angezeigt. Dann sind auch wesentliche Anteile der Vitamine zerstört, so daß die Gefahr der Überdosierung geringer ist. Übrig bleiben noch genug. Selbst gekocht sollte die Leber nicht zu oft gereicht werden, auch wenn die Katzen sie sehr lieben. Nieren aller Schlachttiere müssen vor dem Kochen und Verfüttern als Ausscheidungsorgane vieler Schlacken und Giftstoffe mehrere Stunden in lauwarmem Wasser gewässert werden. Milz sollte man nie als ganze Mahlzeit geben, sondern nur als Teile davon, sie führt stark ab. Den Schlund junger Schlachttiere mögen unsere Hauskatzen ebenso gern wie die Hälse von jungem Geflügel. Auch Geflügelrippchen dürfen verfüttert werden, nie aber Röhrenknochen, auch nicht von ganz jungen Hähnchen. Wenn Katzen auch bedächtiger an Knochen knabbern als Hunde, so könnten sie sich doch an diesen scharfen und splitternden Knochen verletzen. Da Knochen den Darm sehr belasten, sollten sie höchstens einmal wöchentlich in geringer Menge verabreicht werden. Daß Katzen zur Abwechslung auch gerne mal Pansen mögen, ist wenig bekannt. Die meinen haben es mir beigebracht, als sie mit dem Hund ihr Futter tauschten. Während er mit schlechtem Gewissen das »gute Fleisch« sich nicht so recht zu klauen traute, holten sich die Katzen mit der größten Selbstverständlichkeit alles, was ihnen schmeckte (und was ich ihnen nie angeboten hätte).

Gekochter frischer Fisch ist ein ausgezeichnetes, gern genommenes Futter; er sollte entgrätet sein. Räucherfisch in kleinen Mengen einmal wöchentlich schadet nicht, ist wegen seines hohen Fett- und Salzgehaltes jedoch kein ideales Futter. Extra kaufen sollte man ihn nicht.

Günstig zu kaufen sind oftmals Hühnerklein und Hühnermägen. Beides kocht man besser vor dem Verfüttern.

Quark ist ein sehr gesundes Katzenfutter, nur sind die meisten Katzen anderer Meinung. Man kann ihn mit einem Eigelb schmackhafter machen. Eier in jeder Form, roh, gekocht oder als Rührei sind ausgezeichnet und sollten wenigstens einmal in der Woche auf dem Speisezettel stehen.

Neben diesen eiweißhaltigen Futtermitteln sind auch Fette nötig als Träger der lebenswichtigen fettlöslichen Vitamine, vor allem A, D und F. Im allgemeinen sind sie in normaler gemischter Kost enthalten, in Vollmilch, Butter und pflanzlichen Ölen, so daß sie nicht gesondert gegeben werden müssen.

In die Hauptmahlzeiten kann die tägliche Gemüse- oder Kräuterration gegeben werden. Man sollte nicht ganz auf diese pflanzliche Bereicherung der Katzennahrung verzichten, obwohl es viele prächtige Katzenexemplare gibt, die nie irgendein Grünzeug außer Gras zu sich nehmen. Um die nötigen Spurenelemente zuzuführen, gibt man möglichst oft etwas mit der Gabel zerdrücktes Gemüse, kleingeschnittene Petersilie, andere Kräuter oder Salat. Einfachste, wenn auch nicht billigste Gemüsezukost ist die Babynahrung in Gläsern. Außer allen Kohlarten und Hülsenfrüchten eignen sich alle Gemüsearten. Daß Katzen besonders gern Spargel fressen, wird oft behauptet. Sie tun es aber längst nicht alle, manche nur mit Buttersoße, andere nur, wenn Herrchen ihn vorher durchgekaut hat, und einige überhaupt nicht.

In den beiden Nebenmahlzeiten verfüttern wir die Kohlenhydrate, die ebenfalls Mineralstoffe und Vitamine enthalten sollen. Daher vermeiden wir Zucker und stark denaturierte Nährmittel, die nur »tote Kalorien« liefern. Gesünder sind Vollkornflocken, die gekocht werden müssen, wenn wir sie nicht geröstet, als Cornflakes zum Beispiel, oder bereits aufgeschlossen, als Instantflocken oder Schmelzflocken, vorziehen. Alle Kindernährmittel, die nicht gekocht werden müssen, sind geeignet, ebenso die im Handel befindlichen leichten Hundeflocken. Da die einzelnen Getreidearten eine unterschiedliche Zusammensetzung haben, sind Mehrkornflocken am besten. Verträgt unsere Katze Vollmilch, dann übergießen wir zum Frühstück die Flocken mit lauwarmer oder zumindest zimmerwarmer Milch – nie geben wir etwas direkt aus dem Kühlschrank! Manche erwachsenen Katzen bekommen von Vollmilch Durchfall. Ihnen geben wir verdünnte Kondensmilch, die ihnen meist gut bekommt. Vollmilch zu verdünnen ist sinnlos, sie wird dadurch zu wenig gehaltvoll an Fett und Eiweiß. Eher sollte man es mit eiweißangereicherter, fettarmer Milch versuchen. Anstelle von Milch können wir die Flocken auch mit Fleischbrühe anfeuchten. Diese sollte aber nur selbstgekocht und gut konzentriert, jedoch nicht oder nur ganz leicht gesalzen sein. Tierische Nahrungsmittel enthalten so viel Kochsalz, daß der Bedarf nahezu ohne weitere Gaben gedeckt wird.

Nudeln, Reis, Mehlspeisen und gedrückte Kartoffeln sind keine ideale Katzenbeikost. Manche ganz eng mit dem Menschen zusammenlebende Katze liebt es aber zu sehr, eine Kostprobe von Frauchens Teller zu bekommen. Man sollte ihr diese Freude gönnen, schaden wird es ihr nicht. Nur stark gewürzte und gesalzene Soßen sind schädlich, wir können ja nachsalzen und -würzen.

Als abendliche Nebenmahlzeit und für alle Fälle aufkommenden Hungers lassen wir ein Trockenfutter wie Friskis, Latz oder Felix stehen. Die Katze frißt ja nicht, wie die meisten Hunde, bis der Napf leer ist. Dieses Hartfutter ersetzt gleichzeitig die Zahnbürste.

Immer, vor allem aber bei Trockenfuttergaben, muß frisches Trinkwasser bereitstehen. Milch ist immer ein Teil der Nahrung und nie herumstehendes Getränk. Daß auch immer eine Schale mit Gras erreichbar sein soll, wird näher auf Seite 114 besprochen. Eine vielseitig gefütterte Katze müßte alle nötigen Vitamine und Mineralstoffe mit der Nahrung aufnehmen (siehe die Tabellen auf Seite 92 bis 95). Trotzdem ist es nicht verkehrt, ab und zu ein Multivitaminpräparat zur Nahrung zuzusetzen. Sehr zu empfehlen, auch für alle Tage, sind Hefeflocken, die alle Katzen sehr lieben. Mit ihnen geruhen sie auch an Speisen zu gehen, die sie sonst stehenlassen. Mit anderen Vitaminen sollte man sparsamer umgehen, da ein Zuviel von ihnen schädlich sein kann. Daher sollte man sich zur Regel machen: eine Woche Vitamine, eine Woche kein Präparat. Auf jeden Fall sollte man nicht wahllos verfüttern, was teuer ist und mit viel Reklame angepriesen wird, sondern immer darauf achten, welche Ingredienzen in welcher Menge enthalten sind. Welchen Bedarf die Katze an Vitaminen und Mineralstoffen hat, ist in der Tabelle auf Seite 92 aufgeführt.

Katzenfutter aus der Dose ist heute so gut, daß wir es ohne Bedenken unseren Tieren anbieten können. Es hat den großen Vorteil, daß man immer einen Vorrat davon halten kann. Dadurch wird die Fütterung recht erleichtert. Wer die Hauptmahlzeit ausschließlich aus der Dose serviert, sollte unbedingt viel Abwechslung bieten, auch oder gerade wenn einige Fabrikate vorgezogen werden. Es steht immer sehr viel auf den Dosen – man sollte es sorgfältig studieren, auch wenn es sehr klein gedruckt ist. Denn der Anteil an Nährmitteln, z. B. Reis, schwankt erheblich. Dadurch wird der Eiweißgehalt sehr verschieden hoch ausfallen. Man sollte auch nicht nur auf den besonders groß geschriebenen Huhn- oder Leberanteil achten. In der kleingedruckten Zusammensetzung liest es sich oft ganz anders. Dort erscheint bei jeder Geschmacksrichtung oft eine Angabe über den Prozentsatz an Innereien und Fleischteilen – und das kann allerhand bedeuten. Gerade bei Dosen- und anderen Fertigfuttermischungen sollte man viel wechseln, da manche Tiere nach längerer, einseitiger Fütterung Mangel- oder Unverträglichkeitserscheinungen bekommen. Wenn irgend möglich, sollten wenigstens zwei Frischfleischtage wöchentlich eingehalten werden.

Die Gesamtmenge des täglichen Futters richtet sich nicht nur nach Größe und Gewicht der Katze, sondern vor allem danach, wieviel Bewegung sie sich macht. Im allgemeinen werden es 150 bis 250 g sein, wenn gehaltvoll gefüttert wird. Ruhige, ältere und kastrierte Tiere brauchen weniger, unkastrierte Kater mit freiem Auslauf können mit erheblichem Appetit nach Hause kommen. Vor allem bei Langhaarkatzen ist kurz vor und während der Haarungszeit Wert auf optimale Ernährung zu legen. Gaben von Murnil, einem Haarvitaminpräparat aus der Apotheke, Hefeflocken und geriebene Möhren wirken fördernd auf die Fellentwicklung.

Ob unsere Katze mager oder zu fett ist, das müssen wir durch den Pelz hindurch erfühlen. Danach richtet es sich, ob wir den Brotkorb höher hängen oder besondere Zusätze geben. Die zu dicke Katze füttern wir mager, d. h. mit fettfreiem Fleisch (Beispiele siehe Tabelle, Seite 95) wie Herz und Lunge oder magerem Fisch. Der Nährmittelanteil wird reduziert, die Vollmilch oder Kondensmilch durch fettarme Milch ersetzt. Fühlen wir bei unserem Kätzchen dagegen alle Knochen, dann sollten wir zunächst nach der Ursache forschen (siehe auch Seite 95). Zum morgendlichen Brei fügen wir einen Teelöffel Traubenzucker oder Honig zu. Das Mittagessen wird mit Butterflöckchen oder Kondensmilch angereichert. Am Nachmittag kann eine weitere Zwischenmahlzeit eingeschoben werden aus Eigelb, Traubenzucker, etwas Milch und einem zerkrümelten Butterkeks. Verträgt unsere magere Katze keine Kuhmilch, dann sollten wir ihr unbedingt Cimilac- oder Ipevet-Katzennährmilch besorgen. Ist diese nicht im Zoohandel zu bekommen, können wir auch Ipevetmilch für Hunde nehmen, die eine ähnliche Zusammensetzung hat.

Die Ernährung der tragenden Katze ist auf Seite 144 besprochen. Kaufen wir ein junges Kätzchen aus einem anerkannten Zwinger, also direkt vom Züchter – was ohnehin die einzige empfehlenswerte Quelle ist –, dann bekommen wir den Speiseplan gleich mitgeliefert. Auf jeden Fall sollten wir uns in den ersten beiden Wochen danach richten, damit zur übrigen Umstellung für das kleine Tier nicht noch eine Futterumstellung kommt. Anders liegt der Fall bei Kätzchen aus dem Tierhandel. Sie haben bereits eine Futteränderung hinter sich und werden aus Rationalitätsgründen meist mit Dosen- und Trockenfutter nach Belieben ernährt. Sie müssen wir erst wieder an geregelte Mahlzeiten gewöhnen.

Hier sind fünf über den Tag verteilte Portionen angebracht. Übrigbleibende Reste entfernen wir nach einer Stunde, so daß außer höchstens Trockenfutter nicht immer etwas herumsteht. In die morgendliche Milchmahlzeit gleich nach dem Aufstehen geben wir etwa nötige

Vitamin- und Kalkzusätze. Je nach Ernährungszustand besteht sie aus lauwarmer Milch mit Schmelzflocken mit oder ohne Zusatz von Traubenzucker oder Honig, gelegentlich mit einem Eidotter. Im Haushalt mit Kleinkindern gibt man das übliche Kindernährfrühstück. Um 11 Uhr gibt es eine Fleischmahlzeit, mit Ausnahme von Lunge und Milz aus den für die erwachsene Katze empfohlenen Fleischsorten. Dem ganz kleinen Kätzchen geben wir es durch den Wolf gedreht oder in Form von Rinderhack (kein Schweinefleisch oder gemischtes Hack mit Fett), mit zunehmendem Alter dürfen die Stücke größer werden. Dem Fleisch kann ein Eierlöffel, später ein Teelöffel voll durchpassiertes Gemüse beigegeben werden. Gut eignet sich dazu das Babygemüse in Gläsern. Dabei beschränkt man sich auf die reinen Gemüsesorten. Die Babynahrung mit Fleischzusatz enthält so winzige Mengen davon, daß er für das Kätzchen wertlos ist.

Eine weitere Fleischmahlzeit geben wir am Abend. Am Nachmittag gibt es eine Milchmahlzeit, ebenso vor dem Schlafengehen. Diese letzte ersetzen wir nach einigen Wochen durch etwas Trockenfutter. Schließlich fällt auch die Nachmittagsmilchspeise fort, so daß die halbjährige Katze nur noch dreimal gefüttert wird. Sie ist in den Futtersorten dann so zu behandeln wie eine erwachsene Katze.

Frisches Wasser aus täglich ausgewaschenen Schüsseln muß auch bei reichlicher Milchfütterung immer erreichbar sein.

Dem Katzenkind müssen wir zum Knochenaufbau Kalkpräparate geben. Welches, das ist einmal eine Frage des Geldbeutels, dann des Geschmacks. Am billigsten und qualitativ völlig ausreichend ist Vitakalk für Tiere. Besser schmeckt unserem Liebling Osspulvit oder ein anderes verfeinertes Mittel. Wichtig ist nur, daß wir überhaupt eines geben und dieses in der richtigen Dosierung. Denn auch zuviel davon kann schaden. Aus diesem Grund fügen wir höchstens zwei Wochen lang diese Präparate zu und machen dann eine ebensolange Pause. In den »Kalkwochen« kann man auch Vigantol geben, das ebenfalls den Knochenaufbau fördert. Man gibt jeden zweiten Tag einen Tropfen und macht in den kalkfreien Wochen ebenfalls eine Pause damit. Hefeflocken kann man täglich über das Futter streuen. Bei den Multivitaminpräparaten ist zu berücksichtigen, was bereits mit Kalk- und Vigantolgaben zugeführt wurde. Auch das übrige, normale Futter ist ja nicht frei von Vitaminen (siehe die Tabelle, Seite 92).

Was aber ist zu tun, wenn unser Katzentier die von uns als richtig erkannten Nahrungssorten ganz ablehnt oder sich nur auf ein einziges Futtermittel einläßt? Da kommt es zunächst auf die Gründe an. Die Neuerwerbung oder gar ein halbverhungertes Kätzchen muß erst einmal überhaupt ans Fressen gebracht werden ohne allzu viele Ernährungsprinzipien. Gegebenenfalls sind mit tierärztlicher Hilfe Gesundheitsstörungen zu beheben. In den meisten Fällen haben wir uns das verwöhnte Schleckermaul selbst herangezogen. Wollen wir jetzt auf einen vernünftigen Magenfahrplan umsteigen, dann wird es ein Tauziehen darum, wer die besten Nerven und die längste Geduld besitzt. Von beidem hat die Katze reichlich, dazu eine gehörige Portion Charakterstärke. Um uns zu zwingen, sie so zu füttern, wie sie es möchte, ist sie imstande, tagelang zu hungern. Daher sollten wir vor einer Futterumstellung und in deren Verlauf das Tier täglich wiegen, immer zur gleichen Zeit, am besten morgens vor dem Frühstück. Bei einem wohlgenährten Tier kann eine Abnahme von einem halben Pfund nichts schaden, beim fetten darf es auch etwas darüber sein. Denn ohne Hunger wird die Katze nicht an die weniger beliebten Speisen gehen. Auch wenn sie sie nicht anrührt, sollten wir sie nach höchstens zwei Stunden entfernen und zur nächsten Mahlzeit frisches Futter anbieten. Wir wollen unsere Katze ja nicht strafen, sondern gesund ernähren. Daß wir ihr dabei ihr Lieblingsmenü vorenthalten, empfindet sie als schlimm genug. Die Ersatzkost sollte deshalb so frisch und appetitanregend wie möglich sein. Durch das Anbieten immer anderer Mahlzeiten wird sie am zweiten oder dritten Hungertag schon aus Neugier zu futtern beginnen. Zeigt die Waage jedoch eine stärkere Abnahme, dann sollten wir lieber das Experiment abbrechen und uns geschlagen geben. Als Kompromiß könnten wir dann dem einzig geliebten Futtermittel etwas anderes beimischen, zum Beispiel also die Leber mit gedrücktem Gemüse und Flocken anreichern.

Zuletzt sei noch die beste Katzennahrung erwähnt: gesunde Mäuse. Eine erwachsene Hausmaus wiegt 20 bis 25 Gramm, sie wird mit Ohr und Schwanz verzehrt und so gut verdaut, daß keine Spur von ihr im Kot erscheint oder als »Gewölle« ausgewürgt wird. Zehn Mäuse also decken den Nährstoffbedarf eines Tages auf ideale Weise. Bei fleißigen Mausefängern würde demnach als Zunahrung ein morgendlicher Milchbrei genügen – man muß nur ganz sichergehen, daß diese

*Täglicher Bedarf der Katze an Nährstoffen und Kalorien*

| Körpergewicht der Katze | Eiweiß in g (mindest.) | | Kohlenhydrate in g | | Fett in g | | Kalorien (kcal) | |
|---|---|---|---|---|---|---|---|---|
| | erwachs. | jung | erwachs. | jung | erwachs. | jung | erwachs. | jung |
| 1 kg | | 12 | | 12 | | 4 | | 220 |
| 2 kg | | 24 | | 24 | | 7 | | 340 |
| 3 kg | 22 | 35 | 22 | 35 | 6 | 10 | 270 | 420 |
| 4 kg | 30 | | 30 | | 8 | | 360 | |
| 5 kg | 36 | | 36 | | 10 | | 420 | |

*Bedarf an Vitaminen und Mineralstoffen*

| | Enthalten in |
|---|---|
| Vitamin A | Lebertran, Milch, Butter, Käse, Leber, Niere, Ei, Spinat, Petersilie, Möhren |
| Vitamin B1 | Hefe, Weizenkeimen, Getreide, Eidotter, Fleisch |
| Vitamin B2 | Hefe, Leber, Eipulver, Fleisch |
| Niacin | Hefe, Leber, Herz, Niere, Muskelfleisch, Fisch |
| Vitamin D | Lebertran, Leber, Ei, Milch, Hering, Kalbfleisch, Pferdefleisch |
| Vitamin E | Leber, Muskelfleisch, Hering, Schellfisch, Milch, Ei, Käse |
| Calcium | Knochen, Knochenmehl, Milch, Käse |
| Phosphor | Getreideprodukte, Ei, Milch und Milchprodukte, Fleisch, Fisch |
| Natrium<br>Kalium<br>Magnesium | Bei gemischter Kost in ausreichender Menge überall vorhanden |

*Zusammensetzung verschiedener Milchsorten*

| | Eiweiß % | Fett % | Kalorien in 100 g | Vitamine |
|---|---|---|---|---|
| Katzenmilch | 9,5 | 4,8 | (98) | |
| Kuhmilch | 3,3 | 4,0 | 65 | A, B, D, E |
| Ziegenmilch | 3,8 | 4,0 | 71 | A, B, D |
| Schafmilch | 5,2 | 6,2 | 93 | |
| Kondensmilch | 7,0 | 7,9 | 139 | D |
| Cimi-lac* | 8,4 | 5,5 | (100) | A, D, E |
| Ipevet* | 8,3 | 5,7 | (101) | A, D |

* im Verhältnis 1:3 angerührt

*Eiweiß-, Fett- und Kaloriengehalt einiger Futtermittel*
je 100 Gramm

| Tierische Nahrungsmittel | Eiweiß | Fett | Kalorien |
|---|---|---|---|
| Hähnchenfleisch | 22 | 3 | 116 |
| Hühnerleber | 22 | 4 | 141 |
| Kalbfleisch | 20 | 11 | 181 |
| Kalbsherz | 15 | 7 | 134 |
| Kalbsleber | 19 | 5 | 141 |
| Kalbslunge | 13 | 1,6 | 98 |
| Pferdefleisch | 22 | 2,5 | 122 |
| Kaninchenfleisch | 21 | 10 | 180 |
| Rindfleisch | 17 | 21 | 222 |
| Rinderherz | 16,5 | 6 | 108 |
| Rinderleber | 20 | 4 | 136 |
| Rinderniere | 15 | 8 | 140 |
| Pansen (ohne Fett) | 19 | 2 | 100 |
| Schaffleisch (mittelfett) | 18 | 17,5 | 235 |
| Schweinefleisch (mittelfett) | 18 | 15 | 224 |

| | Eiweiß | Fett | Kalorien |
|---|---|---|---|
| Schweineleber | 20 | 5 | 135 |
| Schweinelunge | 12 | 6 | 122 |
| Hering | 19 | 6–12 | 136 |
| Schellfisch | 17 | 0,3 | 74 |
| Ei, mittelgroß | 7 | 6 | 85 |
| Eipulver | 48 | 43 | 593 |
| Kuhmilch | 3,3 | 4 | 65 |
| Vollmilchpulver | 26 | 27 | 496 |
| Magermilchpulver | 36 | 1 | 359 |
| Sahnequark | 15 | 15 | 220 |
| Emmentalerkäse | 29 | 31 | 404 |
| Butter | 0,6 | 81 | 716 |

Pflanzliche Nahrungsmittel und Mischfutter

| | | | |
|---|---|---|---|
| Haferflocken | 13 | 8 | 385 |
| Hunde-Katzen-Flocken | 13 | 9 | 390 |
| Katzenvollnahrung | 29 | 7 | 450 |
| Katzen-Dosenfutter | 12 | 6 | 138 |
| Brot | 9 | 3 | 260 |
| Reis | 7 | 1,5 | 354 |
| Weizenkeime | 25 | 10 | 389 |
| Cornflakes | 8 | 0,7 | 359 |
| Karotten | 1 | 0 | 40 |
| Traubenzucker | 0 | 0 | 387 |
| Honig | 0,3 | 0 | 294 |

*Ernährungsvorschläge für eine erwachsene Katze von 4 kg Gewicht*

100 g Milch + 10 g Instantflocken
125 g Herz
25 g Trockenfutter

1 Ei + 15 g Flocken
100 g Hering + 100 g Kartoffelbrei

1 Ei + 50 g Quark
20 g Trockenfutter
100 g Milch

100 g Milch
100 g Leber + 20 g Reis + Gemüse
20 g Trockenfutter

20 g Flocken mit Fleischbrühe
150 g Hühnerhälse, -magen, -leber + Gemüse
50 g Quark

*Ernährungsvorschläge zum Zunehmen*

100 g Milch + 10 g Instantflocken + 10 g Traubenzucker
100 g Rindfleisch + 10 g Haferflocken + 10 g Weizenkeime
25 g Käse, 1 Butterkeks

100 g Sahnequark + 10 g Honig
100 g Hering + 10 g Flocken + 5 g Butter
1 Ei + 10 g Flocken und etwas Dosenmilch

50 g Schaffleisch + Flocken + 5 g Butter
10 g Cornflakes + 75 g Milch + 10 g Weizenkeime
75 g Leber + Flocken + Butter

*zum Abnehmen*

100 g Milch
100 g Kalbslunge + Karotten
20 g Trockenfutter

75 g Magermilchquark mit wenig Dosenmilch
100 g Schellfisch + 10 g Flocken + Gemüse

10 g Flocken mit Fleischbrühe
125 g Hähnchenfleisch
20 g Trockenfutter

zehn Mäuse, beziehungsweise eine entsprechend höhere Zahl von Mausejungen, auch gefangen werden. Übrigens fressen die Katzen nur echte Mäuse. Die zu den Insektenfressern gehörenden Spitzmäuse töten sie nur und lassen sie dann liegen.

Katzenzüchter schätzen als billiges Futter Eintagsküken, das sind die geschlüpften Hähnchen, die nicht aufgezogen werden. Die Katzen fressen sie gern. Dennoch sollten sie nie das einzige Futter bleiben. Denn im Gegensatz zu den Mäusen dürften sie eine zu einseitige Nahrung sein.

## *Körperpflege*

Wieviel Schmutz und Arbeit die Katze in der Wohnung verursacht, hängt am wenigsten von ihr selbst ab. Lebt sie nur im teppichausgelegten Zimmer, dann wird man ihre Anwesenheit auf der saubersten Bettdecke höchstens durch die Eindrücke ihrer Pfötchen feststellen können. Kann sie dagegen frei in Hof und Garten spazieren, so wird sie sich auch auf Dächern, Sandwegen und Steinplatten sonnen. Dann bringen natürlich nicht nur ihre Füße Schmutz ins Haus, sondern auch das Fell hinterläßt seine Spuren auf Polstermöbeln und Betten. Durch eigenes Putzen allein bekommt auch eine fleißige Katze nicht allen Staub aus dem Pelz. Sie ist selbst dann überfordert, wenn sie nur in weniger gepflegten Ecken des Hauses, so im Keller oder auf Schränken, den nicht regelmäßig entfernten Staub aufsammelt und verteilt. Daher ist im Interesse aller Beteiligten die regelmäßige, tägliche Fellpflege bei allen Katzen, nicht nur den langhaarigen, anzuraten (siehe Seite 100).

Die Tierhaltung bereichert unzweifelhaft unser Leben. Doch sollten wir darauf achten, daß diese Bereicherung auf das Ideelle beschränkt bleibt und sich nicht auf Mikroorganismen oder gar Krankheitskeime ausdehnt. Grundsätzlich birgt der Umgang mit einem Haustier nicht

**Perserkatzen.** **1** Schwarzer Perser. **3** Blauer Perser. **4** Roter Perser, Champion *Zinnobia von der Katzenburg.* **2a** Weißer Perser mit orangefarbenen Augen. **10** Chinchilla-Perser, Internat. Champion *Sandy Loam Jasmine.* **5** Creme-Perser *Dundeal Caesar vom Angorahof*

| | |
|---|---|
| **1** | **3** |
| **4** | **2a** |
| **10** | **5** |

3
1
5
13
2
13a
4
10

mehr Gefahren für die menschliche Gesundheit in sich als der Kontakt mit anderen Menschen. Zudem sind die meisten Erkrankungen und die meisten Parasiten artspezifisch, das heißt, sie befallen nur die eine Tierart oder nur wenige, verwandte Arten. Trotz dieser relativen Sicherheit sollte im Haushalt mit Tieren die Hygiene den ihr zukommenden Platz erhalten. Denn auch die sauberste Katze schleppt mit ihren Pfoten Straßenschmutz ins Haus, und die nur in der Wohnung gehaltene trägt immerhin den Staub des Fußbodens auf Sessel und Tische. Das alles ist kein Grund zur Beunruhigung, es sollte nur zu besonderer Sauberkeit herausfordern. Der Tierfreund, den der engste Kontakt mit seinem Liebling nicht stört, sollte nicht vergessen, daß andere Menschen, auch und vor allem Kinder, anders empfinden können. Tierliebe und Tierfeindschaft werden zumeist in der Kindheit erworben. Abneigung und Angst vor Hund oder Katze rühren oft von schmerzhaften oder Schrecken einjagenden Erlebnissen in der frühen Kindheit her und sind später mit Verstand und Willen kaum zu beeinflussen. Einen ähnlichen Einfluß kann der Ekel ausüben, den das Kind vor Lebensmitteln empfindet, die von Tieren berührt, mit »Katzenhänden« angerichtet werden oder mit Haaren verziert sind. Die Rücksicht, die wir Tierhalter auf die Gefühle unserer Umwelt nehmen, kommt letzten Endes unseren Tieren zugute.

Allgemeine Sauberkeit genügt. Bei einem gesunden Haustier braucht die Anwendung von Desinfektionsmitteln nicht zum regelmäßigen Hausputz zu gehören. Die Bezüge der Sitzplätze und des Schlaflagers wäscht man regelmäßig. Aus Zweckmäßigkeitsgründen sollten sie kochbar sein, z. B. aus Frotteestoff. Wasser- und Futterschüsseln spült man täglich unter fließendem Wasser.

Wenn es auch unwahrscheinlich ist, daß unser gepflegtes Kätzchen uns eine Krankheit überträgt, so sollte man die Möglichkeit doch nie ganz außer acht lassen. Denn immer wieder werden neue Krankheiten entdeckt oder auch bekannte anders bewertet. Das kann sich auch zugunsten der Tiere entwickeln. So galt jahrzehntelang die *Toxoplasmose* als eine Erkrankung, die vorwiegend durch das Zusammenleben mit Haustieren erworben sein sollte. Zuerst beschul-

**Perserkatzen.** **3** Blauer Perser. **1** Schwarzer Perser. **5** Creme-Perser. **13** Blau-creme-Perser. **2** Weißer Perser mit blauen Augen. **13a** Cameo-Perser. **4** Roter Perser. **10** Chinchilla-Perser.

digte man den Hund, dann hielt man die Ausscheidungen der Katze für entscheidend. Dagegen überwiegt heute die Ansicht, daß die Erreger, die Toxoplasmen, vorwiegend durch den Genuß rohen Fleisches in den menschlichen Körper gelangen. Trotz dieser Rehabilitierung lieben es die Nachbarn nicht, wenn unsere Katzen ihr Petersilienbeet oder die Sandkiste ihrer Kinder als nächtliches Klosett benutzen.

Während die im Hause gehaltene Katze wenig Gelegenheit hat, sich irgendwo anzustecken, muß man bei frei laufenden Tieren immer damit rechnen, daß sie irgend etwas Unerwünschtes mit nach Hause schleppen. Die Zahl der ungepflegten und streunenden Katzen ist erheblich, die Gefahr der Ansteckung daher überall vorhanden. Deshalb sollten bei allen Tieren mit freiem Auslauf die tägliche Inspektion von Haut und Haar und die tägliche Fellpflege zur Gewohnheit werden. Denn alle Hautkrankheiten und tierischen Schmarotzer sind leicht zu beherrschen, wenn man sie rechtzeitig erkennt.

Der Katzenzüchter, der seine Tiere auf Ausstellungen gibt oder zum Decken in andere Zwinger schickt, wo sie viele Artgenossen treffen, muß die Hygiene besonders wichtig nehmen. Er wird bereits in gesunden Tagen die allgemeine Sauberkeit durch den vorsorglichen Gebrauch von Desinfektionsmitteln ergänzen. Die regelmäßige Reinigung von allem, was mit den Katzen in Berührung kommt, ist bei ihm so angezeigt wie die Pflege der Tiere selbst. Wasserlösliche Desinfektionsmittel müssen in der vorgeschriebenen Verdünnung verwendet werden, stärkere Konzentration hat keine bessere Wirkung. Teerhaltige Mittel sollte man vermeiden. Zu empfehlen sind Sagrotan, ASID-Desinfektionsmittel oder ein ähnliches Präparat. Für Ritzen und Winkel, die für Wasser und Bürste schwer zugänglich sind, eignen sich die Desinfektionssprays vorzüglich. Daß die Tiere während der Desinfektion weggesperrt werden, ist selbstverständlich.

Zur täglichen Körperpflege jeder Katze gehört das Bürsten. Man sollte es auch dann vornehmen, wenn es eigentlich gar nichts zu bürsten gibt, also auch außerhalb des Haarwechsels. Denn es ist die beste Gelegenheit, das Tier daran zu gewöhnen, sich an allen Körperstellen berühren zu lassen. Wir können eine Borstenbürste, eine Bürste mit Gummiboden oder eine Gummimassagebürste nehmen und damit unser Kätzchen einmal überall gut durchkämmen. Dazu setzen wir es immer auf den gleichen Tisch, möglichst auch zur gleichen Tageszeit und vor dem Füttern. Nach der Mahlzeit schätzt auch das Tier seine ungestörte Ruhe. Die tägliche Hautmassage ist recht gesund und regt zur Zeit des Haarwechsels zum schnelleren Austausch des Felles an. In diesen Zeiten, im späten Frühjahr und im Herbst, benötigt auch die Kurzhaarkatze täglich gründliche Haarpflege, nicht nur mit, sondern auch gegen den Strich. Recht wirkungsvoll ist dann das Streichen mit eben angefeuchteten Händen über Rücken und Flanken. Es bleiben dabei mehr Haare hängen als beim Bürsten. Auch einen alten Lederhandschuh kann man zu dieser Massage verwenden. An der Kehle und überall dort, wo nur ganz kurzes Haar wächst, nehmen wir einen Staubkamm.

Wie oft man sich um die Ohren des Kätzchens kümmert, ist Ansichtssache – man sollte es nur überhaupt tun. Ob es dann zum täglichen Ritual oder nur einmal wöchentlich vorgenommen wird, ist unwesentlich. Man umwickelt dazu ein Holzstäbchen (Streichholz ohne Zündkuppe) mit etwas Watte, feuchtet mit mildem Säuglingsöl, Niveacreme oder Borsalbe leicht an und wischt vorsichtig den äußeren Gehörgang aus. Gut eignen sich die für Säuglinge vorgesehenen Watteträger.

Die Augen wischt man, wenn nötig, mit einem feuchten Baumwollläppchen aus. Nicht vergessen darf man bei Langhaarkatzen das Hinterteil. Es sollte täglich inspiziert und wenn nötig mit einem besonderen Schwamm saubergewaschen werden. Vorsorgliches Pudern und tägliches gutes Auskämmen sind zu empfehlen.

*Zahnpflege* ist bei der Katze im allgemeinen nicht nötig. Die regelmäßige Inspektion sollte trotzdem nicht versäumt werden. Wenn auch Karies sehr selten ist, so muß man doch auf Zahnsteinbildung achten. Entfernt man sichtbare Beläge frühzeitig mit einem Baumwolläppchen über dem Daumennagel bzw. schabt sie mit dem Nagel ab und wischt mit dem befeuchteten Lappen nach, dann kommt es nicht zu ausgeprägtem Zahnsteinbelag, der tierärztliche Behandlung erfordert. Wenn es erst so weit gekommen ist, daß die Katze Schmerzen beim Fressen hat und stark aus dem Maul riecht, dann läßt man die Prozedur am besten in Vollnarkose vornehmen. Regelmäßige Kontrolle und Pflege der Zähne sind dann erforderlich, damit ein Neubelag verhindert wird. Die beste Vorbeugung jedoch ist regelmäßige Verfütterung von Trockenfutter als Beikost.

Darf man Katzen *baden?* Bei den meisten von ihnen wird dies nicht nötig sein, bei weißen Perserkatzen zum Beispiel ist es doch meist ganz angebracht. Die Hauptsache ist, daß jede Erkältung vermieden wird, daß das Bad und die anschließende Trocknung in einem warmen, zugfreien Raum vorgenommen werden. Das Badewasser soll zwischen 30 und 35 Grad warm sein. Als Shampoon nimmt man ein Spezialpräparat für Katzen oder ein mildes, alkalifreies, für Kleinkinder empfohlenes Haarwasch- oder Bademittel. Für Hunde vorgesehene Badepräparate sollte man dagegen vermeiden; sie sind nicht alle auch für Katzen unschädlich. Die Katze wird das Bad über sich ergehen lassen, wenn sie regelmäßige Körperpflege gewöhnt ist und wenn sie dabei weder Seife noch Wasser in Augen oder Ohren bekommt. Alle Schaumreste müssen sehr sorgfältig mit der Brause bis auf die Haut abgespült werden.

Beim Baden vor einer Ausstellung gibt man in den letzten Spülwasserguß einen kleinen Schuß Sagrotan. Er verhindert, daß Ungeziefer von anderen Tieren überwechselt.

Nach dem Bad wird die Katze mit angewärmten Frottiertüchern möglichst trocken gerieben. Für eine Langhaarkatze rechnet man drei Handtücher normaler Größe. Je öfter man sie wechselt, um so trockener wird unser Tier und um so schöner steht dann das Haar. Anschließend wird trocken gefönt, wobei wir immer wieder kräftig bürsten, besonders gegen den Strich. Manche Katze mag das Fönen nicht. Sie wird auch an der Luft im warmen Zimmer trocken, doch bürsten muß man sie auch dabei immer wieder. Das halbfeuchte Haar läßt sich leichter bearbeiten als ganz trockenes, und es wird schön locker.

Das Vollbad soll keine regelmäßige Einrichtung werden, denn es entfettet das Haar stark. Zweimal im Jahr sollte genügen, denn Staub und Schmutz werden auch beim täglichen Bürsten entfernt.

Ein *Trockenbad* mit Pflegepuder, z. B. Euformal, darf man beliebig oft vornehmen. Vor Ausstellungen ist es für alle Tiere, gleich welcher Haarlänge und Haarfarbe, anzuraten. Durch einen besonderen Zusatz schützt es das behandelte Tier vor Ungeziefer. Der Puder wird am ganzen Körper, auch an den Pfoten und Ohren, gut bis auf die Haut eingerieben und nach einer Einwirkungszeit wieder ausgebürstet und ausfrottiert. Wie lange man ihn einwirken läßt, hängt mit davon ab, ob die Katze sich viel putzt und beleckt. Das sollte vermieden und dann lieber nach kürzerer Einwirkungszeit ausgebürstet werden. Sonst kann der Puder über Nacht im Fell bleiben. Nach der Trockenbehandlung ist das Fell der Kurzhaarkatze glänzend, das der Langhaarkatze locker.

*Krallenpflege* betreibt die Katze ganz allein. Wir müssen ihr nur die nötige Unterlage zur Verfügung stellen (siehe Seite 76).

## *Erziehung*

Es gibt besonders kluge, aber auch nur mittelmäßig begabte Kätzchen und solche, die etwas wenig Intelligenz mit auf den Lebensweg bekommen haben, genau wie bei jeder anderen Tierart und dem Menschen. Für das Zusammenleben mit uns ist viel wichtiger als die Klugheit ein bestimmtes Maß an Erziehung. Beides, Intelligenz und gutes Benehmen im Hause, hängt nicht voneinander ab. Selbst die schlaueste Katze kann sich nur schwer unseren Wünschen anpassen, wenn der richtige Zeitpunkt der Erziehung verpaßt ist. Die »gute Kinderstube« ist nun einmal nur in der Kindheit und Jugend erlernbar.

Die Prägung auf den Menschen ist die Voraussetzung dafür, daß das Tier leicht zu erziehen ist. Sie findet in frühester Jugend statt, wenn die Kätzchen gerade selbständig werden bis ungefähr zum Abschluß des ersten Lebensvierteljahres. Haben die Katzenkinder dann viel engen Kontakt zum Menschen, so bleiben sie ihr Leben lang »Menschenkatzen« und übertragen ihre Zutraulichkeit und Liebe sehr leicht auch auf einen anderen Menschen. Oft werden gerade aus den jämmerlichsten Kümmerlingen des Katzengeschlechts die wundervollsten Haustiere, dann nämlich, wenn sie das Glück haben, rechtzeitig von einer begeisterten Katzenfreundin mit Sorgfalt und Liebe aufgepäppelt zu werden.

Die Gehirnentwicklung jedes Jungtieres ist früher abgeschlossen als seine sonstige körperliche Entwicklung. Das bedeutet, daß bereits in früher Jugend die geistige Entwicklung gefordert werden muß, denn nur ein trainiertes Organ gelangt zur vollen Ausreifung, ein untrainiertes dagegen bleibt zurück, ja es kann direkt verkümmern. Im Käfig aufgezogene Tiere, die vor dem Verkauf vielleicht noch wochenlang allein gehalten im Schaufenster einer Tierhandlung saßen, verdienen unser ganzes Mitleid. Ob sie aber die idealen Hausgenossen für die nächsten Jahre werden, ist äußerst unwahrscheinlich. Für das Lernen muß das junge Wesen erzogen werden, dann wird es sein ganzes Leben lang dazu fähig sein.

Wer behauptet, die Katze sei nicht erziehbar, der hat nie eine Katzenfamilie mit offenen Augen beobachtet. Das Katzenkind, gerade von der Mutter entwöhnt, hat von ihr schon einiges gelernt. Es ist darauf eingestellt, auch weiterhin erzogen zu werden. Denn die Mutterkatze erzieht ihre Kinder lange Zeit, sogar »handgreiflich« und mit Strafen, wenn ihr dies angebracht erscheint. Sie bewährt sich als ideale Erzieherin, denn sie straft ohne Zorn. Sie faucht nicht, wenn sie ihren heranwachsenden Sprößlingen Ohrfeigen austeilt. Sie geht ganz ruhig auf sie zu und langt hin. Und die vollausgewachsenen Einjährigen unterbrechen ihre ersten ernstgemeinten Kämpfe und fügen sich.

Der erziehende Mensch muß sich mit dem Wesen der Katze vertraut machen. Sie ist kein Hund, sie muß völlig anders angefaßt werden. Katzen leben im Familienverband, der sich an der Mutterkatze orientiert. Wird diese Gemeinschaft zu groß und kommt es dadurch zu Unverträglichkeiten, dann sondern sich die herangewachsenen Jungtiere ab, werden zu Einzelgängern oder gründen eine eigene Familie. Mehrere Katzen bleiben nur freiwillig zusammen, solange dieses Zusammenleben harmonisch ist. Hunde leben dagegen in größeren Meuten und sind darauf programmiert, sich durch Rangordnungskämpfe immer wieder zu behaupten oder ihren Platz in der Gemeinschaft zu verbessern. Während der Durchschnittshund zeitlebens eine straffe und konsequente Führung gut vertragen kann, weil er immer wieder erprobt, wo seine Grenzen sind, entfallen bei der im Hause gehaltenen Katze diese Rangordnungskämpfe. Dadurch erweist sie sich als das bequemere Haustier.

Die frühe Erziehung bei allen Tieren und bei der Katze ganz besonders geschieht völlig nebenbei. Viel Reden, Streicheln und immer wieder Hochnehmen gewöhnt das kleine Kätzchen an die Nähe des Menschen. Sauberkeit, Ordnung und Pünktlichkeit, die wir ihm angedeihen lassen, machen aus ihm einen angenehmen Hausgenossen. Die Grundgewöhnung zur Sauberkeit sollte bereits beim Züchter erfolgt sein (Einrichtung und Pflege des Katzenklosetts siehe Seite 79).

Wer das Pech hat, ein schmutziges Tierchen erwischt zu haben, dem diese Sauberkeitserziehung abging, muß sofort versuchen, das Versäumte nachzuholen. Nur unter genauer Aufsicht sollte das Kätzchen in den Wohnräumen bleiben; wenn es anfängt zu suchen, trägt man es schnell ins Badezimmer zu seiner Toilettenschale. Es ist sehr wichtig, daß es die ihm eigentlich angeborene Verhaltensweise, sein Geschäftchen zu verscharren, so bald wie möglich erlernt – sonst könnte es zu spät sein, und die Stubensauberkeit ist nicht mehr zu erreichen. Das nicht saubere Katzenkind sollte sein Lager nachts und auch sonst, wenn es ohne Aufsicht bleiben muß, zunächst im Bad oder einem anderen kleinen Raum ohne Teppiche bekommen – auch wenn wir uns hart fühlen. Auf diese Weise besteht die größere Wahrscheinlichkeit, daß die Toilettenstreu den Zweck erfüllt, der ihr zugedacht ist. In dieser ersten Zeit der Gewöhnung sollte die Einstreu nicht zu bald völlig erneuert und die Schale auch nicht zu gründlich ausgewaschen werden. Die Katze ist immerhin so weit Nasentier, daß sie Urinspuren zum Nässen veranlassen.

*Naschen* und Katze scheinen zusammenzugehören. Das muß nicht unbedingt so sein. Wenn Futterzeiten, Platz und Geschirr genau festgelegt sind, ist der erste Schritt getan, das Naschen an menschlichen Speisen einzudämmen. Aus Neugier wird unser Kätzchen sicher nach Möglichkeit und Gelegenheit noch oft in unsere Töpfe gucken. Wir müssen konsequent genug sein, es ihm immer wieder zu verbieten, indem wir es ruhig hochnehmen und an eine andere Stelle setzen. Wir sagen dabei ohne große Betonung und Lautstärke »Nein, das darfst du nicht«, streicheln es aber auch nicht, denn das könnte als Belohnung aufgefaßt werden. Wenn wir genug Geduld haben, dann lernt es, die ihm abgesteckten Grenzen zu respektieren. Wir müssen aber auch konsequent sein und dürfen nicht einige Leckerbissen vom Eßtisch geben. Nur zu leicht gewöhnt sich ein Tier das Betteln an oder auch das eigenmächtige Naschen von unseren Tellern.

Etwas anderes ist es, wenn wir der gut erzogenen, erwachsenen Katze auf einem Extratellerchen etwas von unserer Mahlzeit vorsetzen, so daß sie gleichzeitig und im selben Raum mit uns diniert. Sie schätzt und liebt das sehr – es wird zum Ritual, ohne daß es in Naschen ausartet.

Der *Spieltrieb* junger Kätzchen erprobt sich an allem, was greifbar ist, und das deckt sich nicht immer mit unseren Interessen. Deshalb müssen wir schon dem zarten Katzenkind abgewöhnen, was bei dem ausgewachsenen Katzentier nicht erwünscht sein wird. Dazu gehört ganz bestimmt das Spielen mit Gardinen oder das Hochklettern an den Vorhängen. Im »Katzenzimmer« sind deshalb Rollos die beste Fensterdekoration, vor allem dann, wenn mehrere Jungtiere beim stürmischen Spiel begeistert alle Wände hoch gehen wollen. Das Einzelkätzchen gewöhnt man an die Vorhänge zunächst unter Aufsicht, so daß man es abnehmen kann, solange es sich noch in Greifweite befindet. Man hält es vor sich hoch und sagt »Nein, nein«, setzt es auf den Boden und lenkt es durch ein Bodenspiel mit Ball oder Papierknäuel ab.

Von Anfang an soll das Greifspiel mit Dingen geschehen, die später auch dem ausgewachsenen Tier erlaubt sind. Teile der Einrichtung, menschliche Füße und empfindliche Kleidungsstücke sollte man davon ausnehmen. Denn beim Spiel werden oft auch die Krallen ausgefahren, und das ist recht schmerzhaft für die nackte Haut. Deshalb verbietet man das am Menschen Hochklettern gleich von vornherein wie auch die Überraschungssprünge vom Schrank auf unseren Rücken. Denn auch dabei hält sich die Katze mit den Krallen fest.

Diese Lektionen, wie auch das Verbot von bestimmten Sitzplätzen und Polstermöbeln, können eine länger dauernde Angelegenheit werden. Denn das Katzenkind ist manchmal recht ausdauernd und hartnäckig, es darf aber nie geschlagen werden. Auch laute Töne liebt es nicht. Warum sollte man ein Lebewesen auch anschreien, das über ein solch vorzügliches Gehör verfügt? Wesentlich ist, dem Tier begreiflich zu machen, was wir wünschen oder was wir verhindern wollen. Hat es dies begriffen – und das merkt man recht gut an seinem Verhalten beim »Ertapptwerden« –, dann darf auch ein betontes »Pfui« oder »Nein« unsere Wünsche unterstützen. Selbst ein leichter Klaps mit der Hand wird nicht tragisch genommen. Denn dies ist durchaus die gleiche Geste, mit der die Mutterkatze ihren Nachwuchs erzieht. In der Stärke darf er für unsere Begriffe jedoch nur eine symbolische Handlung sein.

Ganz allgemein gilt für die Katzenerziehung als oberstes Gebot die Selbstbeherrschung. Nur das vertraute Tier ist der Beeinflussung zugänglich, es muß uns verstehen. Wird es dabei erschreckt, so entfernt es sich nicht nur räumlich von uns, sondern nur zu leicht auch innerlich. Das bedeutet, daß wir in der Erziehung einen Schritt zurück getan haben. Je labiler unser Verhältnis zu dem Pflegling noch ist, um so empfindlicher kann er reagieren.

Es ist ganz leicht, dem Kätzchen beizubringen, daß es auf Rufen kommt. Man muß nur immer den gleichen Ausdruck verwenden, zum Beispiel »Komm, mein Kätzchen, komm« oder auch nur seinen Namen. Anfangs sollte man das immer sagen, wenn das Tier ohnehin im Begriff ist heranzukommen und wenn man ihm das Futter hinstellt. Daß man nach jedem Kommen, besonders wenn einmal kein Fleischteller oder anderer Leckerbissen als Belohnung bereitsteht, diese durch Streicheln und Loben ersetzt, ist selbstverständlich. Leben mehrere Katzen im Haus, so kann man neben dem Heranrufen aller Katzen zum Füttern: »Kommt Kätzchen« jedes einzelne Tier mit seinem Namen rufen, so daß es alleine kommt. Das setzt etwas Übung voraus und viel Sprechen mit den Tieren. Sie lernen dann sehr rasch ihren Namen und reagieren entsprechend.

Ein nicht unwesentlicher Teil der Erziehung besteht darin, die Katze auch einmal gegen ihren Willen auf dem Arm zu halten. Das ist nicht immer einfach, denn mit vier krallenbewehrten Pfoten und scharfen, spitzen Zähnen ist sie vorzüglich ausgerüstet. Je mehr sie gewöhnt ist, auf dem Arm zu sitzen, desto weniger wird sie sich in kritischen Situationen dagegen wehren. Normalerweise hält man das Kätzchen ohne jeden Zwang auf dem Arm. Wenn es davonspringen will, soll man es nicht hindern. Wäre dieses Davonlaufen jedoch gefährlich – sei es, daß man die rollige Katze gerade noch eingefangen hat oder die Nähe von Verkehrsstraßen bedrohlich ist –, dann muß das Tier so festgehalten werden, daß man alle vier Pfoten im Griff behält. Dabei hält man mit je einer Hand die Vorder- und die Hinterbeine gut fest und klemmt den Hals der Katze unter den Arm, so daß der Kopf nach hinten sieht. Haben wir sie in Sicherheit gebracht, dann lassen wir alle Griffe gleichzeitig los.

Was man der Katze sonst noch beibringen mag, hängt ganz von der Intensität unseres Zusammenlebens und von der Grundeinstellung des Tieres ab. Es geschieht mit Geduld und Liebe und ohne Zwang. Dann kommt es zuweilen dahin, daß die Katze uns ihre Beute bringt, sie uns vor die Füße legt oder sich aus dem Fang nehmen läßt.

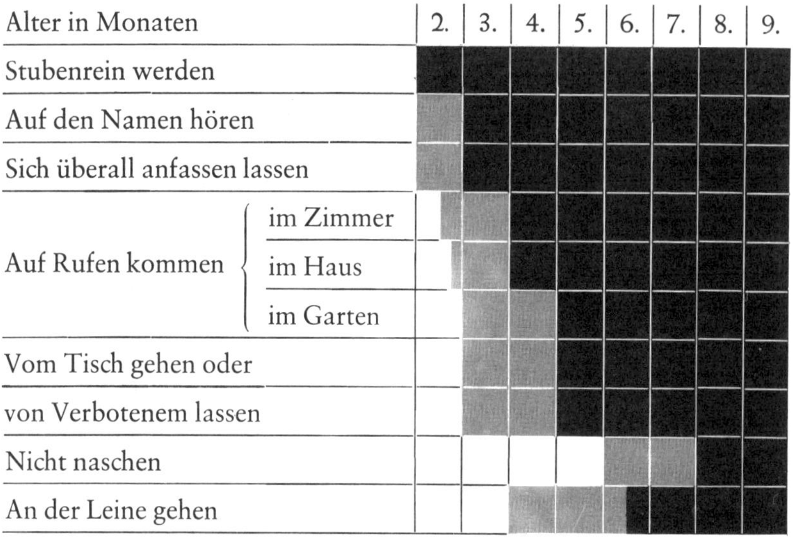


*Erziehungsplan.* Die Katze läßt sich nicht leicht dressieren, sie läßt sich jedoch erziehen. Da die Erziehung nur auf freiwilliger Basis erfolgt und völlig oder nahezu ohne Zwang vor sich geht, ist sie nur dann möglich, wenn Katze und Mensch ein enges, vertrautes Verhältnis eingehen. Sie beginnt in der Kinderstube und wird von der Katzenmutter eingeleitet. Daher ist die Erziehung zur Stubenreinheit meist kein Verdienst des Katzenbesitzers, sondern die Folge des mütterlichen Beispiels bei richtiger Haltung und Unterbringung beim Züchter. Die späteren Lektionen der fortgeschrittenen Katzenerziehung werden nicht immer erreicht. Dies liegt mehr beim Menschen als beim Kätzchen, denn die Grundlage dazu, die Geduld, ist nicht allen Zweibeinern in ausreichendem Maße gegeben. Manche Hausfrau findet es leichter, keine Lebensmittel herumstehen zu lassen, als die Katze vom Naschen abzuhalten. Und auch die gut erzogene Katze, die Butter und Leberwurst unberührt läßt, kann bei herumstehender Leber nicht widerstehen. Beim Herankommen auf Rufen besteht bei rolligen Tieren ein Ausnahmezustand, der alles andere vergessen läßt. Entsprechend darf man vom Kater nicht zuviel erwarten, wenn liebeshungrige Katzendamen unserem Ruf eine viel lieblicher klingende Lockung entgegensetzen.

Die Leinenführigkeit stellt ein Mindestalter dar. Sie darf nur in der warmen Jahreszeit, also frühestens an warmen April- oder vielleicht auch Märztagen, begonnen werden.

### *Krankheiten*

In der Volksmeinung galten die Katzen jahrhundertelang als nahezu unverwüstliche Tiere, die Unfälle, Stürze aus großen Höhen und was noch alles schadlos über sich ergehen lassen können. Diese Meinung entsprang sicher zum Teil der menschlichen Bequemlichkeit; denn ein Tier mit zäher Vitalität entläßt man aus der verantwortlichen Gesundheitsfürsorge. Auch heute noch hält man in weiten Kreisen unserer Bevölkerung die Katze für ein Wesen, das weitgehend für sich selbst sorgt oder zu sorgen hat. Daß bei einer solchen Lebensweise nur die kräftigsten Tiere überleben und zur Fortpflanzung gelangen konnten, liegt auf der Hand. Die kranke Katze ohne Bindung an den Menschen wird sich auf dem Bauernhof in einen Winkel verkriechen und – ohne Hilfe und Pflege – dort auf Genesung hoffen oder in den meisten Fällen still sterben. Über ihr Fehlen macht sich der »Besitzer« dann wenig Gedanken – sie ist eben verschwunden.

Für Geburt und Jungenaufzucht gilt Entsprechendes. Wenn kein besorgtes Frauchen sich um schwierige Geburten und verwaiste Kätzchen kümmert, wenn niemand durch kraftvolle Ernährung die säugende Katzenmutter unterstützt und durch frühzeitige Beikost die Jungen satt werden läßt, dann bleiben nur die Kinder der tüchtigsten Mutterkatzen am Leben. Krankheiten aller Art, Hautausschläge und Parasiten, gab es zwar immer. Bei einer einigermaßen natürlichen Haltung der Katzen, die Gelegenheit fanden, durch Mäusefang und Wildern die Mängel in der heimischen Pflege auszugleichen, fielen sie nicht so stark ins Auge.

Ganz anders sieht es dort aus, wo zwar einer ungehemmten Vermehrung der Katzen nichts entgegengestellt wird, wo die herrenlosen Tiere aber auf engem Raum zusammen leben und nicht genug natürliche Beute erjagen können. Das Katzenelend, das man in einer Stadt wie Rom erblicken muß, ist erschütternd. Hautkrankheiten, Hunger, Durchfall, verklebte Augen, struppiges Fell und andere Gebrechen verschonen nur wenige Tiere.

Nicht die als »natürliche Haltung« bezeichnete Sorglosigkeit also ist es, die unsere Katzen gesund erhält, sondern weit mehr die richtige Pflege und ausgewogene Fütterung. Ob es sich dabei um Rassekatzen, auch um Inzuchtstämme handelt oder »nur« um reine Hauskatzen, ist belanglos. Gesunde Aufzucht und Haltung ist die beste Vorsorge vor Krankheit und Kümmern. Denn Krankheiten und quälende Schmarotzer gibt es eine ganze Menge. Man muß um ihre Existenz wissen, um sie rechtzeitig bekämpfen zu können. Das nur im Haus gehaltene Kätzchen ist dann stärker gefährdet, wenn auf Ausstellungen oder in der Ferienpension Kontakte mit mehreren Artgenossen zustande kommen. Doch außer Infektionskrankheiten gibt es so manches Wehwehchen, das ganz von selber erscheinen kann.

Die *gesunde Katze* hat klare Augen und ein glänzendes Fell und läßt auch unter dem wolligsten Pelz feste Muskeln fühlen. Ihre Körpertemperatur schwankt zwischen 38,0 und 39,5 °C, ihr Herz schlägt, wie bei allen kleineren Säugern, ziemlich schnell, 120- bis 140mal in der Minute. In dieser Zeit atmet sie 20- bis 30mal. Das erwachsene Tier hat ein- bis zweimal am Tage Verdauung, die fest und wohlgeformt ist, je nach Ernährung hell- bis dunkelbraun. Mehrmals am Tage näßt die Katze. Die Häufigkeit und die Urinmenge schwanken sehr individuell. Auch wenn manches Tier freiwillig oft sehr lange Pausen einlegt, sollte doch immer die Möglichkeit zur Entleerung gegeben sein, sei es durch ein Katzenklosett oder jederzeit freien Auslauf oder bei nur zeitweiligem Auslauf die zusätzliche Schale in der Wohnung.

Katzen sind zumeist keine wehleidigen Tiere. Wenn sie uns krank erscheinen, dann sind sie es meist richtig, und es bleibt wenig Zeit mehr zum Abwarten oder zum Probieren von Hausmittelchen. Dann sollte man schleunigst einen Tierarzt um Rat fragen. Viele Katzenkrankheiten ähneln sich so in ihren Symptomen, daß sehr viel Erfahrung dazugehört, sie zu unterscheiden. Nicht jeder Tierarzt ist so sehr auf Katzen spezialisiert wie auf Hunde. Das liegt weniger an den Tierärzten als an den Katzenbesitzern, die mit ihren Tieren viel zu selten die sachverständige Hilfe anfordern. Daher sollte man sich bereits beim Katzenkauf die Adresse eines mit Katzenkrankheiten erfahrenen Mediziners geben lassen. Katzenklubs und Tierschutzvereine wissen meist Rat. Wer seine Katze regelmäßig impfen läßt, hat ohnehin Kontakt mit dem Tierarzt.

Die *kranke Katze* sollte im Haus und nicht in der Klinik gepflegt werden. Die fremde Umgebung und die fremden Menschen dort hemmen die Genesung mehr als die anfängliche Unsicherheit des pflegenden Frauchens. Das kranke Tier braucht viel Liebe und Sicherheit, die es nur zu Hause bekommt. Zudem ist die Katze durch ihre geringe Körpergröße und ihre angenehmen Toilettgewohnheiten viel einfacher zu pflegen als ein kranker Hund. Die Krankenstube muß ein warmer, zugfreier Raum sein, das Lager soll etwas erhöht stehen, jedoch nur so weit, daß das schwache Tier keine Mühen mit dem Herausklettern und Einsteigen hat. Das mit dem Tier in Berührung kommende Laken sollte täglich erneuert werden.

Schon in gesunden Tagen sollte jeder Katzenhalter sein Tier daran gewöhnen, daß es sich an allen Körperstellen berühren läßt, und ihm auch gelegentlich Mundhöhle und Zunge überprüfen. Geschieht dies immer an der gleichen Stelle der Wohnung auf einem bestimmten Tisch, auf dem auch die normale Körperpflege stattfindet, so wird das Eingeben von Medikamenten und das Fiebermessen dem Patienten keine Furcht einjagen. Das Eingeben der Medizin wird einfacher, wenn man das kranke Kätzchen in ein Frottierhandtuch wickelt. Dann kann es auch bei plötzlichem Schreck nicht von seinen Krallen Gebrauch machen. Es empfiehlt sich ohnehin, das Tier durch eine Hilfsperson festhalten zu lassen. So hat man beide Hände frei, um die verordnete Tablette weit hinten ins Mäulchen einzuschieben, wo sie meist gleich verschluckt wird. Flüssige Medizin wird ebenfalls direkt eingegeben und nicht unter das Futter gemischt. Denn die Katze merkt die fremden Zusätze sehr leicht und läßt dann das ganze Fressen stehen oder frißt nur einen Teil davon, so daß keine Gewähr besteht, daß die Tropfen auch aufgenommen werden. Darüber hinaus ist der Appetit der Kranken ohnedies gering. Er sollte nicht künstlich verringert werden. Sicherer flößt man die Flüssigkeit verdünnt (den Tierarzt fragen, ob mit Wasser oder Milch!) in kleinen Mengen zwischen Lippen und Kieferwinkel ein, hält das Mäulchen zu und redet aufmunternd, so daß automatisch abgeschluckt wird. Zum Einflößen geringer Mengen eignet sich ein kleines Tropffläschchen weit besser als ein Teelöffel, mit dem meist ein Teil der Flüssigkeit verschüttet wird.

Auch bei Behandlungen am Kopf mit Salben und ähnlichem und

zum Fiebermessen im After wickelt man sein Kätzchen in ein Tuch ein. Dies ist eine schonsamere Behandlung als das oft empfohlene Zusammenbinden der Beine. Wesentlich aber ist, daß auch das lebhafte Tier nicht auf die nötige Behandlung verzichten muß, weil sein Pfleger aus Angst vor eigenen Verletzungen gar nichts unternimmt oder angefangene Bemühungen vorzeitig aufgibt.

Besondere Sorgfalt muß der Ernährung der kranken Katze zukommen. Solange sie noch frißt, bekommt sie kleine Kügelchen von rohem Rinderhack mehrmals täglich nach Belieben. Hat sie Schluckbeschwerden, muß die Nahrung flüssiger sein. Dann gibt man warme Milch mit Eigelb und Traubenzucker. Frißt sie nicht selbst, flößt man alle paar Stunden einen Löffel voll in die Lippentaschen ein. Noch besser ist für die schwerstkranke Katze Boviserin, ein Präparat von Rinderblutserum aus der Apotheke, das man auch zur Aufzucht verwaister Jungtiere verwendet. Frisches Wasser muß immer in erreichbarer Nähe stehen, besonders beim fiebernden Patienten.

Zum Glück ist noch nicht jede veränderte Körperfunktion eine Krankheit. Man muß aber damit rechnen, wenn nicht harmlose Ursachen als Grund dafür erkannt werden. So kann der *Durchfall* von recht verschiedenen Reizfaktoren ausgelöst werden. Es kann sich lediglich um die Art des Futters handeln, das an sich in Ordnung sein mag, jedoch gerade bei unserer Katze Durchfall hervorruft. Oft ist dies bei roher Milz und roher Leber der Fall. Manche erwachsene Katze verträgt auch keine Vollmilch mehr. Diese futterbedingten Durchfälle sind zunächst harmlos. Werden sie durch weiteres Verabreichen des unverträglichen Futters zur Dauereinrichtung, so können sie die normalen Darmbakterien beeinflussen, krankmachenden Keimen den Weg ebnen und zu Veränderungen in der Darmwand führen. Durchfall, der mit sonstigen Krankheitsanzeichen einhergeht, beruht oft auf einer Infektionskrankheit, die vom Tierarzt behandelt werden muß. Auch Vergiftungen akuter oder chronischer Art sind zu erwägen und sollten das erkrankte Tier ebenfalls in sachverständige Behandlung führen. Seelische Störungen, die Durchfälle hervorrufen, sind auf Seite 122 beschrieben.

*Verstopfung* kann durch gekochte Leber hervorgerufen werden oder bei älteren Stadttieren durch zu wenig Bewegung. Ein Schälchen Milch oder eine Ölsardine führt meist bald zum Erfolg. Bei alten

Katzen sollte die Ernährung darauf eingestellt werden, daß die Verdauung regelmäßig und nicht zu hart ausfällt. Rohes Fleisch sollte Trockenfutter vorgezogen werden.

Nicht selten ist auch Verstopfung durch Haarbälle (Bezoare), das sind die beim Putzen abgeschluckten Haare, die sich in Magen oder Darm verklumpen. Nie sollte man zu ihrer Entfernung Rhizinusöl oder gar Abführmittel versuchen! Olivenöl oder ein anderes reines Salatöl bringt nach ein- oder mehrmaliger Gabe den gewünschten Erfolg. Gern wird von der Katze das Öl aus Sardinendosen genommen, ein Teelöffel bis ein Eßlöffel voll, je nach Größe der Katze, genügt. Vorbeugend sollte man sein Tier bürsten, um eine Neubildung der Haarbälle zu vermeiden.

*Erbrechen* kommt bei Katzen gar nicht so selten vor. Durch Fressen von Gras wird es willkürlich ausgelöst, um die beim Putzen abgeschluckten Haare wieder ans Tageslicht zu befördern. Das ist völlig normal und kein Grund zur Beunruhigung. Auch das Erbrechen nach zu hastigem Fressen muß nicht unbedingt krankhaft sein. Katzen, die in ihrer Jugend schwer um jeden Bissen kämpfen mußten, konnten sich dabei nicht die für ihresgleichen typische bedächtige Art der Nahrungsaufnahme leisten. Werden sie in Gegenwart anderer Katzen gefüttert, läßt die Angst um die Nahrung sie lebenslang die hastigen Futtermanieren beibehalten. Diese Tiere sollten mehrmals täglich mit kleinen Portionen und völlig für sich versorgt werden.

Zu kaltes Futter, ungewohnte Fleischsorten oder zu große Fleischstücke können ebenfalls Erbrechen auslösen, besonders bei jungen Tieren.

Daß die Mutterkatze kurz vorher aufgenommenes Futter ins Nest zu ihren halbwüchsigen Kindern erbricht, kommt vor, wenn auch weit seltener als bei Hunden. Es ist jedenfalls kein Grund zur Beunruhigung, denn die Katze ist dann gesund. Müßte sie erbrechen, weil es ihr schlechtgeht, so würde sie dies nie in unmittelbarer Nähe ihrer Jungen tun.

Starker Wurmbefall kann ebenfalls zum Erbrechen führen; dann sollte unverzüglich eine Wurmkur durchgeführt werden (siehe Seite 131).

Eine der häufigsten Ursachen für nicht ganz harmlose Magenverstimmungen mit Erbrechen ist die Liebe des Frauchens zu Blumentöpfen auf der Fensterbank. Viele der exotischen Blattpflanzen enthalten ätherische Öle und andere Stoffe, die von den Magenschleimhäuten schlecht vertragen werden. Wenn wir schon Pflanzen um uns haben wollen, dann sollte in erster Linie ein Blumentopf mit hartem Gras dabei sein. Fehlt er, so wird die Katze immer wieder an den Zierpflanzen herumknabbern.

Die Grasschale kann man im Zoogeschäft kaufen, aber auch ebensogut und viel billiger selbst herstellen. Man gibt dazu Grassaat oder Getreidekörner in ein flaches Gefäß mit feuchtem Torf oder Erde, packt es in eine genügend große Plastiktüte und stellt es warm. Bereits nach wenigen Tagen ist unser Miniaturfeld so weit gewachsen, daß wir es ans helle Fenster stellen müssen, damit es unter dem Einfluß des Sonnenlichts auch richtig grün wird. Jetzt kann es schon zum »Grasen« freigegeben werden.

Recht gefährlich kann auch das Spielen mit kleinen Metallteilen sein, die nur zu leicht verschluckt werden können. Dazu gehören vor allem die zusammengeknüllten Stanniolumhüllungen von Süßigkeiten, die nicht nur gut riechen, sondern auch von der Form und Größe her ganz besonders zum Spielen reizen. Hat die Katze so etwas Unbekömmliches verschluckt, dann können wir das Erbrechen durch Einflößen von Olivenöl, z. B. aus Sardinenbüchsen, erleichtern.

Ist das Erbrochene krankhaft verändert, enthält es Blut, schaumigen Schleim oder ist es von schmutzig-grüner oder gelber Färbung, dann gehört die Katze in die Behandlung des Tierarztes, und zwar schnell, nicht erst nach mehreren Tagen, wenn sie körperlich durch die Krankheit völlig entkräftet ist.

*Infektionskrankheiten* sind die Katzenseuche, Schnupfen, Influenza, Tuberkulose, Tollwut und die Katzenkratzkrankheit. Auf den Menschen übertragbar ist nur die Tollwut. Die Katze kann aber auch als Zwischenträger bei Tuberkulose oder bei der Katzenkratzkrankheit wirken.

Die *Katzenseuche* forderte in noch gar nicht so weit zurückliegen-

**Perserkatzen. 12** Schildpatt-und-Weiß-Perser, Champion *Contessa von Illyesborn.* **11** Schildpatt-Perser *Belinda vom Hasselkamp.* **3** Blauer Perser, Champion *Chita af Bungalores.* **11b** Blauschildpatt-und-Weiß-Perser *Kilka vom Angorahof.* **13** Blau-creme-Perser *Bieni vom Hegewinkel.*

| 12 | |
|---|---|
| 11 | 3 |
| 11b | 13 |

6

6a

7

8

9

12a

11

12

den Zeiten oft so viele Opfer, daß man an eine schlagartige Vergiftung der Tiere ganzer Straßenzüge dachte. Die Sterblichkeit erkrankter Katzen wird mit 80 bis 90 % angegeben. Zum Glück gibt es gerade gegen diese gefährliche Krankheit eine vorsorgliche Impfung, die jedem Katzenhalter dringend empfohlen werden muß. Noch beim Züchter sollten die Kätzchen in der neunten Lebenswoche erstmalig und vierzehn Tage später nachgeimpft werden. Der Impfschutz hält ein Jahr vor, ist also jährlich einmal zu erneuern.

Die Bedeutung der Katzenseuche erkennt man daran, daß sie unter einer Vielzahl von Namen bekannt ist. Offiziell heißt sie Ansteckende Magendarmentzündung oder Enteritis infectiosa. Daneben Katzenstaupe (obwohl sie nichts mit der Hundestaupe zu tun hat), Katzenpest, Katzentyphus, Panleukopenie, Agranulozytose.

Übertragen wird die bösartige Krankheit durch ein Virus ausschließlich auf Katzen, nie auf Hunde, zumeist auf Tiere unter zwei Jahren. Auch Wildkatzen und Großkatzen sind empfindlich. Selbst Katzen, die nie direkten Kontakt mit Artgenossen haben, können durch indirekte Übertragung, so durch Decken, Schuhe und andere Gegenstände, die mit den Ausscheidungen befallener Individuen in Berührung gekommen sind, angesteckt werden.

Nach einer Inkubationszeit (das ist die Zeit zwischen Ansteckung und Ausbruch der Erkrankung) von zwei bis sieben, meist drei bis sechs Tagen setzt die Krankheit mit 40° Fieber und heftigen Durchfällen gleich mit ganzer Stärke ein. Freßunlust, Mattigkeit, gesträubtes Fell und häufig auch Erbrechen sind weitere Zeichen des bedrohlichen Zustandes. Als Komplikationen können katarrhalische Lungenentzündung, Brustfell- und Bauchfellentzündung hinzutreten. Der Tierarzt sichert die Diagnose durch ein Blutbild, das den weitgehenden Leukozytenschwund zeigt. Wenn die erkrankten Tiere nicht innerhalb weniger Tage sterben, können zusätzlich noch weitere Infektionen durch verschiedene Bakterienarten ihren Zustand komplizieren.

Wenn überhaupt eine Behandlung Erfolg bringen soll, muß der Tierarzt so bald wie möglich aufgesucht werden. Die Katzen, die die

**Perserkatzen. 6** Rauchperser (Silbermoor). **6a** Blau-Smoke-Perser. **7** Silbergestromter Perser (Silber-Tabby). **8** Braungestromter Perser (Brown-Tabby). **9** Rotgestromter Perser (Rot-Tabby). **12a** Zweifarbiger Perser (Bi-Colour). **11** Schildpatt-Perser. **12** Schildpatt-und-Weiß-Perser.

Seuche überstehen, besitzen für den Rest ihres Lebens eine Immunität dagegen.

Trotz gründlicher Desinfektion der Räume und Verbrennen des Krankenlagers muß man damit rechnen, daß die Umgebung, in der eine an Katzenseuche erkrankte Katze gepflegt wurde, noch lange Zeit die Möglichkeit einer Ansteckung behält. Eine neue Katze darf erst nach drei Monaten wieder ins Haus genommen werden – selbst dann, wenn die erkrankte Katze am Leben blieb. Denn das Virus bleibt unabhängig vom Ausgang ansteckungsfähig. Daß während der Pflegezeit einer kranken Katze jeder Kontakt ihrer Besitzer mit anderen Katzen unterbleiben muß, liegt auf der Hand.

Der *Ansteckende Schnupfen* oder Rhinitis infectiosa ist die zweite häufige und gefährliche Katzenkrankheit nach der Seuche. Sie beginnt mit Fieber, Schnupfen und Schluckbeschwerden und wird durch ein Virus hervorgerufen. Komplikationen treten im Verlauf durch Sekundärinfektionen hinzu. Solche Folgekrankheiten sind dann häufig Durchfall und Lungenbeschwerden, die das geschwächte Tier ohne tierärztliche Hilfe nicht übersteht.

*Influenza* oder Laryngoenteritis infectiosa oder Katzenpneumonie, aber auch Katzenstaupe genannt, ist ebenfalls eine Viruserkrankung der Atmungsorgane, die durch Ansteckung erworben wird. Gegen sie hilft die übliche Impfung nicht, dafür ist sie nicht gar so gefährlich. Immerhin fordert auch sie ihre Opfer. Fieber, Husten, Augen- und Nasenausfluß sind neben Freßunlust die hauptsächlichen Anzeichen. Meist ist der Kot fest, Durchfall tritt nur selten auf.

Gegen *Tuberkulose* besitzen die meisten Katzen eine gute Widerstandsfähigkeit. Trotzdem können sich einige Tiere an menschlicher oder Rindertuberkulose anstecken. Dazu gehört allerdings entweder ein kranker Mensch oder nicht abgekochte Milch erkrankter Kühe. Eine spezielle Katzenform der Tuberkulose gibt es nicht. Allerdings können sich die Katzen gegenseitig infizieren und die Tuberkelbazillen auch auf den Menschen übertragen. Daher sollte im Haushalt mit Kleinkindern keine tuberkulosekranke Katze behalten werden. Die Anzeichen der Krankheit sind Husten, Atembeschwerden und Rasselgeräusche, eitriger Auswurf und Nasenausfluß, Abmagerung, ständig erhöhte Körpertemperatur. Neben der Brusttuberkulose kann die Krankheit auch die Bauchorgane (Bauchwassersucht), die Nieren und die Knochen befallen. Der Erregernachweis ist nicht immer einfach. Neben mikroskopischer Prüfung müssen meist der Tierversuch und die Erregerkultur durchgeführt werden. Der Aufwand sollte nicht gescheut werden, da wegen der Ansteckungsgefahr die erkrankte Katze getötet werden müßte. Vernichtung oder zumindest Desinfektion der mit der Katze in Berührung gekommenen Gegenstände ist erforderlich.

Die einzige »Katzenkrankheit«, vor der wir wirklich Angst haben müssen, weil sie auch uns den Tod bringen kann, ist die *Tollwut*. Gegen sie gibt es nur Vorbeugung und keine Heilung. Denn nach dem Biß eines tollwütigen Tieres in den Kopf oder in das Gesicht kann es bereits nach einer Stunde zu spät sein für die rettende Injektion. Daher sollte jede Katze, die in ländlichen Gebieten freien Auslauf und damit die Kontaktmöglichkeit zu anderen Tieren hat, vorbeugend geimpft werden. Der Impfschutz hält zuverlässig zwei Jahre an. Danach ist die Impfung, die ohne irgendwelche Reaktionen gut vertragen wird, zu erneuern. Von der Ansteckung bis zum Ausbruch der Krankheit vergehen bei den Katzen meist zwei bis drei Wochen, mitunter auch mehr. Das zwei bis vier Tage dauernde Erregungsstadium äußert sich bei ihnen in Kratzsucht und Anspringen von Menschen und Tieren. Bei der Verlaufsform der »stillen Wut« treten nur Lähmungen auf. Der Tod ist in allen Fällen unabwendbar.

Keine Katzenkrankheit, aber eine von Katzen übertragbare Infektionskrankheit ist die *Katzenkratzkrankheit*. Sie wird durch ein Virus verursacht, das der Katze nicht schadet, durch Biß oder Kratzverletzung jedoch den Menschen infizieren kann. Sie wird selten festgestellt, meist wird sie wegen ihrer komplikationslosen Abheilung übersehen. Nach zunächst geringer Entzündung der verletzten Hautpartie schwellen die zugehörigen Lymphknoten an und entzünden sich. Eitrige Einschmelzung und Fistelbildung sind möglich.

*Nicht ansteckende Krankheiten* können einen erheblichen Pflegeaufwand mit sich bringen. Deshalb ist auch bei Katzen Vorbeugen besser als Heilen.

Die Katze liebt Wärme und Trockenheit. Wenn diese fehlen, kann sie noch leichter als der Mensch eine *Erkältung* bekommen. Wie bei ihrem Besitzer, sind Husten, Schnupfen, Niesen und schlechte Laune die Folge. Bei gutem Futter, Ruhe und Wärme wird das Tier bald wieder gesund. Nächtliche Ausflüge sind natürlich zu verhindern. Entzündete Augen werden mit Borwasser ausgewischt, die Nase mit einem feuchten Tuch gereinigt. Verschlechtert sich der Zustand oder hält die Erkältung an, kommen Fieber und Appetitlosigkeit dazu, dann ist sofort der Tierarzt aufzusuchen. Denn eine Bronchitis, Lungenentzündung oder Brustfellentzündung muß mit wirksamen Heilmitteln behandelt werden.

*Nierenkrankheiten.* Nierenentzündung kann chronisch werden, wenn man sie nicht rechtzeitig behandelt. Sie wird durch Erkältung, Infektionskrankheiten und Vergiftungen – auch durch Pflanzen oder Insekten – hervorgerufen und kann selbst bei jüngeren Tieren auftreten. Die nierenkranke Katze näßt öfter und mehr, sie hat ausgesprochenen Durst, wirkt lustlos und krank. Durch Schmerzen in der Lendengegend wirkt ihr Gang steif, das Hinterteil ist gekrümmt. Möglichst schon bevor so starke Schmerzen auftreten, sollte der Tierarzt um Rat gefragt werden. Seine Behandlung wird durch Diät unterstützt. Das kranke Tier soll viel trinken. Milch, Schleimsuppen und Milchbrei müssen die Fleischfütterung zu einem wesentlichen Teil ersetzen.

Schwierigkeiten beim Wasserlassen und blutiger Urin weisen auf *Blasen-* und *Nierensteine* hin. Befallen werden vor allem kastrierte Kater, seltener weibliche Tiere.

Gar nicht so selten treten *Gebärmutterentzündungen* auf. Sie äußern sich neben dem schlechten Allgemeinzustand in blutigem oder eitrigem Ausfluß aus der Scheide. Dieser ist nicht immer leicht festzustellen, da die Katzendamen sich fleißig an dieser Körperstelle putzen. Die Enstehungsursache kann recht verschiedener Art sein, ewige Katzenfräuleins werden genausowenig verschont wie Mutterkatzen. Die Behandlung durch den Tierarzt mit antibiotischen Mitteln oder Operation ist sehr erfolgversprechend.

*Alterskrankheiten.* Wie der alternde Mensch, kann die im Hause lebende Katze an manchen Abnützungskrankheiten leiden. Nicht immer werden sie rechtzeitig von den Besitzern erkannt. Dabei ist es für den Tierarzt oft so leicht, dem Tier Hilfe zu bringen. Dadurch wird nicht nur dessen Leben verlängert, sondern auch durch die wiederhergestellte Gesundheit die Freude vermehrt, die der Mensch an seinem vierbeinigen Hausgenossen haben kann.

Die *Fettsucht* ist das sicherste Leiden, das Wohlstandstiere sich aufsammeln, wenn Frauchen den Speisezettel nicht streng überwacht. Da Wohnungskatzen wenig Bewegung haben, muß die Nahrungsaufnahme geringer sein als bei fleißigen Nachtbummlern. Maßhalten heißt hier die Vorbeugung und die Behandlung, soll die Katze nicht träge werden und vielleicht gar noch die eine oder die andere der nachfolgend erwähnten Krankheiten bekommen.

*Herzkrankheiten.* Selten ist Überanstrengung die Ursache von Herzkrankheiten der im Hause gehaltenen Katze. Es ist vor allem aber dann damit zu rechnen, wenn ein vollerwachsenes Tier längere Zeit davongelaufen war und möglicherweise gehetzt wurde. Kurzatmigkeit und trockener Husten sind die ersten Anzeichen. Im weiteren Verlauf können krampfartige Anfälle mit Bewußtlosigkeit dazutreten. Neben angeborenen Fehlern und Infektionskrankheiten können auch chronische Nierenleiden zu Herzkrankheiten führen. Werden sie erkannt und behandelt, so kann die Katze sich mit entsprechender Medizin noch manches Jahr ihres Lebens erfreuen.

*Asthma.* Ähnliche Erscheinungen wie bei Herzkrankheiten können auch bei Asthma auftreten. Anstrengung und Temperaturwechsel verschlechtern den Zustand des Patienten und können Erstickungsanfälle auslösen. Auch hier kann nur der Tierarzt helfen.

*Diabetes.* Sogar die Zuckerkrankheit wird bei älteren Katzen beobachtet. Sie wird, wie beim Menschen, mit Insulin behandelt.

*Rheumatismus.* Wie beim Menschen, unterscheiden wir zwischen Gelenkrheumatismus und Muskelrheumatismus. Beide Formen sind sehr schmerzhaft und meist mit Fieber verbunden. Die tierärztlichen Maßnahmen müssen durch Behandlung mit Wärme, am besten mit dem Heizkissen, Einreibungen und Sauermilchfütterung ergänzt werden.

*Geschwülste.* Abszesse und Tumoren gehören in die Hand des Tierarztes, der allein entscheiden kann, ob ein operativer Eingriff erforderlich ist. Auch nach größeren Operationen sollte man die Katze gleich mit nach Hause nehmen und in der vertrauten Umgebung pflegen.

*Psychische Störungen.* Die Katze ist ein sehr sensibles Tier. Hat sie sich eng an den Menschen angeschlossen, so kann sie auch körperlich krank werden, wenn ihr seelisches Gleichgewicht gestört ist. Sie gibt ihrem Kummer Ausdruck, indem sie ihre bisherige Sauberkeit vernachlässigt. Das geht bisweilen so weit, daß sie mit lange zusammengesparten Pfützen das Bett ihrer Besitzerin benäßt. Dies ist keine Unart und darf auf keinen Fall mit Schimpfen und Strafen quittiert werden. Das unglückliche Tier sehnt sich nach Liebe und Beachtung, ähnlich wie bettnässende menschliche Kinder. Erbrechen, Durchfall, Appetitlosigkeit sind weitere Ausdrucksformen der psychischen Erkrankung. Die Behandlung ist nicht Sache des Tierarztes. Allein die vermehrte Zuwendung des geliebten Menschen kann heilen und helfen. Sehr oft ist der unschuldige Auslöser eine andere Katze, auch ein Katzenbaby, das neu ins Haus kommt. Manchmal liegt es an der plötzlichen Ausquartierung aus einem vertrauten Raum, meist dem Schlafzimmer, selbst wenn die ganze übrige Wohnung begehbar bleibt. Sogar die eigenen herangewachsenen Kinder können ihrer Mutter zur seelischen Last werden, wenn sie mit ihnen die menschliche Liebe teilen muß. Ist es aus irgendwelchen Gründen unmöglich, dem Tier seine frühere Geborgenheit zurückzugeben, sollte man nicht vor einem Milieuwechsel zurückschrecken, sondern die Katze – auch wenn sie mehrere Jahre alt ist – in andere Hände geben. Die Meinung, eine Katze fühle sich nur ans Haus gebunden, ist irreführend. Als Einzeltier bei einem alleinstehenden Menschen kann die seelisch gestörte Katze wieder zu einem gesunden und glücklichen Wesen werden.

*Vergiftungen* kommen bei Katzen viel häufiger vor als bei Hunden. Das liegt nicht nur daran, daß sie viel empfindlicher sind, sondern auch an ihrer Lebensweise. Es ist nicht unbedingt nötig, daß ein Kätzchen das Gift direkt zu sich nimmt, also vergiftete Nahrung frißt. Es genügt bereits, wenn es Giftspuren an die Pfötchen bekommt. Durch Putzen und Belecken werden die Chemikalien dann aufgenommen. Gebräuchliche Desinfektionsmittel, die Karbolsäure und Kresol enthalten, Perubalsam und ranziges Öl für Einreibungen können bereits Vergiftungen hervorrufen, auch wenn sie mit der Katze nur in Spuren in Berührung kommen. Insektenpulver sollten nur mit größter Vorsicht verwendet werden. Der Zusatz »Für Haustiere unschädlich« darf nicht blindlings für bare Münze genommen werden. So manche Katze hat das Vertrauen ihres Besitzers in diese Versicherung mit schweren Schäden bezahlen müssen.

Beim Auslegen von Ratten- und Mäusegift, auch Kontaktgift, muß bedacht werden, daß es durch die Nager verschleppt wird, so daß eine frei lebende Katze durch solche Giftaktionen immer gefährdet ist. Die Katze darf auch nicht in einen Raum, der mit Insektengift besprüht worden ist, denn die Insekten, die durch die Wirkung des Giftes wild am Boden herumsausen, reizen sie zu sehr, als daß sie unbeachtet bleiben würden.

Nie darf man die Katze mit einer Teerseife baden, wie sie beim Hund verwendet wird.

Besteht Grund zur Annahme, daß die Katze sich vergiftet hat, so muß sie sofort in tierärztliche Behandlung gebracht werden. Abwarten oder eigene Maßnahmen würden nur schaden. Bemerkt man jedoch das Unglück frühzeitig, so sollte man das Tier zum Erbrechen bringen, damit die Giftstoffe aus dem Magen entfernt werden. Ein oder mehrere Löffel starker Salzlake bewirken das immer, und dieses Mittel ist auch stets zur Hand. Da meistens die Art des Giftes nicht bekannt ist, sollte man zurückhaltend sein mit Milchfütterung. Denn bei *Phosphorvergiftung* sind Milch und alle Fette schädlich. Da sich die Anzeichen dieser Vergiftung oft erst nach ein bis zwei Tagen einstellen, ist die tierärztliche Behandlung lebensnotwendig. Durst, Erbrechen, beschleunigte Atmung, Gelbfärbung von Zahnschleimhaut und Augäpfeln, schließlich Herzschwäche und Bewußtlosigkeit bei sinkender Körpertemperatur sind die Anzeichen, der Atem riecht nach Phosphor. *Arsenvergiftung* äußert sich durch Erbrechen und Magen-Darmerscheinungen wie Durchfall und Magenkrämpfen. Husten, Lähmungen und völliger Zusammenbruch bis zur Bewußtlosigkeit lassen sich nicht immer gleich von einer Magen-Darmentzündung unterscheiden. *Strychnin* ist ganz besonders giftig für Katzen. Schon kleinste Mengen können ihren Tod herbeiführen. Sehr schnell nach dem Auflecken auch kleinster Spuren tritt Schreckhaftigkeit auf, Krämpfe und Atemnot können zum Ersticken führen. Charakteristisch sind Streckkrämpfe über den ganzen Körper. Bevor der Tierarzt eintrifft, sollte man mit Salzgaben auf jeden Fall Erbrechen herbeiführen, wobei man mit der verwendeten Salzmenge nicht kleinlich zu sein braucht. Ist das Tier erst bewußtlos, ist es für diese Behandlung zu spät. Nach dem Erbrechen kann man eine oder zwei Aspirintabletten geben, doch sollte diese Selbstbehandlung nicht den Tierarzt ersetzen, für den noch genügend zu tun übrigbleibt.

Vergiftungen durch *Schlangenbisse* können dort vorkommen, wo die Katzen mit Giftschlangen zusammentreffen. Da sie meistens von sich aus die Reptilien angreifen, setzt es die Bisse in Kopf und Vorderteil. Bevor das nötige Schlangenserum gespritzt werden kann, schneidet man die Haare um die Wunde aus und spült diese möglichst lange mit fließendem Wasser ab.

*Verbrennungen* und *Verbrühungen* sind bei Küchenkatzen leider an der Tagesordnung. Als erste Sofortmaßnahmen deckt man die Wunden mit Olivenöl ab. Brandwunden an den Pfoten behandelt man weiterhin mit Borsalbe. Vor den im Haushalt für Menschen vorhandenen Brandsalben hüte man sich, wenn man ihre Zusammensetzung nicht genau kennt. Denn manche enthalten kleine Mengen von Teerprodukten, die eine Katze töten können. Bei größeren Brand- oder Brühwunden muß der Tierarzt durch kreislaufstützende und infektionsverhindernde innerliche Medikamente die häusliche Behandlung ergänzen.

*Knochenbrüche.* Wenn sich manche Katzen beim Sturz aus dem Fenster auch so geschickt drehen, daß sie auf ihren vier Pfoten landen, so ist dies leider nicht immer der Fall. Beim Sturz aus sehr großer Höhe auf harten und unebenen Untergrund können ernstliche Verletzungen auftreten. Knochenbrüche erkennt man leicht am Hinken oder bewegungslosen Herumsitzen der Katze. Sie müssen so bald es geht geschient werden. Am besten setzt man die Katze in einen Korb und bringt sie zum Tierarzt, der sie ja nur in seiner Praxis röntgen kann.

*Innere Verletzungen* nach schweren Stürzen erkennt man nicht sofort. Daher hält man das verletzte oder geschockte Tier in einem ruhigen Raum und gibt ihm zunächst nur zu trinken. Bessert sich der Zustand nicht innerhalb eines Tages, so sollte es dem Tierarzt vorgeführt werden. Hat es eine *Gehirnerschütterung* erlitten, so muß es mindestens drei Tage, besser bis zum Abklingen aller Symptome, völlig ruhig bei leicht verdaulicher Kost gehalten werden. Man streichelt es oft, aber jeweils nur kurz und halte es vom Spielen und Springen ab. Sind mehrere Katzen im Haus, so sollte die kranke Katze nur dann mit einer anderen zusammen gehalten werden, wenn diese älter ist und sehr ruhig und die Patientin unbedingt nach ihr verlangt. Aufregung schadet auf jeden Fall.

*Äußere Verletzungen.* Ein glückliches Katzenleben mit weitgehender Freiheit ist nicht umsonst zu haben. Es fordert Opfer bei Tier und

Mensch. Das ist wohl auch der Hauptgrund, weshalb die Rassekatzen – und nicht nur sie! – schließlich ein auf Wohnung und Zwinger beschränktes Leben führen müssen.

Zum unkastrierten Kater gehören seine Schmisse – Kratzer und Bisse von seinen Rivalen – als Zeichen dafür, daß er ein natürliches Katerleben führt. Meist kuriert er sie selbst durch Sauberlecken und ausgiebigen Schlaf nach seinen Siegeszügen. Trotzdem sollten wir den Burschen nach jedem Kampf bei der Heimkehr kurz untersuchen, denn ernstere Verletzungen und *Hundebisse* bedürfen oft menschlicher Hilfe. Durch die Haut gehende Verletzungen und tiefere *Schnitte* müssen unbedingt gesäubert werden. Nicht nur Fremdkörper und Schmutz verzögern die Heilung, sondern vor allem auch Haare, die durch den Biß unter die Wundränder gelangen. Mütter mit heranwachsenden Kindern können mittlere Wunden meist selbst schon gut behandeln. Wer keine Erfahrung mit einfacher Wundpflege sammeln konnte, sollte besser den Tierarzt zu Hilfe holen. Stark blutende Schnitte heilen wesentlich schneller, wenn er eine Naht anlegt. Hundebisse greifen oft weit unter die Haut und bilden Taschen, in denen Schmutz und Infektionserreger äußerlich unsichtbar verborgen sind und die Heilung verzögern, wenn nicht gar verhindern. *Rattenbisse,* die immer am Kopf und dem Vorderteil sitzen, sind klein, aber tief und immer infiziert. Man reinigt sie mit Wasser oder Alkohol, beschneidet die Haare an den Wundrändern und desinfiziert die Wunde mehrmals täglich mit Wasserstoffsuperoxyd. Tritt trotzdem eine Rötung, Schwellung oder gar Eiterbildung auf, so muß der Tierarzt die weitere Behandlung übernehmen. Denn dann besteht die Gefahr einer Abszeßbildung und allgemeiner Sepsis.

*Fremdkörper.* Zum Mißgeschick im Hause gehört das Verschlucken von Fremdkörpern. Als bedächtiger und langsamer Esser passiert es der Katze selten, daß sie eine Fischgräte oder einen Knochensplitter verschluckt. Häufiger »verbeißt« sie sich an einem Knorpelstückchen, das dann fest zwischen den Zähnen steckt. Durch andauerndes Streichen mit der Pfote von außen versucht die Katze – erfolglos meist – den Fremdkörper loszuwerden. Immerhin weist sie uns darauf hin, daß etwas nicht in Ordnung ist. Aus der Mundhöhle läßt sich das Objekt leicht mit den Fingern entfernen. Steckt es im Rachen, so muß man die Zunge nach unten drücken und es vorsichtig mit den Fingern oder mit einer stumpfen Pinzette entfernen. Auch hier gilt wieder: nur wer das nötige Geschick und eine geduldige, an Manipulationen gewöhnte Katze hat, sollte sich selbst an solche Eingriffe wagen. Sonst ist der Gang zum Tierarzt entschieden vorzuziehen.

*Augenerkrankungen.* Staub und Sand, Erkältungen und Wind, aber auch Kämpfe mit Artgenossen können zu *Bindehautentzündungen* führen. Als Selbsthilfe sollte man sich auf Beträufeln mit angewärmtem Borwasser beschränken. Diese Behandlung ist zwei- bis dreimal täglich durchzuführen. Wir wickeln die Katze dazu in eine Decke oder stecken sie in einen Kissenbezug, damit sie nicht die Pfoten zur Abwehr frei hat. Die Hand mit dem Tropffläschchen legt man auf den Schädel des Patienten und träufelt das Borwasser von oben ins Auge. Auf diese Weise liegt die Hand bei Abwehrbewegungen des Kopfes fest auf. Zusätzliche Verletzungen am Auge werden dadurch ausgeschlossen. Ist die Hornhaut verletzt, was durch eine wolkige Trübung erkannt werden kann, sollte der Tierarzt die Betreuung übernehmen, ebenso bei Augenerkrankungen, die im Verlaufe einer Infektionskrankheit in Erscheinung treten können.

*Ohrerkrankungen.* Streicht sich die Katze dauernd über die Ohren, hält sie den Kopf schief und schüttelt ihn, dann findet sich meistens allerhand Ohrenschmalz und Schmutz in den Gehörgängen. Mit den bloßen Augen ist nicht zu unterscheiden, ob es sich um die ansteckende Ohrräude (siehe Seite 129) oder um ein nicht parasitäres Ohrgeschwür handelt. Will man nicht gleich die Behandlung dem Tierarzt übergeben, so wischt man mit einem weichen Baumwolläppchen vorsichtig das Ohr aus. Es soll mit Wasserstoffsuperoxyd oder Borwasser angefeuchtet sein, darf jedoch keine Feuchtigkeit im Gehörgang zurücklassen. Nach der Behandlung pudert man mit reinem Talkumpuder oder mildestem Babypuder. Nie verwende man Mittel, die für die Behandlung von Hunden bestimmt sind; sie könnten der Katze schaden. Ohrräude überläßt man dem Tierarzt zur Behandlung.

*Hautkrankheiten.* Ausschlag und andere Hautkrankheiten sind nie schicksalsbedingt. Es steckt immer eine Ursache dahinter. Und wenn man diese Ursache kennt, dann sollte man sie auch bekämpfen. Nicht immer ist eine Ansteckung der Grund zur Hauterkrankung. Hauterscheinungen kann auch eine Katze zeigen, die nie aus ihren vier Wänden herausgekommen ist. Auch Ungeziefer, also Flöhe und andere

Hautparasiten, können die befallenen Tiere so zum Kratzen bringen, daß sich Hautausschläge bilden.

*Ekzeme.* Nicht ansteckend, aber eine große Plage sind die Ekzeme, kleine rote Knötchen, Krusten und Schuppen, die mit Haarausfall und oft mit starkem Juckreiz verbunden sind. Häufig kommt es zur Abmagerung und ganz allgemein zu einem schlechten Gesundheitszustand. Meist beginnen Ekzeme auf dem Rücken, im Gegensatz zur Räude (siehe Seite 128). Die trockene, schuppige Form ist nur mit geringerem Juckreiz verbunden und oft nur eine Folge von Diätfehlern oder Überempfindlichkeit der Katze gegen gewisse Futtermittel. Zu fettes Futter, vor allem fetter Räucherfisch, oder Vitaminmangel kann dabei eine Rolle spielen. Durch Umstellung des Speiseplans zugunsten einer abführenden Milchdiät kann eine Heilung erreicht werden. Durch Einreiben der befallenen Stellen mit Olivenöl oder Glycerin kann örtlich behandelt und nichts falsch gemacht werden. Diese Behandlung ist auch bei der nässenden Form anzuwenden, bei der die Haut entzündet ist und dem Tier meist ziemliche Beschwerden verursacht.

Hartnäckige Ekzeme sind oft kaum zu beeinflussen, und es ist durchaus möglich, daß psychische Faktoren den Krankheitsverlauf mitbestimmen. Gute Ernährung auf Fleischgrundlage, ein sauberes, warmes Lager und viel Liebe und Zuwendung sind in solchen Fällen ebenso wichtig wie die weitere Behandlung durch den Tierarzt. Geduld und Ausdauer müssen von allen Beteiligten mitgebracht werden, denn Blitzerfolge sind leider nicht zu erwarten.

*Pilzkrankheiten.* Zwei Pilzarten können nicht nur die Haut der Katze befallen, sondern auch auf den Menschen übergreifen. Ebenso können Hunde befallen werden, beziehungsweise kommen sie als Überträger in Betracht. Der *Favus* oder *Erbgrind* wird von einem Schimmelpilz, Achorion oospora canina, hervorgerufen und kommt vor allem bei schlecht genährten Jungkätzchen vor. An Ohrmuscheln und Pfoten treten die gelblichen oder grauen kreisrunden Stellen zuerst auf. Der Juckreiz kann fehlen, dafür ist ein charakteristischer Geruch nach Mauseharn festzustellen. Im Anfangsstadium kann der Katzenbesitzer selbst durch Bepinseln mit Jodtinktur eine schnelle Heilung erreichen. Es muß dabei verhindert werden, daß das Kätzchen die noch feuchte Stelle beleckt, denn Jod kann schädlich sein, wenn es aufgenommen wird. Daher muß der kleine Patient festgehalten werden, bis das Mittel angetrocknet ist. Fortgeschrittenere Fälle überläßt man besser dem Tierarzt, der die entstandenen Borken vor einer weiteren Salbenbehandlung erst entfernen muß. Immer aber sind eine besonders gute Ernährung und absolute Sauberkeit für den Erfolg mit entscheidend.

Die *Glatzflechte* oder *Herpes tonsurans* wird von Fadenpilzen (Trichophytiepilzen) hervorgerufen und nicht immer in ihrem Anfangsstadium entdeckt, weil der Juckreiz fehlt. Da auch kein Haarausfall eintritt, werden die scharf begrenzten dunklen Borken an Kopf, Hals und Vorderbrust meist nur zufällig entdeckt. Die Behandlung ist wie beim Favus mit Jod, das mit einem Glasstäbchen auf die befallenen Stellen gebracht wird (festhalten, bis es angetrocknet ist und nicht mehr brennt). Wegen der Übertragungsgefahr auf den Menschen und auf andere Haustiere müssen die Hände nach der Behandlung gründlich gewaschen und das Katzenlager desinfiziert oder besser noch ganz erneuert werden.

*Räude.* Alle Räudeformen werden von Milben hervorgerufen, die auf und in der Haut sitzen. Auf den Menschen greifen sie kaum je über, dafür sind sie um so schneller bereit, auf Hunde überzusteigen – oder von diesen auf die Katze. Welche Räudeart vorliegt, kann mit Sicherheit nur durch das Mikroskop festgestellt werden, denn im Anfangsstadium ähneln sich die beiden Formen. Sie können dann auch noch mit anderen Hautkrankheiten verwechselt werden. Daher ist die Behandlung durch den Tierarzt immer die beste und schnellste Methode. Die Entwicklung vom Ei über die Larve und die Nymphe zur erwachsenen Milbe dauert 2 bis 3 Wochen. Die Übertragung geschieht von Tier zu Tier. Es ist jedoch nicht auszuschließen, daß auch indirekte Ansteckung, zum Beispiel durch verseuchte Transportbehälter, möglich ist.

Durch eine rundliche Grabmilbe wird die *Sarcoptesräude* hervorgerufen, die zuerst am Kopf, der Vorbrust oder unter den Vorderbeinen auftritt. Die Behandlung im Anfangsstadium ist nicht schwierig. Wird sie versäumt, können sich die dicken grauen Borken über den ganzen Katzenkörper ausdehnen.

Gefährlicher und schwieriger zu heilen ist die durch eine längliche Balgmilbe ausgelöste *Acarusräude.* Der Ausschlag tritt meist zuerst im Gesicht auf und ist schuppenförmig oder pustelartig, oft auch zunächst nur eine einfache kahle Stelle. Der Juckreiz ist meist nur gering. Ohne Behandlung dehnt sich die Acarusräude meist sehr rasch aus und schwächt das kranke Tier ungeheuer. Daher gehört zur erfolgreichen Räudebehandlung auf jeden Fall beste Ernährung mit reichlich Fleisch und Eiern.

Um die Milben abzutöten, gibt es eine Reihe von Möglichkeiten: Salizylspiritus, Paraffinöl oder Schwefelpräparate. Wichtig ist, daß durch das Präparat die Milben erstickt werden. Auch Waschungen mit Aluganlösung oder Spray sind erfolgreich. Hüten muß sich der Katzenbesitzer nur von Perubalsam, dem erfolgreichen Räudemittel beim Hund. Denn für die Katze ist es schädlich.

Alle Gegenstände, mit denen die räudekranke Katze in Berührung gekommen ist, sollten desinfiziert oder ausgekocht werden. Die Gefährlichkeit für andere Tiere in der Umgebung darf aber auch nicht dramatisiert werden. Denn sehr oft bleiben gut ernährte Tiere auch bei Ansteckungsmöglichkeit gesund, und es werden nur schwächliche, unzureichend gefütterte oder verwurmte Katzen befallen. Daher ist auch in diesem Falle die bestmögliche Haltung die sicherste Vorbeugung gegen Räude.

Eine weitere Räudeform ist die *Ohrräude*, die durch die Ohrmilbe Otodectes cynotis hervorgerufen wird. Sie bleibt auf die Ohren beschränkt, kann aber sehr hartnäckig sein, so daß die Behandlung besser dem Tierarzt überlassen wird. Man bemerkt das Leiden, weil die Katze häufig das kranke Ohr bepfotet oder an festen Gegenständen scheuert. In fortgeschrittenem Stadium ist das ganze Ohr wund vom Kratzen und entzündet von den Milben. Will oder muß man sich selbst an die Behandlung wagen, dann sollte man keine Wattestäbchen verwenden, sondern nur zusammengedrehte Baumwolläppchen. Um Übertragung von einem Ohr auf das andere zu verhindern, müssen diese Läppchen nach jedem Auswischen erneuert werden. Man reinigt das Ohr mit Paraffinöl oder Wasserstoffsuperoxyd und trägt dann Schwefelsalbe auf. Diese Behandlung muß drei Wochen lang alle zwei Tage durchgeführt werden, auch wenn vorher Besserung eintritt. Denn die abgelegten Eier können lange der Vernichtung widerstehen, und erst die ausgeschlüpften kleinen Milben können wieder erfaßt und abgetötet werden.

Relativ harmlos in dieser Verwandtschaft sind dagegen die *Herbstgrasmilben,* die keine eigentlichen Räudeerreger sind. Sie leben im Erdboden und nähren sich von Pflanzenteilchen. Nur ihre Larven klettern an den Pflanzen hoch und gehen auf Tiere (und auch den Menschen) über. Dort saugen sie Gewebsflüssigkeit (kein Blut) aus den Beinen der Wirtstiere. Bei starkem Befall kann durch den Juckreiz Pustelbildung, sogar mit einem räudeähnlichen Bild, auftreten.

*Würmer.* Wenn man die zahlreichen Möglichkeiten bedenkt, wie eine Katze zu Darmschmarotzern, zu Würmern, kommen kann, so ist es nahezu ein Wunder, daß es auch wurmfreie Katzen gibt. Vorbeugend läßt sich durch bestmögliche Aufzucht und guten Futter- und Pflegezustand einiges erreichen. Daneben können geriebene Möhren und zerdrückte Knoblauchzehen oder Knoblauchpräparate einen Wurmbefall verhindern. Ist eine Ansteckung aber erfolgt und hat unsere Katze Würmer, dann hilft nur eine gezielte Wurmkur. Von selber wird sie auch bei bester Pflege die Parasiten kaum mehr los. Vor einer Behandlung muß jedoch festgehalten werden, um welche Art von Würmern es sich handelt, denn danach richtet sich das Mittel. Wer nicht von erfahrenen Katzenzüchtern beraten werden und die Wurmart nicht einwandfrei unterscheiden kann, sollte besser einen Tierarzt um Rat fragen. Die bestwirksamen Mittel sind ohnehin rezeptpflichtig. Falsche Präparate schaden nicht den Parasiten, sondern den ohnehin durch sie geschwächten Kätzchen.

Vorwiegend junge Katzen haben unter *Spulwürmern* Toxocara (Belascaris) mystax zu leiden. Diese drehrunden Schmarotzer werden 6 bis 10 cm lang und leben im ausgewachsenen Zustand vom Darminhalt. Sie entziehen ihrem Wirtstier nicht nur einen beträchtlichen Teil der Nahrung, so daß auch bei gierigem Fressen und reichlicher Futteraufnahme alle Knochen zu fühlen sind, sondern sie bewirken durch giftige Absonderungen zusätzliche Schädigungen wie Durchfall oder Erbrechen bis zu Krämpfen. Das Haar wird glanzlos, der Leib aufgetrieben. Die Infektion erfolgt durch die Aufnahme von Spulwurmeiern, die nahezu allgegenwärtig sind. Sie können im Erdboden monatelang, ja jahrelang am Leben bleiben und mit dem Straßenschmutz in jede Wohnung verschleppt werden. Die aus den Eiern schlüpfenden Larven durchbohren die Magen- oder Darmwand und gelangen über Blutbahn und Lymphbahn, Leber und Herz in die

Lunge. Meist wird von dieser Lungenwanderung nichts bemerkt, manchmal kommt es zu Husten, selten sogar zu Lungenentzündung. Aus der Lunge werden die Larven über Luftröhre und Rachenraum wieder abgeschluckt und gelangen erneut in den Darm, wo sie sich nun zu geschlechtsreifen Würmern entwickeln, die Eier ausscheiden. Dann erst läßt sich durch mikroskopische Untersuchung des Kotes der Spulwurmbefall nachweisen. Besteht der Verdacht auf Würmer, sollte bei negativem Ausfall der Kotuntersuchung nach ungefähr vierzehn Tagen eine zweite Probe begutachtet werden. Bei älteren Katzen wandern die Larven seltener durch die Lungen, sondern sie gelangen mit dem Blut in die Muskulatur, wo sie sich zunächst einkapseln. Manche Würmer wandern nur in die Magenwand und in den Magen. Gelangen Spulwurmeier in einen falschen Wirt, so können sie sich dort zwar nicht zu geschlechtsreifen Tieren entwickeln, doch sie können sich in der Muskulatur verkapseln und abwarten. Haben sie sich in eine Maus verirrt, so besteht durchaus die Möglichkeit, mit dieser gefressen zu werden und die weitere Entwicklung artgemäß in einer Katze vollziehen zu können.

Zum Abtreiben der Spulwürmer hat sich die Piperazin-Paste ASID bestens bewährt. Die Dosierung ist genau nach Vorschrift einzuhalten. Ein Zuviel kann mit den Würmern die Katzenkinder töten. Nach vierzehn Tagen ist die Kur zu wiederholen, damit auch die auf der Wanderung befindlichen Larven mit erwischt werden. Nicht nur bei Wurmbefall, sondern immer sollten die Katzenausscheidungen vor allem von Katzenzüchtern so beseitigt werden, daß eine Neuansteckung verhindert wird. Die Wurmeier sind so widerstandsfähig, daß sie von den gebräuchlichen Desinfektionsmitteln nicht vernichtet werden. Nur kochendheiße Sodalauge kann sie abtöten.

Häufiger als von Spulwürmern werden die erwachsenen Katzen von *Bandwürmern* befallen. Diese längeren, gegliederten Schmarotzer saugen sich mit dem Kopf an der Darmwand fest und stoßen von Zeit zu Zeit mehrere prall mit Eiern angefüllte Körperglieder ab, die dann mit dem Kot ins Freie gelangen oder auch im Katzenfell hängen bleiben können. Zunächst sind sie durchaus beweglich, später trocknen sie zu harten, länglichen, reiskornartigen Gebilden ein. Die einzelnen Körperglieder des Bandwurmes können sich im Katzendarm selbst befruchten, so daß auch ein einzelner Bandwurm entwicklungsfähige

Eier erzeugen kann. Diese Eier müssen aber erst von einem Zwischenwirt aufgenommen werden, bevor sie erneut ein Katzentier infizieren können.

Von den verschiedenen Bandwurmarten sind zwei für die Katze von besonderer Bedeutung. Der *Kürbiskernartige Bandwurm* (Dipylidium caninum) hat einen Hakenkranz am Kopf und wird 20 bis 45 cm lang. Seine Zwischenstadien, die Finnen, entwickeln sich in Katzen-, Hunde- oder auch Menschenflöhen und werden bei der Fellpflege mit abgeschluckt. Eine Katze, die kein Ungeziefer hat, kann sich auch nicht mit ihm anstecken.

Schwerer kann ein Befall mit dem *Gesägten Bandwurm* (Taenia taeniaeformis) verhindert werden. Dieser bis zu 60 cm lange Bandwurm entwickelt sich in Mäusen, Ratten und Fledermäusen. Seine Finne, die schon ein bandwurmartiges Aussehen besitzt und mehr als erbsengroß wird, sitzt in der Leber der Zwischenwirte. Fleißige Mausejäger kommen nur selten an einer Infektion vorbei, denn in Gegenden, wo es den Bandwurm überhaupt gibt, beherbergt fast jede erwachsene Maus eine oder mehrere Finnen. Bei Labortierhaltung kann man feststellen, daß sich die kleinen Nager bei der geringsten Unsauberkeit anstecken, wenn auch Katzen auf dem Gelände oder im Haus gehalten werden. Ungewaschene Hände des Pflegepersonals oder Bürsten, die für Mause- und Katzenkäfige gemeinsam verwendet werden, sorgen für die Weiterverbreitung der Eier. In der freien Natur ist dies noch einfacher. Nur reine Wohnungskatzen bleiben verschont.

Wirksame Medikamente gegen Bandwürmer sind rezeptpflichtig. Man bekommt sie nur über den Tierarzt. Als Vorbehandlung empfehlen sich zwei Tage Milchdiät und ein Hungertag. Auf keinen Fall darf man – wie dies oft bei Hundewurmkuren geschieht – der Katze zum Wurmmittel noch etwas zum Abführen eingeben.

Seltener bekommt die Katze einen *Fischbandwurm* (Dibothriocephalus latus), den größten Bandwurm überhaupt, der bei genügend Darmplatz des Wirtes, z. B. beim Menschen, bis zu 9 Meter lang wer-

**Langhaarkatzen. 13c** Birma Seal-Point, Internat. Premior *Bianco von Bresserberg.* **$13b_1$** Colourpoint (Khmer) Seal-Point *Alexandre vom Checkpoint.* **$13b_2$** Colourpoint (Khmer) Blue-Point. **12a** Zweifarbiger Perser (Bi-Colour) rotgestromt und weiß, Champion *Katja vom Angorahof.* **8** Braungestromter Perser (Brown-Tabby) *Tinkelbel's Paika Melisande.*

| | |
|---|---|
| **13c** | |
| **$13b_1$** | **$13b_2$** |
| **12a** | **8** |

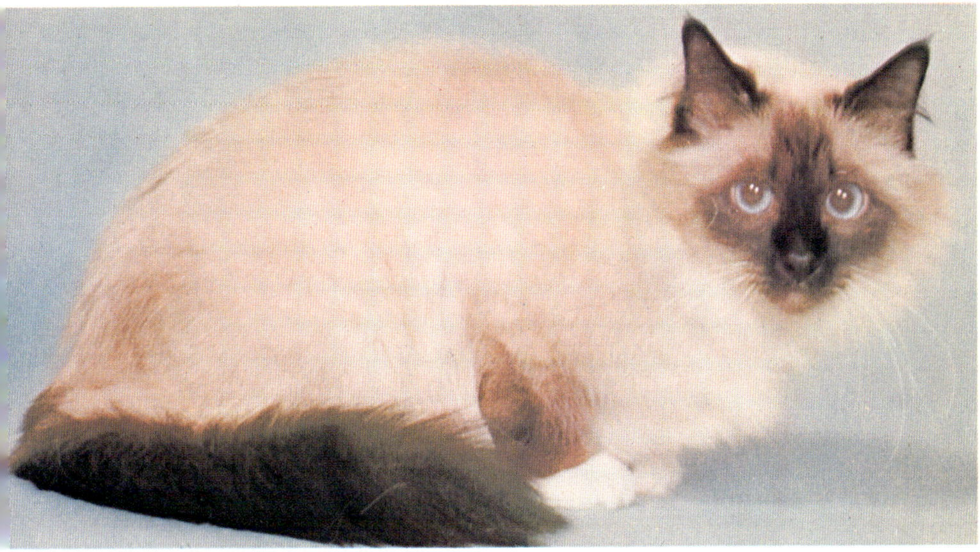

13b1

13b2

13b5

13b4

13c3

13c1

Ankara

Maine Coon

den kann. Bei der Katze wird er diese Länge nie erreichen. Dieser Bandwurm benötigt sogar zwei Zwischenwirte, zunächst kleine wasserflohverwandte Krebschen und dann Fische. Werden diese roh oder ungenügend gesalzen verfüttert, kann es zum Bandwurmbefall kommen.

Zum Glück nur selten treten gefährliche Wurmarten auf, so die kleinen, fadenförmigen *Lungenwürmer,* die röchelnden Husten bei sehr schlechtem Allgemeinzustand bewirken, und die nicht weniger gefährlichen *Hakenwürmer,* die durch Blutsaugen Anämie und blutige Durchfälle hervorrufen. Beide gehören in die Behandlung des Tierarztes. Bei Erkrankungen nach Auslandsreisen könnten sie immerhin gelegentlich als Ursache vorkommen.

*Ungeziefer.* Bei frei laufenden Katzen läßt sich nicht immer vermeiden, daß gelegentlich einmal Ungeziefer mit nach Hause gebracht wird. Wenn die Katze sich häufiger kratzt, sollte man zunächst gründlich danach suchen. Denn durch den dauernden Juckreiz und das damit verbundene Kratzen und Scheuern wird die Haut zusätzlich verletzt. Außerdem werden von Flöhen und Läusen auch Bandwürmer übertragen.

Die beweglichsten der äußeren Parasiten sind die *Flöhe.* Sie können auch ohne direkten Kontakt mit verflohten Artgenossen aufgesammelt werden. Außer dem Katzenfloh fühlt sich manchmal der Hundefloh recht wohl auf unseren Kätzchen. Der Katze und ihrem Besitzer kann es gleich sein, um welche Flohart es sich handelt; sie sollte umgehend beseitigt werden. Einzelne Flöhe verraten sich meist nur durch ihren Kot im Fell, dunkle, krümelige Körnchen, die man beim Streicheln leicht entdeckt, denn sie laufen nicht davon wie ihre Urheber. Diese halten sich manchmal nur zum Saugen auf der Katze auf, zwischen einer halben und drei Stunden täglich, und verlassen in der Zwischenzeit ihren Wirt. Ihre Eier, mehrere Hundert an der Zahl, legen die Flohmütter in Dielenritzen und Ecken. Sie sind glas- bis porzellanartig, 0,3 mm klein und mit dem bloßen Auge gerade noch zu erkennen, wenn sie – was beim Katzenfloh gar nicht zu selten

**Langhaarkatzen.** **$13b_1$** Colourpoint (Khmer) Seal-Point. **$13b_2$** Colourpoint (Khmer) Blue-Point. **$13b_5$** Colourpoint (Khmer) Red-Point. **$13b_4$** Colourpoint (Khmer) Lilac-Point. **$13c_1$** Birmakatze Seal-Point. **$13c_3$** Birmakatze Chocolate-Point. Maine Coon. Ankarakatze.

vorkommt, ins Fell abgesetzt worden sind. Die aus den Eiern nach wenigen Tagen schlüpfenden Larven ernähren sich von organischen Abfällen, auch vom Kot der erwachsenen Flöhe, der ja aus unvollständig verdautem Blut besteht. Die Larve häutet sich zur Puppe, aus der nach einer Ruhezeit von vier bis vierzehn Tagen die erwachsenen Flöhe schlüpfen. Unter Umständen, besonders im Winter, kann diese Puppenruhe auch mehrere Monate dauern. Unter günstigsten Bedingungen vollzieht sich die ganze Entwicklung beim Katzenfloh in nicht mehr als elf Tagen, beim Hundefloh immerhin in achtzehn Tagen. Bei dieser ungeheuren Vermehrung dauert es oft gar nicht sehr lange, bis ein geplagtes Katzentier voller Flöhe sitzt. Aus den Flohstichen entwickeln sich Entzündungen und nässende Wunden, und durch den starken Blutverlust kommt es zu Schwäche und Blutarmut. Wenn dann noch der Bandwurmbefall als Nebengabe erscheint, kann sich ein sehr trauriger Zustand entwickeln.

Daher sollte man rechtzeitig eingreifen, bevor aus allen Ritzen junge Flöhe springen. Gegen das Ungeziefer im Fell gibt es gute Mittel, z. B. Alugan-Puder aus der Apotheke. Mit diesem Pulver wird die Katze sorgfältig eingerieben, gründlich gegen den Haarstrich bis auf die Haut. Außer Augen und Nase soll wirklich das ganze Tier einschließlich Schwanz und Zehenballen erfaßt werden. Danach darf man die Katze nicht sich selbst überlassen. Sie würde sich mit Bedacht und Ausdauer putzen und viel zuviel von dem Insektengift aufnehmen. Und Katzen sind viel anfälliger gegen Chemikalien als Hunde. Am besten steckt man sie bis zum Kopf in einen Kissenbezug und hält sie 20 bis 30 Minuten auf dem Schoß. Fernsehen dabei schadet weder ihr noch ihrem Frauchen und vertreibt die Zeit schneller. Die getöteten oder betäubten Parasiten steckt man mitsamt dem Bezug in heißes Wasser, die Katze bürstet man gut aus und reibt anschließend mit einem Wolltuch möglichst viel von dem Pulver ab. Es bleibt immer noch so viel hängen, daß sofortiger Neubefall verhindert wird. Das geschieht meistens erst von den herangewachsenen Flöhen. Deshalb muß die Prozedur nach zwölf Tagen wiederholt werden.

Insektensprays, auch wenn sie für Katzen empfohlen werden, sind kein ideales Mittel. Man kann sie nie so dosieren, daß nicht doch etwas in Augen und Nase gerät. Und sollen sie auch bei nur kurzbehaarten Katzen bis auf die Haut kommen, muß man doch mit der

Hand nachreiben. Flohhalsbänder helfen nur gegen Neubefall. Sie sind allenfalls als vorübergehende Ergänzung zur sonstigen Flohbehandlung zu akzeptieren und nicht als Dauereinrichtung, ganz besonders nicht bei der frei laufenden Katze. Dort sind sie nur eine Unfallgefahr.

Gegen die Flohbrut muß besonders vorgegangen werden. Früher half nur gründliches Auswaschen mit Desinfektionslösung, mit der man doch nie in alle Winkel kam. Heute gibt es elegantere Hilfsmittel. Zum Besprühen des Fußbodens mit allen Ecken eignen sich die Sprays vorzüglich, da sie tiefer eindringen als oberflächliche Wischmethoden. Noch einfacher läßt sich die Flohbrut durch aufgehängte Langzeittöter, wie Vapona-Strip, ausrotten. Da die Katze eine viel feinere Nase hat als wir Menschen und außerdem sehr giftempfindlich ist, sollten solche Hilfsmittel nur die benötigte Zeit hängen bleiben, bis nach ungefähr drei Wochen die Ungezieferbrut vernichtet ist. Gegen einzelne Fliegen sollte ohnehin nicht immer die ganze Wohnung unter dem Dauereinfluß der Insektentöter stehen. Die noch nicht toten, aber bereits vergifteten, am Boden herumschwirrenden Fliegen werden nur zu leicht von den Katzen aufgenommen – und das ist ganz bestimmt keine bekömmliche Zukost.

*Läuse* sind ebenfalls arge Plagegeister, die von Blut leben und starken Juckreiz hervorrufen. Schon ganz wenige dieser Insekten können die Ursache von dauerndem Kratzen sein, und es ist nicht ganz einfach, sie dann im Fell zu entdecken. Sie legen ihre Eier, die Nissen, auch dort ab. Daher ist die Bekämpfung verhältnismäßig einfach, man braucht nur die Katze zu behandeln und nicht die ganze Umgebung. Da aber die Eier sehr widerstandsfähig sind, empfiehlt sich eine Nachbehandlung nach zehn Tagen.

Den Läusen recht ähnlich sind die länglichen, 1,5 mm langen *Haarlinge,* die nur auf der Katze bleiben und den Hund verschmähen (für diesen gibt es eine andere Haarlingsart). Sie sind vergleichsweise harmlos, denn sie leben nur von Hautschuppen. Ihr ganzes Leben spielt sich vom Ei an auf der Katze ab. Bei stärkerem Befall kommt es zu Ekzemen, so daß man auch die Haarlinge auf jeden Fall vernichten sollte. Auch bei ihnen sollte nach zehn Tagen die Kur wiederholt werden, da beim ersten Mal die widerstandsfähigen Eier nicht mit abgetötet werden.

*Zecken* oder *Holzböcke* sind eine Gabe der freien Natur. Sie fallen im Frühling und Sommer von Büschen oder Bäumen und verbeißen sich in der Haut des darunter vorbeigehenden Tieres. Man erkennt sie meist erst, wenn ihr Hinterteil mehr oder weniger prall voll Blut angefüllt ist. So können sie die Größe einer kleinen Bohne erreichen. Auch bei langhaarigen Katzen lassen sich die weichen Gebilde gut fühlen. Unternimmt man nichts dagegen, so fallen sie von selbst ab, allerdings erst nachdem sie sich völlig vollgesaugt haben. Zertritt man sie dann in der Wohnung, hinterlassen sie äußerst häßliche Flecken auf Teppich und Fußboden. Vor allem die in den Balkanländern vorkommenden Zecken können Krankheiten übertragen – daher Vorsicht bei Urlaubsreisen! Erkrankt die Katze im Anschluß an die Sommerreise in den Süden, so sollte man dem Tierarzt auch von dem eventuellen Zeckenbefall berichten. Die Zecken werden einzeln entfernt. Man betupft sie dazu mit Öl, Spiritus oder Petroleum und kann sie dann nach kurzer Einwirkungszeit durch vorsichtiges Drehen entfernen. Auf keinen Fall darf man den Kopf abreißen lassen. Er führt sonst zu Entzündungen und Eiterbildung. Wenn wir die Katze regelmäßig an unseren Wochenendausflügen teilnehmen lassen und beobachten mußten, daß sie immer wieder Zecken aufsammelt, dann sollten wir sie vorher vorbeugend ganz leicht mit Insektenpuder einstäuben und diesen mit einem Tuch wieder ausreiben. Es bleibt dann immer noch genug davon im Fell, um den Zecken den Appetit auf unsere Katze zu verderben.

# Was man zum Züchten wissen muß

Die Brunst nennt man bei der Katze *Rolligkeit.* Der Katzenbesitzer, der von der Liebesbereitschaft seiner vierbeinigen Hausgenossin nichts als diesen Ausdruck kennt, weiß damit bereits genug. Es könnte kein besserer gefunden werden. Die Rolligkeit wird durch ein wenige Tage dauerndes gesteigertes Zärtlichkeitsbedürfnis eingeleitet. Die Katze streicht mehr als sonst um unsere Beine, drängt nach der streichelnden Hand und ist sehr liebebedürftig. Schließlich wälzt sie sich mit dem Rücken auf dem Boden, sich von einer Seite auf die andere rollend. Sie kann sich auch vor uns flach auf den Bauch legen mit eingeknickten Beinen, wobei sie das Hinterteil wie zur Begattung uns entgegen hält. Jetzt sucht sie auch bei jeder Gelegenheit aus dem Haus zu kommen, wozu sie uns mehr oder weniger lautstark aufzufordern scheint, ihr die Tür zu öffnen. Dieser Öffnungsruf – er klingt wirklich häufig wie »Mach mal auf« – wird nur von der rolligen Katze ausgestoßen, er ist individuell verschieden.

Die liebestolle Katze ist weit schwieriger zu bewahren als eine Hündin. Denn sie zwängt sich nicht nur durch eine geöffnete Fensterluftklappe, sondern sie versteht es auch, sich so zwischen unseren Beinen durch die Tür zu drücken, daß wir davon gar nichts bemerken. Ihre Beobachtungsgabe und Findigkeit sind nicht zu unterschätzen. Hat sie erst einmal begriffen, wie eine Tür geöffnet werden kann, dann ist selbst die schwerste, nach innen gehende Eichentür kein Problem mehr. Mit einer Pfote hängt sie sich auf die Klinke, mit den Hinterbeinen stößt sie sich mit der Tür von der Wand ab. Dann hat sie sogar noch eine Vorderpfote frei. Meine unwahrscheinliche Minouche hat damit einen einfachen Haken geöffnet, den ich für sicher hielt.

Ist die rollige Katze erst in der Freiheit, dann läßt sie sich nicht mehr so leicht einsammeln wie sonst und kommt auch nicht auf unser Rufen heran. Dann können wir bloß hoffen, daß kein williger Kater unterwegs ist. Meistens hoffen wir umsonst.

Die Dauer der Rolligkeit ist recht unterschiedlich. Bei der »gewöhnlichen« Hauskatze sind es nur wenige Tage, dann ist sie gedeckt, und die Rolligkeit klingt ab. Im anderen Falle kann sie ein oder zwei Wochen anhalten, kurz aussetzen und dann wieder eintreten, so daß wir nahezu von Dauerrolligkeit sprechen können. Dabei leiden die Katzen oft erheblich, sie können unsauber werden oder abmagern. Meistens bekommen sie dann doch ihren Partner, und die Rolligkeit geht in die Trächtigkeit über. Die viel im Freien lebende Hauskatze rollt im allgemeinen zweimal im Jahr, im Frühjahr und im Sommer, und sie bekommt dann auch zweimal Junge. Wird sie nur in der Wohnung gehalten, dann wird sie meistens noch ein drittes Mal rollig, im Spätherbst. Wird sie nicht gedeckt, dann beschert sie uns dieses Vergnügen manchmal jeden Monat. Auch bei den Rassekatzen gibt es diese großen Unterschiede. Manche Perserkatzen sind nur einmal im Jahr zur Liebe bereit, andere alle vier Wochen. Besonders fleißig auf diesem Gebiet sind die Siamkatzen. Ihr Brunstzyklus verläuft unabhängig von der Jahreszeit, wie Tabelle und Abbildung zeigen. Bei 1349 Würfen, die innerhalb von drei Jahren geboren wurden, war die Verteilung auf die einzelnen Monate recht gleichmäßig. Sie schwankte zwischen 7,3 und 10,7 %. Ausnahmen bildeten lediglich der Januar mit 6,0 und der Dezember mit 3,9 %.

Bei den Perserkatzen war dagegen eine ausgesprochene Bevorzugung der Monate April, Mai und Juni zu beobachten. Von 1530 Würfen fiel nahezu die Hälfte, nämlich 46,9 %, in diesem Vierteljahr. Aus Tabelle und Abbildung ist ersichtlich, wie der Maigipfel des Kätzchensegens in den Sommermonaten gleichmäßig absinkt, um mit nur 1,4 % der Würfe im Dezember den Tiefpunkt zu erreichen. Auch im November mit 2,4 % und im Januar mit 2,6 % waren Persergeburten keine häufigen Ereignisse.

Kater sind das ganze Jahr hindurch zur Liebe bereit. Sie sind mit einem halben Jahr dazu auch fähig. So mancher Halbwüchsige hat seiner Mutter zu neuem Kindersegen verholfen, weil niemand dem jungen Katerchen das schon zugetraut hätte. So lautstark die Paarung unter natürlichen Verhältnissen im Freien vor sich geht, so still und

Monatliche Verteilung der Würfe bei Langhaar- und bei Kurzhaarkatzen

| | *Perserkatzen* | | *Siamkatzen* | |
|---|---|---|---|---|
| Monat | Würfe | % | Würfe | % |
| 1 | 39 | 2,6 | 81 | 6,0 |
| 2 | 57 | 3,7 | 99 | 7,3 |
| 3 | 152 | 9,9 | 139 | 10,3 |
| 4 | 230 | 15,0 | 145 | 10,7 |
| 5 | 296 | 19,4 | 137 | 10,1 |
| 6 | 191 | 12,5 | 106 | 7,9 |
| 7 | 157 | 10,3 | 120 | 8,9 |
| 8 | 141 | 9,2 | 135 | 10,0 |
| 9 | 130 | 8,5 | 112 | 8,3 |
| 10 | 78 | 5,1 | 117 | 8,7 |
| 11 | 37 | 2,4 | 106 | 7,9 |
| 12 | 22 | 1,4 | 52 | 3,9 |
| | 1530 | 100 | 1349 | 100 |

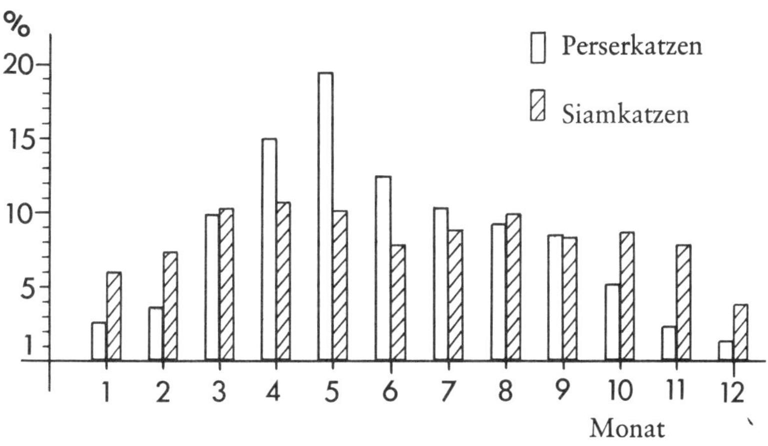

gesittet kann sie im Hause verlaufen, wenn die Tiere sich gut kennen. Die bereite Katze legt sich vor dem Kater auf den Boden, das Hinterteil angehoben. Der Kater greift sie mehr oder weniger zart im Nakkenfell und die eigentliche Paarung vollzieht sich recht schnell. Dabei brummt die Katze vor sich hin, stößt auch mitunter einen Schmerzensschrei aus. Hinterher wälzt sie sich auf dem Boden, häufig hat sie vorher dem Galan noch einen kräftigen Prankenhieb verpaßt. Bei Katzen, die sich zärtlich lieben, geht es auch ohne diese Ohrfeige. Sie sind oft einem Partner in zärtlicher Liebe zugetan und lassen sich dann von einem fremden, ihnen von Frauchen zugedachten, gar nicht ohne weiteres decken.

Auch die frei laufende Katze sucht sich ihren Liebhaber nach ihrem Geschmack aus. Es muß nicht immer der kräftigste sein, der im Kampf mit seinen Artgenossen siegreich war. Sehr oft bleibt sie dann über Jahre »ihrem« Kater treu und läßt sich jedesmal nur von ihm decken. Auch diese streunenden Kater können rechte Kavaliere sein und ihre Liebste nach dem Schäferstündchen nach Hause bringen. Sie sitzen dann wartend in der Nähe der Tür oder des Fensters, vor dem die Braut auf Einlaß wartet.

Mit dem erfolgreichen Deckakt braucht die Rolligkeit noch nicht zu Ende zu sein. Er kann noch ein- oder mehrmals wiederholt werden, wobei noch andere Eier befruchtet werden. Es ist also möglich, daß nach der reinrassigen Paarung auch noch ein Dachkater zum Zuge kommt. Die vom Deckkater zurückgekehrte Rassekatze ist also noch einige Tage lang gut zu verwahren.

Rassekatzen werden zum Deckkater gebracht. Anders als bei Hunden, dauert die Angelegenheit meistens mehrere Tage und ist mit erheblichen Mühen für den Katerbesitzer verbunden. Man erkundigt sich rechtzeitig nach allen Bedingungen, vor allem nach der Bahnstation, zu der die rollige Katze als Expreßgut in einer sachgemäßen Transportkiste gesandt wird. Meist wird man das Tier selbst zum Kater bringen. Daß es gegen Katzenseuche geimpft, ungezieferfrei und gesund ist, ist selbstverständliche Voraussetzung. Prüfung der Ahnentafel und Fragen nach dem Deckgeld sollten zu Beginn der Katzenhochzeit liegen. Die Katerhaltung ist mit allerhand Unannehmlichkeiten, vor allem mit so viel Geruch verbunden, daß es nur wenige Deckkater gibt. Die sich zunächst noch ganz fremden Partner müssen sich erst kennenlernen. Dies geschieht am sichersten, wenn die Katze in einem Gitterkäfig ins Katerzimmer gebracht wird. Meist zeigen beide Tiere bereits nach wenigen Stunden, daß sie sich näherkommen wollen. Läßt man sie dann zusammen, zeigt oft noch am gleichen Tag der Paarungsschrei, daß die beiden zueinandergefunden haben. Der Deckakt wird noch ein paarmal wiederholt, oft bis sieben-, ja zehnmal am Tag. Sicherheitshalber, jedenfalls dann immer, wenn man die Hochzeit nicht sicher beobachtet hat, läßt man die weitgereiste Katze vier bis fünf Tage beim Kater. Ist die Paarung dagegen einigemal festgestellt worden, sollte man das Beisammensein abbrechen. Die Ovulation, der Eisprung, erfolgt bei der Katze während des Deckens. Erstreckt sich dieses über zu viele Tage, so besteht die Möglichkeit, daß die Embryonen verschieden alt sind. Dann kann sich entweder die Geburt verzögern, oder einige Babys sind wesentlich schwächer als ihre Geschwister.

Der Deckraum muß genügend groß sein, so daß beide Tiere sich getrennt voneinander zurückziehen können. Wichtigste Einrichtungen sind Teppich und Klosettschalen, sonst sollten nicht zu viele Möbelstücke herumstehen, vor allem keine, unter die sich die Katze verkriechen könnte. Die Temperatur muß zimmerwarm sein, je nach Haarart. Möbliert man dazu einen Kellerraum oder Schuppen, so ist für Heizung und gute Isolierung zu sorgen. Es darf keine Tür direkt ins Freie führen, denn gelingt es der Katze zu entweichen, so ist ihr Einfangen nahezu unmöglich. Jede Tür mit normaler Klinke muß unbedingt von außen abgeschlossen werden. Einesteils weiß man nie, welche Katzendame Klinken öffnen kann, andererseits muß auch mit versehentlichem Öffnen von außen gerechnet werden. Im Hause eines Katzenzüchters sind Knopfklinken angebracht, notfalls kann auch eine normale Klinke um 90 Grad versetzt werden, so daß sie nach oben zeigt.

Die Tragzeit der Hauskatze wird meistens mit 56 Tagen angegeben. Eine sichere Bestätigung für diese Dauer konnte mir jedoch niemand geben. Die sorgfältig gezüchteten Hauskatzen, bei denen der Decktermin bekannt ist, brauchen genau wie die anderen Rassekatzen mindestens 60, meistens 64 bis 67 Tage, bis ihre Kinder geboren werden, also geringfügig länger als Hunde. Bei Einzelwürfen wurden auch 71 bis 73 Tage beobachtet.

Erste Anzeichen der erfolgten Befruchtung und damit der Trächtig-

*Gewichtsentwicklung während der Trächtigkeit in Gramm*
*zwei Katzen mit drei Würfen*

| | *Minouche* | | *Tigrette* |
|---|---|---|---|
| Decktag | 3450 | 3700 | 4150 |
| 1 Woche | 3400 | 3650 | 4000 |
| 2 Wochen | – | 3700 | 4000 |
| 3 Wochen | 3550 | 3800 | 4000 |
| 4 Wochen | 3650 | 4000 | 4070 |
| 5 Wochen | 3800 | 4200 | 4100 |
| 6 Wochen | 4090 | 4600 | 4480 |
| 7 Wochen | 4390 | 4800 | 4680 |
| 8 Wochen | 4700 | 5170 | 4900 |
| 9 Wochen | 4890 | 5350 | 5200 |
| 64 Tage | 4950 | 5380 | 5280 |
| 65 Tage | – | acht Junge | sechs Junge |
| 66 Tage | 4960 | | |
| 67 Tage | 5100<br>fünf Junge | | |

keit sind ein ruhigeres, anschmiegsameres Temperament und das Ausbleiben der sonst bald wieder eingetretenen Rolligkeit. In der Ernährung und der Pflege der werdenden Katzenmutter ändert sich vorläufig noch nichts; sie nimmt ja auch noch nicht an Gewicht zu. Eher ist eine geringfügige Abnahme zu bemerken, die bei einem sonst im Gewicht konstanten Tier erstes Zeichen der Trächtigkeit darstellt (siehe die Tabelle oben). Nach fünf Wochen rundet sich langsam das Bäuchlein. Jetzt beginnen wir mit einer zusätzlichen Fleischmahlzeit. Die jeweils verabreichte Futtermenge darf nicht größer sein als sonst auch, dies würde den Organismus zu sehr belasten. Lieber geben wir bis zu fünf Mahlzeiten am Tage. Vitamin- und Kalkzugaben sind in der zweiten Hälfte der Tragzeit nötig, die Nahrung soll besonders gehaltvoll, aber nicht fett sein. Die regelmäßige Körperpflege wird beibehalten, daneben aber für möglichst viel Bewegung in frischer Luft gesorgt. Meist entfernt sich unsere Katze jetzt nicht mehr weit vom Haus. Bäumeklettern und ähnliche Übungen sollten ihr nicht mehr ermöglicht werden, denn das Herunterspringen des nun schwereren Tieres kann für Mutter und Kinder gefährlich sein und zu Frühgeburten führen.

Besteht der begründete Verdacht auf einen Bandwurm, dann ist der beste Termin zur Wurmkur in der Mitte der Trächtigkeit. Zu frühes Entwurmen könnte zu Mißbildungen oder zum Absterben der Früchte führen, zu spätes zur Frühgeburt.

## *Die Geburt*

Bereits lange vor dem Wurftermin prüft unsere Katze alle möglichen Plätze auf ihre Eignung als Wochenbett; kein offenstehender Schrank und kein Wäschefach sind vor ihr sicher. Ich biete ihr dann einige Tage vor dem Ereignis verschiedene Kartons oder Körbe mit frischgewaschenen alten Decken oder ausrangierter Bettwäsche an. Auch ein richtiges Wurflager wird dann hergeräumt. Es ist eine oben offene flache Kiste oder ein Korb, der ohne Springen bequem zu besteigen ist. Die Größe ist so, daß die Katze darin langgestreckt liegen und sich mit Rücken und Pfoten an den Längsseiten abstemmen kann. Auf ein Kissen oder eine Matratze kommt eine dicke Lage Zeitungspapier, darüber frischgewaschene alte Wäsche. Sie ist sehr saugfähig, hygienisch einwandfrei und billig.

Schon einige Tage vor der Geburt wird Milch gebildet. Sind junge oder halberwachsene Katzen im Haus, so läßt die Mutterkatze sie dann ans Gesäuge. Sie ist dabei nicht kleinlich, auch ihre bereits einjährigen Kinder, die sie an Körpergröße erheblich übertreffen können, dürfen saugen.

Manche Katze wird 24 Stunden vor der Geburt unruhig, wühlt im Lager, frißt nicht mehr und besucht häufig ihr Klosett. Andere sind einfach verschwunden und kehren nach einigen Stunden, schlank geworden, zu ihrer Futterschüssel zurück. Wo die Kleinen liegen, das muß man dann selber feststellen. Die menschbezogene Katze wird sehr liebebedürftig und klebt an ihrem Frauchen. Sie kann trotz einsetzender Wehen offensichtlich die Geburt zurückhalten, bis Ruhe herrscht und der Mensch Zeit hat für sie und das Ereignis. Eine meiner Katzen hat einen ganzen Tag gewartet, mich nicht aus den Augen gelassen, bis der letzte Besuch aus dem Hause war. Dann legte sie sich neben mich hin und bekam ein Junges nach dem anderen. Hatte ich dagegen mehr Tiere im Haus, als ihr lieb war, dann bekam sie nachts ihre Kinder in einer Ecke.

Es kommt sogar vor, daß die Mutterkatze ihr Wurflager mit bereits geborenen Jungen verläßt und die weitere Geburt neben Frauchens Stuhl fortführt, nur um in der Nähe ihres Menschen zu sein. Der glückliche Besitzer einer solchen Menschenkatze muß dann an den für die Geburt errechneten Tagen möglichst für Ruhe sorgen, um für sein Tier da zu sein. Im allgemeinen genügt es, wenn er es streichelt. Denn mit der Geburt der meist nicht großen Kätzchen wird die Mutter allein fertig.

Die Dauer von den ersten Wehen, die man als Kontraktionen über den Leib gehen sieht, bis zur Geburt des ersten Jungen ist sehr unterschiedlich. Es kann sich um viele Stunden handeln. Manchmal bemerkt man sie gar nicht. Durch diese Eröffnungswehen wird der Gebärmutterhals erweitert. Durch kräftige Preßwehen geschieht die Austreibung. Sie ist oft schmerzhaft und von einem durchdringenden Schrei begleitet. Dabei sitzt die Katze auf einem Hinterlauf, so daß sie die Geschlechtsöffnung gut belecken kann, oder der Wurfakt findet in halbliegender Stellung statt. Während der Austreibung platzt die Fruchtblase, und die Mutterkatze leckt das Fruchtwasser auf. Die Kleinen kommen mit dem Kopf oder mit dem Hinterteil voran zur Welt. Die Kopflagen überwiegen etwas, doch ist auch eine Steißlage für das Neugeborene nicht riskant. Nur wenn es sich um das erste Junge des Wurfes handelt, das zudem noch überdurchschnittlich groß ist, wird die Möglichkeit des Erstickens unter der Geburt ansteigen. Meist verläuft die Austreibungsperiode so rasch, daß keine Gefahr besteht. Unmittelbar nach der Geburt beleckt die Mutter ihr Kleines und reißt dabei die Fruchthüllen auf, sofern sie nicht unter der Geburt geplatzt sind. Durch diese Massage regt sie die Atmung an. Sie zieht an der Nabelschnur, um die noch in der Gebärmutter sitzende Nachgeburt herauszuziehen. Sie frißt sie dann auf und nabelt dadurch ihr Kind ab. Nur bei unerfahrenen Müttern müssen wir gelegentlich dabei helfen. Irgendwelche Instrumente brauchen wir nicht dazu, unsere Finger sind die besten. Mit ihnen zerreißen wir die Fruchthüllen, wenn die Mutterkatze das versäumt, und mit den Daumennägeln zerreißen wir die Nabelschnur. Dadurch werden die Blutgefäße ebenso abgeklemmt wie beim Durchbeißen durch das Muttertier.

Die durchschnittlichen Pausen zwischen den einzelnen Jungen dauern eine halbe Stunde, sie können aber auch nur 10 Minuten kurz sein oder, namentlich bei Störungen, viel länger. Hat die Katze jedoch gute Wehen und es erscheint zwei Stunden lang kein weiteres Kind, dann sollte man tierärztliche Hilfe holen. Sonst sollten wir möglichst wenig direkt in den Geburtsvorgang eingreifen. Es genügt, wenn wir für Wärme sorgen, zum Beispiel durch eine Rotlichtlampe in angemessener Entfernung, oder mit warmer Hand sanften Druck auf die Lendengegend ausüben. Dies wirkt günstig auf die Wehentätigkeit, und die Katze preßt sich unserer Hand geradezu entgegen. Auch das Saugen der Neugeborenen übt einen gewissen Reiz auf die Gebärmutter aus. Man sollte die Jungen, die oft das Gesäuge schon aufsuchen, bevor die Plazenta zutage getreten ist, bei der Mutter belassen. Vorübergehendes Entfernen unter der Geburt beunruhigt sie und läßt sie suchen. Katzenmütter erdrücken ihre Kleinen weit seltener, als dies bei Hunden geschieht. Auch das Wochenbett bleibt sauberer. Sind alle Kinder geboren, dann entfernen wir die nassen Tücher und Zeitungspapierlagen. Die ganze Gesellschaft liegt dann sauber auf dem trockenen Bezug der Unterlage.

Meist liegen drei bis sechs Junge in einem Wurf, manchmal auch nur eins oder zwei, bisweilen auch sieben bis zehn. Mehr als sechs Kinder sollte man der Mutter nur dann belassen, wenn man bereit ist, mit der Flasche zuzufüttern (siehe Seite 158, künstliche Aufzucht).

Über das Gewicht bei der Geburt wurde bisher wenig veröffentlicht. Sicher werden manche Edelkätzchen gewogen, doch bleiben die Unterlagen im verborgenen liegen. Das normale Geburtsgewicht dürfte zwischen 95 und 120 Gramm liegen, gleichgültig, ob es sich um leichte Siamkatzen oder kräftige Perser handelt. Die Wurfgröße scheint nur selten einen Einfluß auf das Gewicht auszuüben. So lag ein Katerchen von 140 Gramm in einem Siebenerwurf einer zierlichen Mutter von 3,5 kg. Schwerer war ein Junges aus einem Einerwurf, das nach 70 Tagen, also übertragen, zur Welt kam und 150 Gramm wog.

Das leichteste mir bekannte Kätzchen wog nur 50 g und entstammte dem ersten Wurf einer Schlankformkatze (Orientalisch Kurzhaar) mit insgesamt fünf Jungen. In je einem Wurf von vier bzw. sechs

Neugeborenen lagen zwei 75 g schwere Tierchen. Alle diese Leichtgewichte blieben am Leben und entwickelten sich dank entsprechender Aufzucht der sehr passionierten Züchterin gut.

Daneben sehen die Gewichte einer Frühgeburt von 50/51 Tagen mit 50 und 75 g ganz normal aus. Trotzdem gelang es bei aller Mühe nicht, mit abgedrückter Muttermilch und Boviserin auch nur eines der unreifen Tierchen länger als zwei Tage am Leben zu erhalten. Zum Saugen oder gar Kriechen waren sie ohnehin nicht in der Lage.

### Die Jungenaufzucht

Im ersten Lebensabschnitt unserer kleinen Kätzchen können wir nur wenig für sie tun – und dennoch sind diese Tage interessant für den Beobachter. Manche Katzenmutter geht nur kurz zum Fressen von ihren Babys weg, eine andere besucht sie nur für kurze Zeit zum Säugen – und beide Würfe können gleich prächtig gedeihen. Der säugenden Katze geben wir Futter, soviel sie verlangt, über mehrere Mahlzeiten verteilt. Frisches Wasser ist für sie besonders wichtig, auch eine Milchmahlzeit sollte nicht fehlen. Verträgt sie keine Vollmilch, geben wir die Katzennährmilch Cimi-lac. Auch Kalk und Vitamine geben wir zu. Die Wirkstoffe von zerdrückten Knoblauchzehen gehen durch die Milch auf den Nachwuchs über und beugen Wurmbefall vor.

Kehrt die Mutter ins Nest zurück, so leitet sie durch Belecken und Putzen der auf einem Haufen schlafenden Kleinen das Säugen ein. Sie legt sich auf die Seite, Vorder- und Hinterbeine so ausgestreckt, daß die Kinder dazwischenliegen. Im Wochenbett herrscht Ordnung bei der Fütterung, und auch ein oberflächlicher Beobachter erkennt die Ruhe und die ausgerichtete Lage der einzelnen Kätzchen. Das hat seinen guten Grund. Während der beiden ersten Lebenstage entwickelt sich ein Eigentumsrecht an den mütterlichen Milchquellen, die sogenannte Zitzenkonstanz. Jedes Tier hat seine bestimmte Zitze, die es vorzieht und gegen die Geschwister behauptet. Wer zufällig eine fremde Milchquelle erwischt hat, gibt sie dem nachrutschenden Eigentümer sofort frei. Die Mutterkatze kennt diese Ordnung. Denn eine Katzenzüchterin, die mehr Junge im Wurf beließ, als milchspendende Zitzen vorhanden waren, konnte beobachten, daß die Katze den Wurf teilte und beide Kindergruppen getrennt versorgte. So war die Tischordnung gesichert, ein artfremdes Gedrängel am Gesäuge wurde verhindert.

*Wie die Katze ihr Junges trägt*

Die ganz jungen Kätzchen erkennen sehr wohl ihr Nest. Dort verhalten sie sich ruhig, fangen jedoch sofort an zu schreien, wenn sie vom Menschen in ein anderes, gleich ausgestattetes Lager gebracht werden. Auch beim Wiegen protestieren sie lautstark. Etwas anderes ist es, wenn die Katzenmutter selbst ihre Kinder umbettet, gleichgültig, ob es sich um Neugeborene oder um vier Wochen alte Kätzchen handelt. Schon das erste und auch noch das letzte der umquartierten Jungen verhält sich lautlos, sowohl im alten wie im neuen Lager und auch beim Tragen selbst. Dazu packt die Alte das ruhig und lose hängende Kind im Nacken, zart genug, um ihm nicht weh zu tun, und fest genug, um damit vom Bett oder auf eine Kommode springen zu können. Bei schweren Jungen springt sie erst alleine und holt das Kind dann von unten nach. Liegt es nicht ganz passend, so angelt sie es mit der Pfote an die Kante. Das alles geschieht so mucksmäuschenstill, daß selbst der am Schreibtisch sitzende oder lesende Mensch nicht bemerkt, wie seine Katze ihm den Kindersegen zu Füßen gelegt hat.

Für die Jungen und für die Mutter scheinen die Art des Lagers und seine Ausstattung weniger wichtig zu sein als seine Lage. In den ersten Wochen soll es dem Wurf Schutz bieten vor Feinden. Die Katzenmutter reagiert recht empfindlich auf Störungen. Sie verfrachtet selbst dann ihre Kinder, wenn einmal fremde Menschen oder ein fremder Hund die Unberührtheit ihres Wurfzimmers zerstört hatten, selbst wenn sie nicht das Nest berühren oder beschnuppern konnten. Dann werden abgelegenere Räume des Hauses ausgewählt und die noch sehr jungen Kätzchen erhöht untergebracht. Dann kann man oft lange suchen, bis sie in einem Schrank, auf einem unbenuzten Bett, in einer abgestellten Schachtel oder auf einer Kommode hinter Büchern und Akten gefunden sind. Auf dem Lande werden die Jungen meist gleich auf dem Heuboden oder sonst irgendwo versteckt zur Welt gebracht.

In der von der Mutterkatze gewählten Umgebung verhalten sich die Kleinen nicht nur dann ruhig, wenn sie Kontakt mit ihren Geschwistern haben, sondern auch wenn sie ganz allein sind. Ein einzelnes, wieder in das gerade verlassene Nest zurückgebrachte zwei Tage altes Kätzchen blieb fünfzehn Stunden lang still, bis es die ersten leisen Töne von sich gab.

In den ersten Lebenstagen und -wochen verlassen die Jungen kaum die Nestzone, auch wenn sie nicht im geringsten gegen die Umwelt begrenzt ist. Rutschen sie abseits, so kriechen sie sofort wieder zurück.

Wie lange Zeit des Tages sich die Mutter bei ihren Kindern aufhält, richtet sich nach ihren Lebensverhältnissen. In Käfigen gehaltene Katzen bleiben die ersten vier bis fünf Wochen meist in unmittelbarer Nähe des Wurfes, um sich erst danach für längere Zeit auf erhöhte Sitzbretter zurückzuziehen. Katzenmütter mit enger Bindung an den Menschen verhalten sich ähnlich wie Hunde. Sie bleiben nur die ersten paar Tage länger im Wochenbett, um dann wieder mehr am Leben des Menschen teilzunehmen. Sie kümmern sich nur während der Säuge- und Pflegezeit um die Kleinen wie auch diejenigen Katzen, die sich durch Mäusefangen zum Teil selbst verköstigen müssen.

**Kurzhaarkatzen.** **16** Kartäuser (British Blue, Chartreuse) *Brynboobu blue Cindy vom Angorahof.* **22** Europäisch Kurzhaar, Schildpatt mit Weiß *Sissy vom Deicheck.* **26** Europäisch Kurzhaar, Smoke (rauchfarben) *Tigrette ut de Muskist.* **20a** Europäisch Kurzhaar, getigert (Meckerel), Silbertiger *Aristocat ut de Muskist.* Hauskatze. **14** Europäisch Kurzhaar, weiß mit blauen Augen.

| | |
|---|---|
| **16** | **22** |
| **26** | **20a** |
| **Hauskatze** | **14** |

20a

20

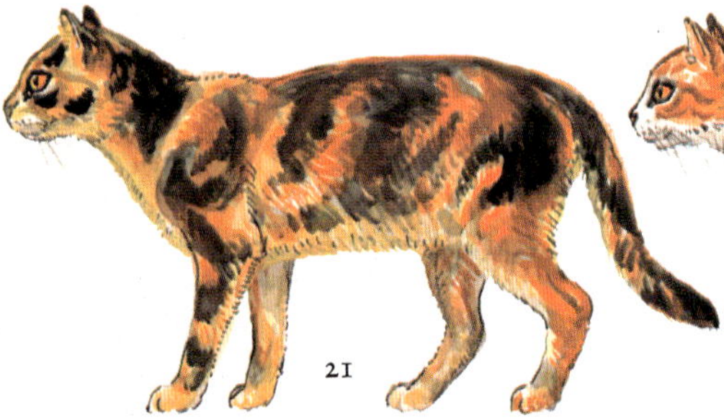

21

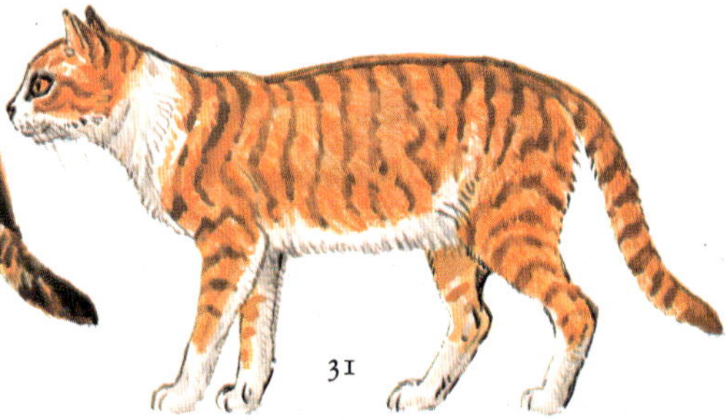

31

15

14a

16

16a

Die bei der Geburt fest geschlossenen Augen der Katzenkinder öffnen sich am Ende der ersten oder in der zweiten Lebenswoche. Bei meinen war es immer zwischen dem neunten und dem elften Tag. Bis sie aber richtig zum Sehen benutzt werden können, dauert es noch eine ganze Zeit. Gezielt betrachten die Katzenkinder ihre Umwelt erst mit drei Wochen.

Bis dahin sind sie durchaus nicht nur mit Schlafen und Nuckeln beschäftigt. Sie lecken die Pfote, kriechen herum und kratzen sich, sie fauchen – schon mit fünf Tagen –, wenn der Hund ins Nest schnuppert, sie versuchen die ersten tapsigen Spielanfänge miteinander, und sie träumen offensichtlich auch schon. Bei elf, siebzehn und achtzehn Tage alten Kätzchen konnte ich beobachten, wie sie schlafend mit den Beinchen zuckten und die Ohren bewegten.

Am Ende der dritten oder auch erst mit vier Wochen werden aus den unbeholfenen Beinchen richtige Katzenpfoten: die Kleinen lernen, ihre Krallen einzuziehen. Bis zu diesem Zeitpunkt stehen sie gut sichtbar nach vorn.

Mit drei Wochen werden die Kätzchen allmählich aktiver, sie spielen im Nest miteinander, wobei schon mancher kleine Sprung versucht wird. In diesen Tagen werden sie von der Mutter an einen Platz verfrachtet, der ihnen ohne Gefahr erlaubt, sich einige Meter aus der eigentlichen Nestzone zu entfernen. Liegt das Lager der ersten Wochen erhöht, so wird dieser Umzug so rechtzeitig erfolgen, daß es zu keinem Absturz kommt. Die Familienkatze bringt ihren Nachwuchs dann wieder mehr in die Nähe des Menschen. Oft legt sie ihm den Segen direkt ins Bett oder auf einen Sessel, meist unter diese Möbel. Sie ist – ich scheue diese Vermenschlichung nicht – stolz auf ihre Kinder und sie will sie herzeigen. Jetzt wird bereits die Prägung auf den Menschen vollzogen. Die Kätzchen suchen den Kontakt und kommen bereits auf Rufen zu uns. Schon zeigen sich Unterschiede im Wesen, einige Tiere sind zurückhaltender als andere und fauchen gelegentlich fremde Menschen oder den Familienhund an. Die von Anfang an

**Kurzhaarkatzen.** **20a** Europäisch Kurzhaar, Silbertiger. **20** Europäisch Kurzhaar, braungestromt. **21** Europäisch Kurzhaar, Schildpatt. **31** Europäisch Kurzhaar, zweifarbig (Bi-Colour), Rot-Tiger mit Weiß. **15** Europäisch Kurzhaar, schwarz. **14a** Europäisch Kurzhaar, weiß mit orangefarbenen Augen. **16** Kartäuser (British Blue, Chartreuse). **16a** Russisch Blau (Bleu Russe).

sehr vertrauten Kätzchen werden besonders anschmiegsame Menschenkatzen – ob aus Veranlagung oder weil man sie als liebenswürdigste Wesen vorzieht, bleibt dahingestellt. Denn auch die kleinen Faucher werden ganz auf den Menschen geprägte Individuen, vorausgesetzt, man gibt sich viel mit ihnen ab.

In welchem Teil der Wohnung wir dieses Jugendstadium genießen, dürfen wir der Katzenmutter überlassen. Sie sorgt noch selbst dafür, daß die Kleinen keinen Schmutz machen, und nimmt, wie auch in den Wochen davor, alle ihre Ausscheidungen beim Belecken auf.

Mit 20/21 Tagen brechen die ersten Zähnchen durch, und mit vier Wochen ist das Milchgebiß vollständig vorhanden. Meistens entschließt man sich jetzt, die Kleinen zuzufüttern. Dann sollten wir eine genügend große Decke unter den Futterteller legen. Denn noch wird mehr Nahrung mit den Pfötchen aufgenommen als mit der Zunge. Was wir füttern, steht auf Seite 160. Sobald gefüttert wird, gibt man auch das Kinderklo, zunächst nur zum Angewöhnen. Benutzt wird es erst dann, wenn die Kätzchen regelmäßig feste Nahrung zu sich nehmen.

Diesen Zeitpunkt bestimmt auch wieder die Mutterkatze. Hat sie bisher schon eine tote Maus oder auch einen Fleischbrocken ins Nest gebracht, mit dem die Kinder mehr gespielt als darauf herumgekaut haben, so lockt und führt sie jetzt den Nachwuchs mit an ihren Futterteller. Steht dieser in einem anderen Raum der Wohnung, z. B. in der Küche, so wandert die Familie langsam und zielsicher dorthin. Die Bauernkatze stellt nun erstmalig ihren Nachwuchs vor, den sie solange im verborgenen großgezogen hatte. Jetzt endlich wird die menschliche Unterstützung benötigt. Die nun vier bis fünf Wochen alten Kätzchen müssen regelmäßig zugefüttert werden, und sie müssen unbedingt ihre Toilettenschale bekommen, damit sie ihr Leben lang stubenrein sind. Diese Schale muß einen flachen Rand haben und muß sicher stehen, sie darf nicht wackeln. Die im Zoogeschäft käuflichen Schalen sind zu empfehlen. Als Einlage sollte man die steinchenartige Einstreu nehmen. Sie wird unbedenklich vertragen, wenn die Kätzchen davon etwas aufnaschen. Später, wenn dieses Stadium vorüber ist, geht man auch bei den Jungkatzen auf die Streu über, die man für die alte Katze vorzieht. Dieses Kinderklo muß so stehen, daß es beim Verlassen des Nestes passiert werden muß und nicht übersehen werden kann.

Bei meinen Katzen habe ich nie bemerkt, daß sie unmittelbar vorher aufgenommene Nahrung ihren Kindern ins Nest erbrochen haben, wie es bei Hunden oft der Fall ist. Sicher bekannt ist mir dies von halbwild lebenden Hauskatzen, die sich dafür so vollfressen, wie unsere gut gepflegten Artgenossen es nie tun. Sie laufen dann ins Versteck ihrer Jungen und kommen bald darauf schlank wieder, um sich erneut, und dann auf eigenen Vorteil, auf das Futter zu stürzen.

Ob man die nun lebhafter werdenden Kätzchen in nur einem Zimmer oder in der Küche halten will oder ob man ihnen die ganze Wohnung zur Verfügung stellt, ist Ansichtssache. Zweckmäßig und sicherer für die Kleinen ist es, ihnen zunächst nur einen Raum und später dazu Diele und Badezimmer freizugeben. Denn Katzenkinder bewegen sich sehr bald in allen Dimensionen und sind dann in ihren Spielstunden überall gleichzeitig. Erziehen läßt sich solch eine Bande Jungkatzen noch nicht, dazu müssen sie etwas älter und möglichst einzeln sein. Sehr gut merken sie sich aber alles, was sie in Kindertagen ungestraft vollbringen durften.

Auch wenn man außer der Katzenfamilie noch andere Katzen im Haus hält, ist manchmal die Trennung nötig. Die Mutterkatze, von der Aufzucht mitgenommen, wird reizbar gegen ihre Mitschwestern, und es kann zu Raufereien kommen. Geraten die Kätzchen dazwischen, so werden sie eingeschüchtert – und wir wollen doch alles verhindern, was sie scheu werden läßt. Das Jungtier ohne vorherige schlechte Erfahrungen ist viel angenehmer zu erziehen.

Ob die Kater mit bei ihrer Familie bleiben sollen, hängt vom Einzelfall ab. Manchmal sind sie äußerst liebevoll zu dem Nachwuchs, belecken die Nestjungen und beteiligen sich aktiv an der Aufzucht und dem Spiel. Sie können zärtliche Gatten und Familienväter sein, die jahrelang mit einer Katze vertraut zusammenleben. In anderen Fällen kümmern sie sich nicht um die Jungen, oder die Mutterkatze läßt sie nicht ans Nest. Dann ist es möglich, daß der Kater die Kätzchen unfreundlich anknurrt, was zu Reibereien mit der Mutter führt. Die damit verbundene Unruhe sollte vermieden werden. Sie wird noch verstärkt durch das erneute Rollingwerden der Katze, das bei manchen Siamkatzen bereits acht Tage nach der Geburt, sonst vier bis sechs, meist zehn bis zwölf Wochen später eintritt.

Die Katzenmütter säugen ihre Jungen sehr lange, von der fünften

Woche an auch im Sitzen. Wenn während der Rolligkeit zeitweise die Milchproduktion eingestellt und das Gesäuge der Nachzucht entzogen wird, so läßt die Mutter danach ihre Kinder wieder mit rührender Geduld ans Gesäuge. Das kann, mit gelegentlichen Unterbrechungen, ein ganzes Jahr andauern. Während dieser Zeit gehorchen die Kinder auch der Alten, die mit weicher Pfote die Erziehung leitet.

Leider werden die kleinen Kätzchen oft viel zu früh von der Mutter weggenommen. Diese Trennung sollte nicht vor der achten Woche erfolgen, denn die Muttermilch, die ja eine ganz andere Zusammensetzung besitzt als Kuhmilch, ist durch nichts zu ersetzen. Zwar sind die Katzennährmilch und auch die Hundeaufzuchtmilch den einzelnen Bestandteilen nach fast gleichwertig, doch die Abwehrstoffe der Muttermilch, die Immunkörper, die gibt es nur direkt vom Muttertier.

Für Edelkatzen wird die Impfung gegen Katzenseuche vorgeschrieben, und auch für die »ganz gewöhnlichen« Hauskatzen sollte man diese Vorsorge nicht versäumen. Als Grundimmunisierung im ersten Lebensjahr ist zweimalige Impfung in vierzehn Tagen Abstand erforderlich, später genügt eine einmalige Wiederholungsimpfung jährlich. Der Tierarzt stellt einen Impfpaß aus, in den die Injektionen immer wieder eingetragen werden. Diese Impfungen werden erstmalig mit sieben Wochen vorgenommen, so daß die zweite Impfung mit neun Wochen erfolgt. Danach sind die Kätzchen im richtigen Alter, um ihren neuen Besitzern übergeben zu werden. Sie sind dann noch jung genug, um sich voll den Menschen anzupassen.

Voraussetzung zur Impfung sind Ungezieferfreiheit und Wurmfreiheit. Da bei Jungtieren ein Spulwurmbefall nie auszuschließen ist, müssen die Kätzchen entwurmt werden. Die erste Kur führen wir mit ihnen im Alter von viereinhalb Wochen durch, indem wir jedem Tier pro Kilo Körpergewicht einen Zentimeter Piperazinpaste ins Mäulchen streichen. Gleichgültig, ob Würmer abgehen oder nicht, nach vierzehn Tagen wiederholen wir die Kur.

Die *wöchentliche Zunahme* der Kätzchen liegt bei 100 Gramm. Dabei übertreffen die kleinen Kater ihre Schwestern um ungefähr 10 %. Sie nehmen im ersten Monat wöchentlich um 60 bis 150 g zu, die weiblichen Tiere um 60 bis 130 g. Die leichtesten Kätzchen von 50 und 80 g konnten mit 100 bzw. 130 g Zunahme in der ersten Woche ihr Geburtsgewicht um 200 bzw. 162 % erhöhen.

*Geburtsgewicht und wöchentliche Zunahme für Kater und Katzen in Gramm*

| | Kater | Katzen |
|---|---|---|
| Geburt | Durchschnitt 105 (75 – 140) | |
| 1. Woche | 55 – 135 | 55 – 120 |
| 2. Woche | 60 – 120 | 60 – 100 |
| 3. Woche | 60 – 150 | 60 – 130 |
| 4. Woche | 70 – 140 | 65 – 100 |
| 5. Woche | 90 – 140 | 60 – 130 |
| 6. Woche | 70 – 190 | 50 – 140 |
| 7. Woche | 90 – 160 | 90 – 160 |
| 8. Woche | 90 – 190 | 60 – 120 |

*Monatliches Gewicht in Prozent des Endgewichtes*

| | | | |
|---|---|---|---|
| Geburt | 2,4 – 3,5 % | 6 Monate | 75 – 85 % |
| 1 Monat | 12 – 15 % | 7 Monate | 77 – 89 % |
| 2 Monate | 22 – 29 % | 8 Monate | 84 – 91 % |
| 3 Monate | 38 – 44 % | 9 Monate | 89 – 94 % |
| 4 Monate | 54 – 63 % | 12 Monate | 92 – 96 % |
| 5 Monate | 66 – 75 % | 15 Monate | 95 – 99 % |

Im zweiten Monat liegen die meisten Zunahmen etwas über 100 g pro Woche. So wiegen die meisten Kätzchen nach einem Monat rund 500 g, nach zwei Monaten etwas über ein Kilogramm, das ist etwa ein Viertel des Endgewichtes.

Auch weiterhin steigt das Körpergewicht gleichmäßig an und erreicht mit dreieinhalb Monaten ungefähr die Hälfte des Endgewichtes. Das Wachstum geht im zweiten Halbjahr langsamer voran. Es ist vom Gewicht her früher abgeschlossen als von der allgemeinen Reife aus betrachtet. Vor allem die Kater brauchen mindestens bis zum Ende des zweiten Jahres, um im Körperbau ausgereift zu sein.

Vergleicht man die Katzengewichte mit denen gleich schwerer Hunderassen, so fällt vor allem auf, daß die neugeborenen Kätzchen leichter sind als die Zwerghunde, die durchschnittlich 120 bis 180 g wiegen und bei denen Gewichte von 200 g nicht selten vorkommen.

Dabei liegt die Tragzeit der Katzen um durchschnittlich zwei Tage über der der Hunde. Entsprechend ist das relative Geburtsgewicht der Katzen mit 2,4 bis 3,5 % des Endgewichts deutlich unter dem der Zwerghunde mit zumeist 4,5 bis 5,5 %. Die weitere gewichtsmäßige Entwicklung allerdings verläuft bei beiden Arten ähnlich.

## *So werden Kätzchen ernährt*

Die *künstliche Aufzucht* junger Katzen ist eine tagesfüllende Angelegenheit. Man sollte sie sich reiflich überlegen, denn lohnend vom finanziellen Standpunkt ist sie nie. Es ist eine Aufgabe, die keine Halbheiten zuläßt. Denn nicht ausreichend versorgte Tierchen kümmern zeitlebens. Andererseits entwickeln die mit der Flasche großgezogenen Kätzchen eine solche Anhänglichkeit durch die frühe Prägung auf die menschliche Mutter, daß die Freude über das Gelingen die Mühe und die schlaflosen Nächte wohl aufwiegt.

Es gibt nur einen Grund für die künstliche Aufzucht, das ist der Verlust der Mutterkatze. Je älter die Katzenkinder dann sind, um so kürzer wird naturgemäß unsere Mühe und um so größer ist die Aussicht auf Erfolg. Bei ganz jungen Tieren sollten wir uns besser nach einer Amme umsehen, die durch Zeitungsinserat oder über ein Tierheim im Sommer nicht schwer zu beschaffen ist. Haben wir eine andere Mutterkatze, so kann sie uns, auch wenn sie nicht säugend ist, einen großen Teil der sonstigen Pflege abnehmen. Mit dem Füttern allein ist es auch beim tierischen Säugling nicht getan. Auch er muß »trockengelegt« werden.

In den ersten Lebenstagen sollte die Wärme des Mutterkörpers ersetzt werden. Später, wenn die Kleinen gut trinken und zunehmen, erzeugen sie selbst genug Wärme im Nestchen. Um die Gefahr einer Überhitzung auszuschließen, legen wir ein Heizkissen oder eine Gummiwärmflasche unter den Nestkarton. Als Einlage geben wir zunächst Zeitungspapier und darauf festgewebten, mehrfach gewaschenen Stoff. Er soll so beschaffen sein, daß sich die noch nicht einziehbaren Krallen nicht festhaken können. Alte Bettwäsche eignet sich vorzüglich, sie sollte täglich erneuert werden. Dieses einfache Lager soll zugfrei und dämmerig stehen. Es braucht nicht unnötig groß zu sein.

Das geringste Problem ist heute die Milch selbst. Denn es gibt speziell für Katzen und Hunde hergestellte Aufzucht- und Nährmilch, die nur angerührt werden muß. Die bekanntesten Präparate sind Cimi-lac und Ipevet-Milch, die gleichermaßen zu empfehlen sind. Wird genau nach Vorschrift dosiert, dann entspricht die Zusammensetzung der mütterlichen Milch.

Wo diese Spezialmilchpulver nicht sofort zu erhalten sind, kann die Aufzucht zunächst mit Boviserin eingeleitet werden. Das ist ein Rinderserum, das in der Apotheke zu kaufen ist. Wenn alle Stricke reißen und gar keine Gelegenheit vorhanden ist, diese eiweißreichen Nährstoffe zu erlangen, verfüttern wir ungesüßte Kondensmilch, wie sie aus der Dose kommt, also unverdünnt. Als Milchflasche nehmen wir ein Puppenfläschchen, das ein Tierzüchter immer unter seinen Utensilien haben sollte. Sind mehrere Kätzchen zu versorgen, füttert man mit beiden Händen je ein Fläschchen und erwärmt die nächsten Fläschchen zwischendurch im Wasserbad. Die geringen Mengen kühlen sehr schnell ab und sollten doch immer in der richtigen Temperatur – 38 bis 39 Grad – verabreicht werden.

Wir brauchen Geduld und immer wieder Geduld, um die kleinen Kätzchen in den ersten Lebenstagen überhaupt richtig an die Flasche zu gewöhnen. Das Loch im Sauger darf nicht zu groß sein, sonst verschlucken sich unsere Nuckelkinder, und es kommt zur Schluckpneumonie, der ein ganzer Teil der Tierchen zum Opfer fällt. Ebensowenig darf Luft verschluckt werden. So schwer es auch fällt, man muß mit Ruhe und ohne auf die Uhr zu sehen beim Füttern sein – und das in den ersten Lebenstagen Tag und Nacht alle zwei Stunden. Dabei zählt der Einwand nicht, daß in der Natur die Katzenmutter oft länger als zwei Stunden unterwegs ist. Wenn sie dann im Nest liegt, dann widmet sie sich viele Stunden hintereinander ausschließlich der Versorgung ihrer Babys.

Das Fläschchengeben ist noch nicht die ganze Säuglingspflege. Wir müssen das kleine Bäuchlein nach der Fütterung mit dem warmen Finger mit kreisenden Bewegungen massieren, bis sich Blase und Darm entleeren. Daß die Ausscheidungsprodukte und das danebengelaufene Futter sauber mit einem Baumwolläppchen abgewischt werden, dürfte selbstverständlich sein.

Die Briefwaage, später die Küchenwaage, ist bei der künstlichen

Aufzucht ganz besonders wichtig. Sie sagt uns, ob wir die richtige Menge in die kleinen Mäulchen hineinbekommen, und sie erlaubt uns schließlich auch, nachts ein paar Stunden hintereinander zu schlafen. Alle Säuglinge nehmen zunächst etwas ab, auch die tierischen. Bei künstlicher Aufzucht ist diese geringe Abnahme auffallender als bei natürlicher. Der erste Erfolg ist schon erzielt, wenn nach zwei bis drei Tagen das Geburtsgewicht wieder erreicht ist und eine Zunahme beginnt. Eine normale Zunahme von 100 g wird in der ersten Woche kaum zu erreichen sein. Auch die Hälfte davon dürfen wir als Erfolg verbuchen. Haben wir schließlich einige Tage 15 g Zunahme pro Tag gewogen, dann genügt es, nachts längere Pausen einzulegen. Tagsüber ist dann immer noch alle zwei oder drei Stunden zu füttern, denn bei natürlicher Aufzucht saugen die Kätzchen die ganze Nacht und tagsüber auch sehr oft, immer wenn sie Hunger haben.

Von der dritten Woche an können die Mahlzeiten etwas größer und auch am Tage die Pausen etwas gedehnt werden. Am Ende dieser Woche beginnen wir mit dem Umgewöhnen auf die Tellerfütterung. Jetzt vermischen wir ein Eigelb gut mit der Milch, tauchen den Finger ein und lassen die Kätzchen daran lecken. Dabei führen wir den Finger immer mehr in die Milch, damit die Kätzchen an den Teller herangeführt werden und selbst zu schlappern lernen.

In der vierten Woche geben wir eine Mahlzeit mit Mehrkorn-Instant-Flocken angereichert und bieten bereits ein wenig rohes, mageres Rindfleisch an. Dies sollte vom Besten sein, das zu kriegen ist. Da wir nur winzige Mengen benötigen, schaben wir diese mit einem Messer von einem Bratenstück ab. Erst wenn die Kleinen mehr futtern, kaufen wir durchgedrehtes Rinderhack. Das Schabefleisch wird auf einem warmen Teller, in der warmen Hand oder im Mund auf die richtige Temperatur gebracht und in erbsen- bis bohnengroßen Kügelchen den Kätzchen vorgehalten oder gleich ins Mäulchen gesteckt. Am ersten Tag genügen zweimal zwei solche Klümpchen, am zweiten Tag erhöht man die Menge bis am Ende der ersten Fleischwoche die Vormittags- und die Abendmahlzeit aus einem Teelöffel voll Fleisch besteht, während die anderen Mahlzeiten weiterhin aus Nährmilch bestehen, die teils mit Ei, teils mit Flocken angereichert werden darf. Jetzt sind die Kätzchen fünf Wochen alt und erhalten sechs bis acht Mahlzeiten am Tag. Wenn wir aufstehen, sind die Kätzchen unser erster und vor dem Zubettgehen unser letzter Gedanke, nicht nur in ihrem, sondern auch in unserem Interesse, denn dann kann endlich wieder die ganze Familie schlafen, ohne zwischendurch aufstehen zu müssen. Die weitere Fütterung erfolgt so wie die der normal bei der Mutter aufgewachsenen Tiere mit zusätzlichen Gaben von Milch, die die Muttermilch ersetzen müssen.

Die *Zufütterung* der bei der Mutterkatze aufgewachsenen Kätzchen verläuft ihrem Alter entsprechend. Haben wir den Eindruck und bestätigt das wöchentliche Wiegen diese Annahme, daß die Muttermilch nicht mehr völlig ausreicht, dann sollten wir bereits in der vierten Lebenswoche zufüttern, wie auf Seite 160 beschrieben, also mit Kondensmilch oder Katzennährmilch mit Eigelb und Instant-Flocken, wie sie für die menschlichen Säuglinge im Handel sind, und auch bereits mit Schabefleisch.

Die Jungkatzen, die bis zur vollendeten fünften Lebenswoche von der Mutter ausreichend ernährt werden – man sollte dies unbedingt mit der Waage kontrollieren! –, können sofort mit Rinderhack zugefüttert werden. Wird es mit einem rohen Eigelb angefeuchtet, dann »rutscht« es besser. Es wäre verkehrt, den kleinen Raubtieren, die bisher ausschließlich von Milch gelebt haben und die auch weiterhin damit durch die Mutter gut versorgt werden, nun auch unsererseits zusätzlich Milchmahlzeiten vorzusetzen. Zweimal täglich ein Teelöffel, nach einigen Tagen ein Eßlöffel voll Fleisch ist die richtige Menge. Eine Fleischmahlzeit sollte immer die letzte des Tages sein, weil ihr Sättigungswert besser vorhält. Sowie die Kätzchen zugefüttert werden, muß ihnen frisches Trinkwasser immer erreichbar sein.

Schon nach wenigen Tagen dürfen wir zu geschnittenem Fleisch übergehen in den Sorten, wie wir es den erwachsenen Tieren geben. Meistens fressen sie ohnehin mit vom Futter der Mutter. Um diese zu entlasten und den Übergang zur Entwöhnung einzuleiten, bieten wir morgens und mittags noch eine Milchmahlzeit an. Grundlage dazu ist Katzennährmilch oder Vollmilch mit Instantflocken für Säuglinge oder den ebenfalls sofort verwendbaren Hundeflocken. Diese Produkte haben den großen Vorteil, aus verschiedenen Getreidesorten gemischt zu sein. Sie haben somit an Mineralstoffen und Vitaminen wie auch an Eiweiß einen optimalen Nährwert. Verwendet man normale Haferflocken oder andere Flocken, so muß der Brei gekocht werden. In diesen Brei kommen Zusätze, die immer wechseln sollten. Mindestens einmal wöchentlich ein Eigelb, einmal eine zerdrückte Knoblauchzehe oder geriebene Möhren. Beide sind bewährte Vorbeugemittel gegen Wurmbefall. Gern genommen werden Hefeflocken über dem Futter, weniger gern die unvermeidlichen Kalkgaben. Bei ihnen sollte man sich genau nach der Dosierungsvorschrift richten, denn auch ein Zuviel an Kalk kann schädlich sein. Daher gilt immer die Regel: so lange Pause, so lange die Kalkzugabe gegeben wurde. Also eine Woche Kalk, eine Woche ohne Kalk. Ebensogut aber kann man auch an drei Tagen in der Woche Kalk geben, an den übrigen Tagen keinen. Viele Züchter schwören auf Zusätze von Multivitaminpräparaten. Bei den mit besten frischen Futtermitteln aufgezogenen Kätzchen, vor allem wenn noch die Möglichkeit des Aufenthalts an der frischen Luft vorhanden ist, sind solche Zugaben nicht unbedingt nötig. In geringen Mengen können sie auch nicht schaden. Wer sie geben möchte, soll auf jeden Fall nicht überdosieren. Ebenso sind die sogenannten Spurenelemente bei richtiger Ernährung ausreichend vorhanden. An Traubenzucker im Milchbrei gewöhnen sich die Kätzchen leicht. Er ist ein vorzügliches Mittel, um Untergewicht auszugleichen. Da er aber ausschließlich aus Kohlehydraten ohne Vitamine und Mineralstoffe besteht, ist er für die Katze in gutem Futterzustand lediglich ein Kalorienlieferant.

Je jünger unsere Katzenkinder noch sind, um so mehr müssen wir auf die richtige Temperatur aller Mahlzeiten bedacht sein. Nie darf etwas direkt aus dem Kühlschrank gegeben werden, es sollte alles Futter körperwarm sein.

Schon unsere Katzenkinder lassen wir mit an Mutters Trockenkost naschen. Sie werden nie zu viel davon nehmen, denn das Kauen mit den Milchzähnchen läßt sie bald ermüden; es ist aber sehr gesund. Außerdem ist erfahrungsgemäß für viele sonst nur mit Fleisch ernährte Katzen das Trockenfutter die einzige Quelle pflanzlicher Nahrungsmittel. Die Erfahrung zeigt, daß alle vom Züchter mitgelieferten Kostanregungen oft unterlaufen werden. Das verwöhnte Tier frißt dann eben nur Fleisch, und das besorgte Frauchen läßt ihm den Willen. Nur Trockenfutter schmeckt dann gelegentlich noch dazwischen.

Wer die Ansicht vertritt, daß Katzen unvariabel seien, wird nie seinen Hang zur Vererbungslehre entdecken. Es gibt keine andere Tierart – Hunde eingeschlossen –, bei der der Hobbyzüchter mehr in der Vielfalt der Farben und Muster schwelgen könnte. Und nahezu alles, was die Mischung der großen Farbpalette anbelangt, ist möglich und erlaubt. Denn innerhalb der Katzenrassen sind keine strengen Richtlinien an Farbpaarungen aufgestellt. So manches Geheimnis ist noch in der Farbvererbung verborgen, obwohl systematische Zucht und das dadurch erworbene Wissen weit mehr als hundert Jahre umfassen. Einige dieser züchterischen Rosinen sind erst in allerletzter Zeit erkannt oder erahnt worden, wie z. B. der Erbgang der Augenfarbe der weißen Katzen, und bei manchem anderen Merkmal ist man wohl noch nicht ganz bis zur letzten Klarheit gelangt, wie bei der Vererbung der Smokefärbung.

Der unerfahrene Züchter mag überrascht sein, im Nest Kätzchen zu sehen, die weder Mutter noch Vater gleichen. Gelegentlich ist dies gar nicht möglich, da ein raffinierter Erbgang eine Färbung – Schildpatt – als Schmuck nur den Katzendamen vorbehalten hat und nie einem normalen Kater zustatten kommen läßt. Und doch geht alles mit rechten Dingen zu. Die Vererbung der Farben und aller anderen Eigenschaften erfolgt genauso, wie es der Augustinermönch Gregor Mendel Mitte des vorigen Jahrhunderts im Königskloster in Brünn an Erbsen entdeckt hatte. Seine in einer kleinen Lokalzeitschrift 1865 veröffentlichten Ergebnisse fanden damals keine Beachtung. Erst 1900 wurden seine Gesetze wiederentdeckt, und das gleich an drei Stellen im gleichen Jahr. Immerhin wurde das Verdienst ihres ursprünglichen Entdeckers wieder ans Tageslicht gebracht und ihm zu Ehren die Benennung »Mendelsche Gesetze« eingeführt. Ihre Gültigkeit ist bis heute unbestritten, und mit ihrer Hilfe sind die Geheimnisse der Vererbung leicht zu entschlüsseln.

Über die technischen Feinheiten der Vererbung hat uns erst in letzter Zeit das ungeheuer stark vergrößernde Elektronenmikroskop Klarheit verschafft. Mit seiner Hilfe lassen sich der Feinbau der menschlichen und der tierischen Zelle erkennen und Gemeinsamkeiten wie auch Unterschiede feststellen. Der entscheidende Augenblick im

Leben eines Tieres oder auch des Menschen ist nicht der der Geburt, sondern der Augenblick, in dem die väterliche mit der mütterlichen Geschlechtszelle verschmilzt. In diesem Moment wird festgelegt, welche Farbe der Pelz unseres Kätzchens einmal haben wird und ob sein Schwänzchen vielleicht einen unschönen Knick aufweist. In der befruchteten Eizelle liegt dann das ganze Erbgut des zukünftigen Lebewesens, nach einer ganz bestimmten Ordnung aufgereiht auf einer Reihe von Kernschleifen, den Chromosomen. Von diesen stammt je eine Garnitur vom Vater und eine von der Mutter. So verschieden auch die Größe und die Form der einzelnen Chromosomen ist, ob groß oder klein, kugelig, stabförmig, gebogen oder hufeisenförmig, immer stimmen diese beiden Garnituren in Zahl und Form überein. Die väterlichen und die mütterlichen Chromosomen legen sich ihrer Größe entsprechend paarweise aneinander, bevor es zur ersten Teilung des befruchteten Eies kommt. Dabei werden alle Chromosomen der Länge nach gespalten, so daß in jedem der sich bildenden neuen Zellkern das gesamte vom Vater wie von der Mutter stammende Erbgut vorhanden ist. Es findet sich in allen Körperzellen mit Ausnahme der Geschlechtszellen. Dort ist nur der einfache Chromosomensatz vorhanden. Die Zahl der Chromosomen und ihre Form ist für jede Tier- und Pflanzenart festgelegt, sie sagt nichts aus über die Höhe des Entwicklungsstandes. So hat die Katze mit 38 Chromosomen, also 19 Paaren, weniger als der Mensch mit 48 und der Hund mit 78 Chromosomen. Immer aber sind auf ihnen alle körperlichen und seelischen Anlagen, ja auch die Anfälligkeit für bestimmte Krankheiten, verankert.

Von diesen 19 Chromosomenpaaren stimmen 18 in Form und Größe völlig überein. Das letzte Paar kann aus zwei gleichen Chromosomen bestehen, zwei X-Chromosomen. Es kann aber auch neben einem X-Chromosom ein abweichendes, das Y-Chromosom, besitzen. Dieses Paar ist für das Geschlecht des Lebewesens bestimmend. Sind XX vorhanden, so entsteht ein weibliches Tier, bei der XY-Konstellation dagegen entwickelt sich ein Katerchen.

Damit die Chromosomenzahl in jeder Generation gleichbleibt, besitzt nur die Körperzelle die doppelte Garnitur. Bei den Geschlechtszellen ist nur ein Chromosom von jedem Paar vorhanden. Dadurch ist gewährleistet, daß nach der Befruchtung, nach der Verschmelzung von

Samenzelle und Eizelle, genau wieder der doppelte Chromosomensatz vorhanden ist. Durch die sogenannte Reduktionsteilung der Geschlechtszellen werden ausnahmsweise nicht alle Chromosomen gespalten, sondern sie werden so geteilt, daß jeweils ein einfacher Satz von 19 Chromosomen vorhanden ist. Das geschieht ganz wahllos, so daß dem Zufall überlassen bleibt, welche Chromosomen zusammenkommen. Immer aber ist von jedem Chromosomenpaar eines dabei. Kommen dabei Pannen vor, so korrigiert die Natur diese Fehler recht elegant: Fehlerhafte Geschlechtszellen sind meist nicht fähig, ein bis zur Geburt gelangendes Wesen zu entwickeln. Sie sterben in frühen Stadien ab.

Bei der weiblichen Katze gleichen sich alle Geschlechtszellen, die Eier, insoweit, daß alle eins von den beiden X-Chromosomen besitzen. Anders ist es beim Kater. Da er zwei verschiedene Sorten Geschlechtschromosomen besitzt, bildet er Samenzellen mit einem X-Chromosom und andere mit einem Y-Chromosom. Gelangt nun bei der Befruchtung ein Samenfaden mit einem X-Chromosom in die Eizelle, so entsteht ein Katzenmädchen, macht ein mit Y beschickter Samenfaden das Rennen, entsteht ein Kater.

Durch den doppelten Chromosomensatz hat jedes Lebewesen für jede Eigenschaft zwei Anlagen, von jedem Elternteil eine. Sie sind in den Genen festgelegt, die als eigentliche Träger der Anlage einen bestimmten Platz auf den Chromosomen einnehmen. Gleichen sich die Elterntiere in ihren Eigenschaften und sind sie reinerbig (oder homozygot), so werden auch die Nachkommen ihnen gleichen. Denn die beiden sich entsprechenden Anlagen sind dann gleich. In diesem Fall entspricht das Erbbild, der Genotyp, genau dem äußeren Erscheinungsbild, dem Phänotyp.

Paaren wir aber zwei reinerbige Tiere, die sich in einer Eigenschaft unterscheiden, so bekommen die Nachkommen von jedem Elternteil eine Anlage, sind also spalterbig (oder heterozygot). Auch wenn es für eine Eigenschaft mehr als zwei auf dem gleichen Chromosomenplatz lokalisierte Möglichkeiten, auch Allele genannt, geben kann, sind immer nur zwei von ihnen bei einem Tier vorhanden. Dieses kann also nur je eine Anlage für Kurzhaar und Langhaar oder Kurzhaar und Wirrhaar oder Langhaar und Wirrhaar oder jeweils zwei Anlagen für die gleiche Haarart besitzen, nie alle drei Allele.

*Dominant-rezessiver Erbgang*

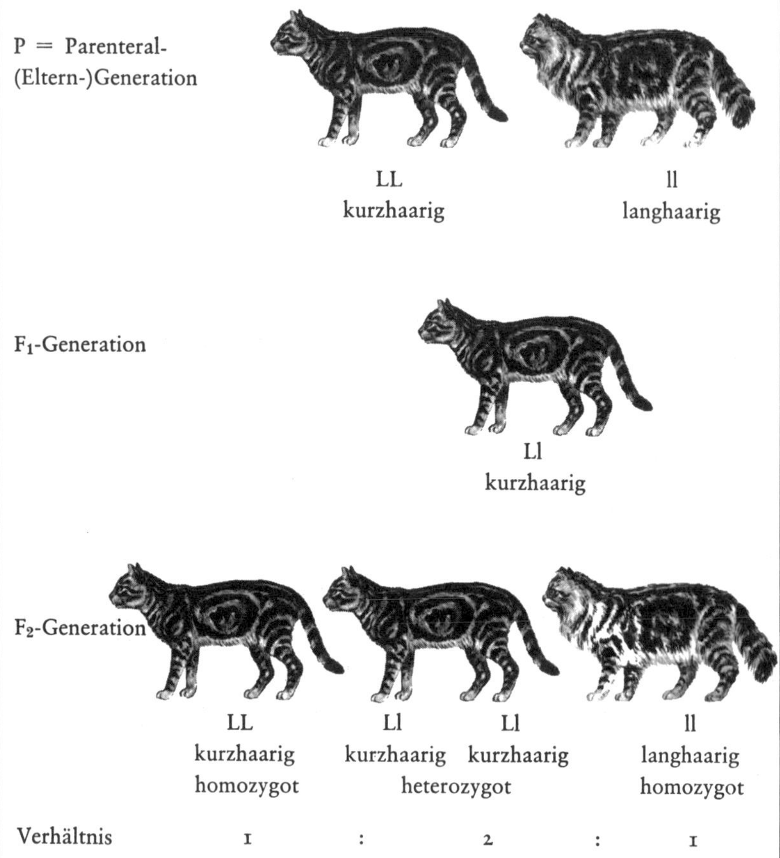


Die Nachkommen von zwei reinerbigen Eltern gleichen sich alle in der ersten Generation, der ersten Filial- oder $F_1$-Generation. Dies ist das *erste Mendelsche Gesetz, das Uniformitätsgesetz.* Hierbei besteht die Möglichkeit, daß alle dem einen Elternteil ähneln. Dies ist der Fall bei der Kreuzung von Langhaar- mit Kurzhaarkatze. Die $F_1$-Nachkommen sind alle kurzhaarig, besitzen jedoch überdeckt die Anlage für Langhaar. Die vorherrschende, überdeckende Anlage nennen wir

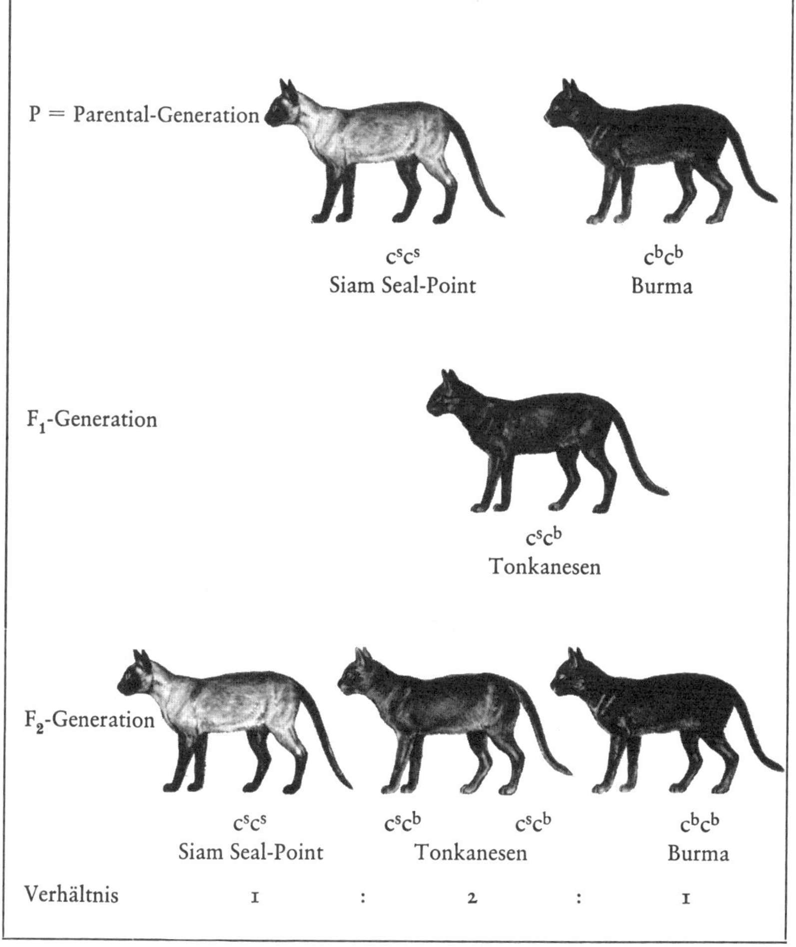


*Intermediärer Erbgang*

dominant, die überdeckte Anlage rezessiv. Diese Art der dominant-rezessiven Vererbung findet in der Regel auch bei der Vererbung der Fellfarbe und vieler anderer Eigenschaften statt.

Eine andere Art der Vererbung, die intermediäre Vererbung, ist seltener anzutreffen. Auch bei ihr sind die Sprößlinge der ersten Generation unter sich gleich, doch stehen sie im Aussehen zwischen beiden Elterntieren. Als einziges Beispiel für Katzenfarben kennen wir für diese Vererbungsweise die Paarung zwischen Siamkatze und Burmesen. Aus der Vereinigung eines reinblütigen Seal-Point-Siamesen und einer reinerbigen braunen Burmakatze bekommen wir einheitlich mittelbraun gefärbte Tiere, heller als Burmesen und dunkler als Siamkatzen, denen die Amerikaner den Namen Tonkanesen gegeben haben. Diese Katzen sind immer spalterbig, sie können gar nicht reinerbig sein.

Paart man solche heterozygoten, spalterbigen Tiere (= Hybriden) untereinander, so tritt das *zweite Mendelsche Gesetz, das Spaltungsgesetz,* in Aktion. Es bewirkt, daß in dieser $F_2$ (= 2. Tochter)-Generation die Anlagen der ursprünglichen Elterngeneration, auch P-(= Parenteral-)Generation genannt, wieder getrennt in Erscheinung treten. Bei Vorhandensein einer genügend großen Anzahl von Tieren läßt sich ein genaues Verhältnis von 1 : 2 : 1 feststellen. Das bedeutet, daß jeweils ein Viertel der $F_2$-Tiere den beiden Ausgangstieren gleicht, während zwei Viertel den Tieren der $F_1$-Generation entsprechen. Beim dominanten Erbgang erscheinen dann drei Viertel der Tiere in dominantem Erscheinungsbild, in unserem Beispiel kurzhaarig. Von diesen ist aber nur ein Viertel homozygot, die beiden anderen Viertel sind heterozygot und können bei entsprechender Paarung ihrerseits wieder aufspalten. Nur bei dem letzten Viertel, das die rezessiven Gene trägt, ist das Erscheinungsbild dem Erbbild gleich, also Phänotyp und Genotyp sind als gleich zu erkennen. Dagegen läßt sich bei den Tieren mit dem dominanten Gen nicht ohne weiteres ersehen, ob sie reinerbig oder spalterbig sind. Bei ihnen wird nur eine Paarung mit einem Partner, der seinerseits die rezessive Anlage trägt, die Klärung bringen. Sonst kann sich eine solche verdeckte Anlage über viele Generationen hinweg im Erbgut verborgen halten. Sie kommt eines Tages wieder zum Vorschein, wenn bei der Paarung auch der andere Partner die gleiche rezessive Anlage beisteuert.

Im zweiten Fall, der intermediären Vererbung, tritt die Spaltung ebenfalls 1 : 2 : 1 auf, doch ist hier der Genotyp leicht zu erkennen. In

**Siamkatzen. 24** Sial, Seal-Point, *Rangoon Salome* (von vorn und von der Seite). **24a** fast erwachsene Siam, Blue-Point, *Isis von Pöseldorf;* daneben Siam, Blue-Point, *Rimpar's Blue Fonabio.* **24b** Siam, Chocolate-Point, *Filou Da Capo.* **24c** Siam, Lilac-Point, *Salween Blue's Lilla Vladi.*

| | |
|---|---|
| 24 | 24 |
| 24a | 24a |
| 24b | 24c |

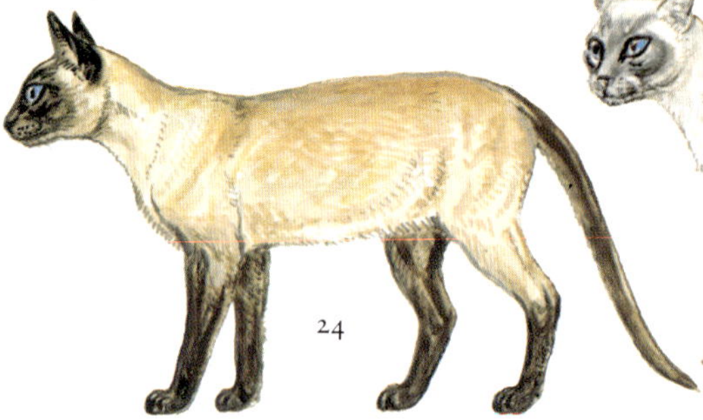

24

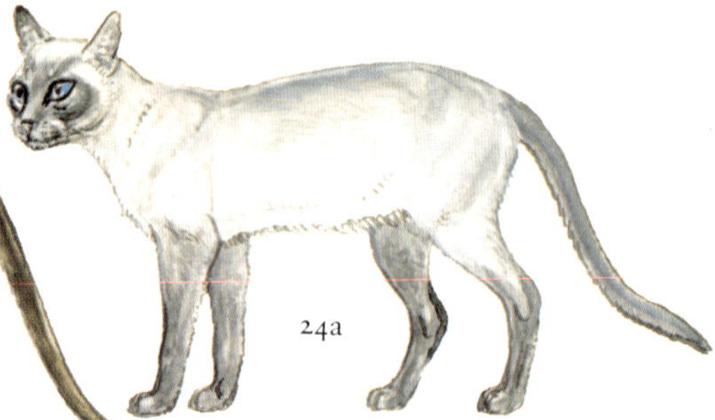

24a

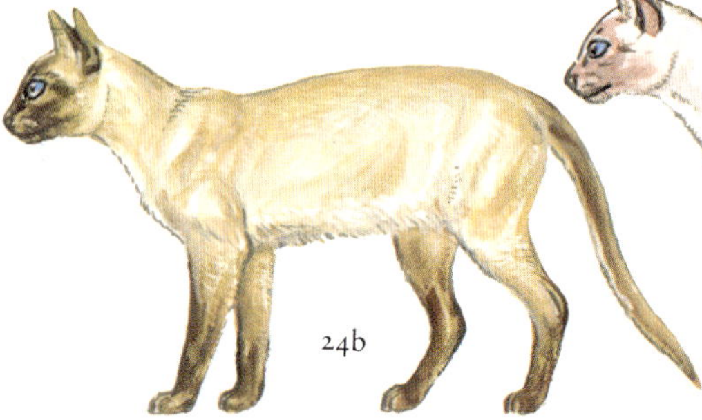

24b

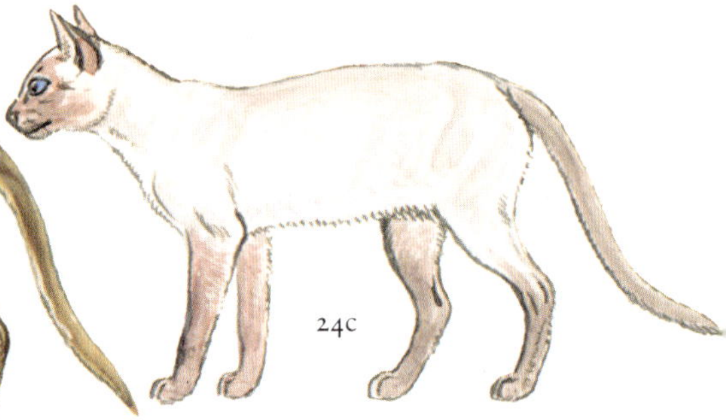

24c

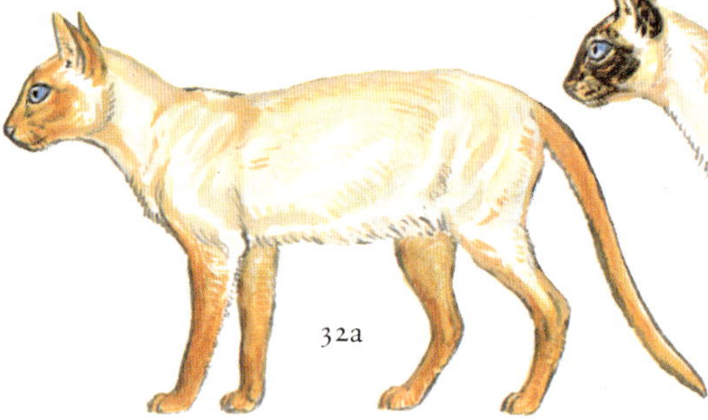

32a

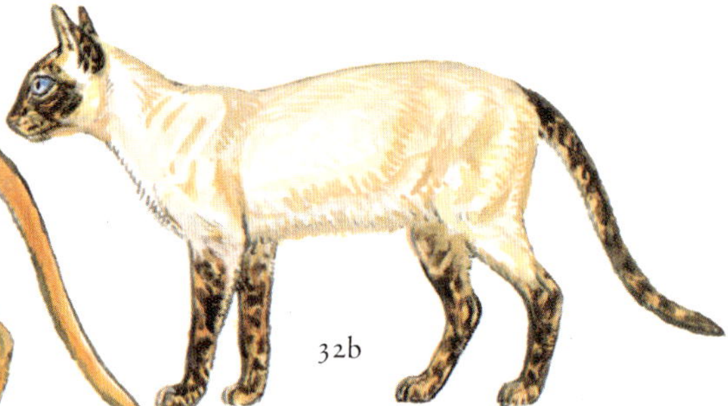

32b

32

Balinese

unserem Fall wären es ein Viertel Siamesen, zwei Viertel Tonkanesen und ein Viertel Burmakatzen.

Nicht immer hat man es nur mit einer einzigen Eigenschaft zu tun, in der sich zwei Katzen unterscheiden. Nehmen wir ein Beispiel, bei dem sich zwei jeweils reinerbige Katzen in der Fellfarbe und in seiner Länge unterscheiden. Verpaaren wir eine schwarze Langhaarkatze mit einer blauen Kurzhaarkatze, so werden die $F_1$-Hybriden von jedem Elternteil das dominante Gen zeigen, sie werden also schwarz und kurzhaarig sein. Diese Tiere bilden nach dem hier dargestellten Schema in ihren Geschlechtszellen vier verschiedene Genkombinationen.

In der nächsten, der $F_2$-Generation, haben wir 4mal 4, also 16 Möglichkeiten, wie die Geschlechtszellen (Gameten) miteinander verschmelzen. Rechnerisch wird in neun Fällen wieder ein Zusammentreffen beider dominanter Gene zu sehen sein, drei Tiere zeigen das eine und drei das andere rezessive Gen, gleichen also jeweils einem Elterntier. Und schließlich hat eins der 16 Tiere beide rezessive Anlagen, ist also blau-Langhaar. Diese Aufspaltung 9 : 3 : 3 : 1 zeigt sich natürlich nur bei genügend großer Zahl, sonst spielt der Zufall eine zu große Rolle. Dieses *dritte Mendelsche Gesetz von der Unabhängigkeit der Gene* gibt die Möglichkeit der Neukombination von Genen und damit die Voraussetzung zur Bildung neuer Rassen. Bei zwei unterschiedlichen Anlagen sind meist noch keine aufregenden Neuzüchtungen zu erwarten. Denn außer Haarlänge und Haarfarbe (von der wir bei Schwarz nur ein einziges Gen berücksichtigt haben) müssen Augenfarbe, Wuchstyp, Kopfform, Augengröße, Ohransatz und -form, Pfotenform und so manches andere beachtet werden. Nehmen wir nur ein Katzenpaar, das sich in drei Anlagen unterscheidet. So kann jedes der $F_1$-Tiere acht verschiedene Gameten bilden, die Zahl der Kombinationen steigt dann auf 64 an. Diese spalten sich nach dem Verhältnis 27 : 9 : 9 : 9 : 3 : 3 : 3 : 1 auf. Das heißt 27 $F_2$-Sprößlinge zeigen alle drei dominante Merkmale im Phänotyp, jeweils neun zwei dominante und ein rezessives, jeweils drei ein dominantes und zwei rezessive und nur ein Kätzchen von (rechnerisch!) 64 hat alle drei rezessiven Ei-

**Siamkatzen.** **24** Siam, Seal-Point, **24a** Siam, Blue-Point. **24b** Siam, Chocolate-Point. **24c** Siam, Lilac-Point. **32a** Siam, Red-Point. **32b** Siam, Tortie-Point. **32** Siam, Tabby-Point. Balinese.

*Vererbung zweier Eigenschaften*

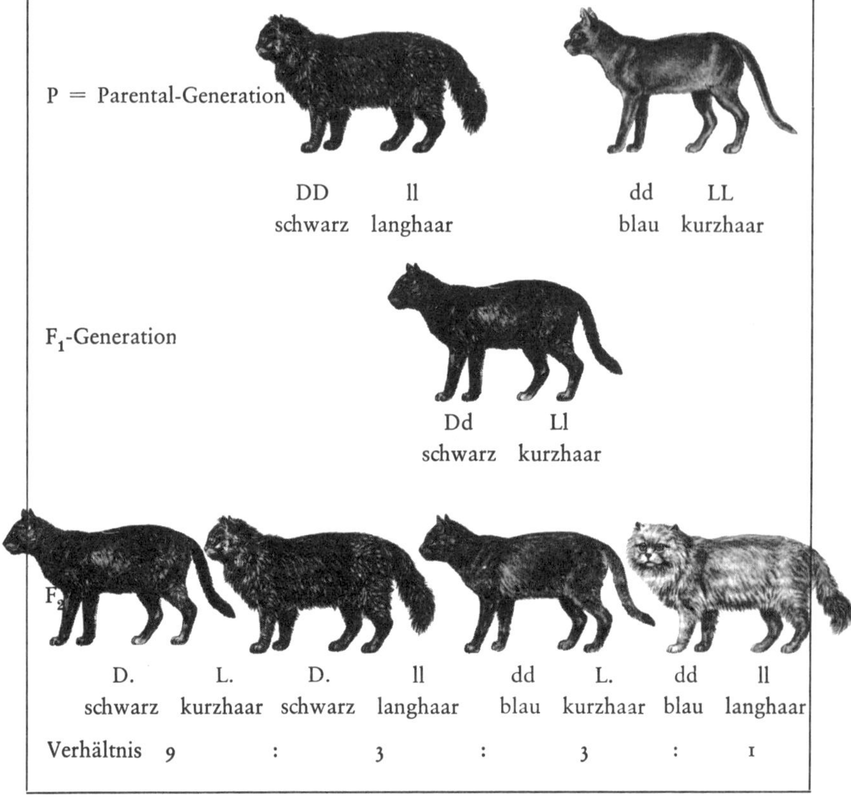


genschaften. Und nur dieses eine Tier können wir im Genotyp richtig ansprechen, bei allen anderen gibt es mindestens zwei Möglichkeiten.

Bei vier Verschiedenheiten errechnen wir 256 Möglichkeiten, von denen nur eine einzige alle vier rezessiven Gene aufweisen kann, mit elf weiteren Phänotypkombinationen. Da die meisten von ihnen für die eine oder die andere oder mehrere Eigenschaften nicht reinerbig sind, muß bei der Weiterzucht auch mit gleich aussehenden Tieren aus solchen Versuchspaarungen immer wieder und über viele Generationen hin mit Überraschungen und Rückschlägen gerechnet werden. So ist das Herauszüchten echter neuer Rassen, soweit sie sich nicht nur in einer Eigenschaft von einer bereits vorhandenen unter-

| Schema 1 | Gene der Mutter<br>D L | D l | d L | d l |
|---|---|---|---|---|
| Gene des Vaters<br>D L | DDLL<br>homozygot<br>schwarz<br>kurzhaar | DDLl<br><br>schwarz<br>kurzhaar | DdLL<br><br>schwarz<br>kurzhaar | DdLl<br><br>schwarz<br>kurzhaar |
| D l | DDLl<br><br>schwarz<br>kurzhaar | DDll<br>homozygot<br>schwarz<br>langhaar | DdLl<br><br>schwarz<br>kurzhaar | Ddll<br><br>schwarz<br>langhaar |
| d L | DdLL<br><br>schwarz<br>kurzhaar | DdLl<br><br>schwarz<br>kurzhaar | ddLL<br>homozygot<br>blau<br>kurzhaar | ddLl<br><br>blau<br>kurzhaar |
| d l | DdLl<br><br>schwarz<br>kurzhaar | Ddll<br><br>schwarz<br>langhaar | ddLl<br><br>blau<br>kurzhaar | ddll<br>homozygot<br>blau<br>langhaar |

scheiden, eine mühevolle Angelegenheit. Denn nach den Anfangserfolgen, die aus dem »Luxurieren der Bastarde« resultiert, können Rückschläge nicht ausbleiben. Dieses gute Gelingen der $F_1$-Generation beruht unter anderem darauf, daß die Elterntiere nicht im geringsten verwandt waren und keine gleichen negativen Eigenschaften, die zumeist rezessiv vererbt werden, zusammenkommen konnten. Diese vorteilhaften Hybridzuchten für Gebrauchs- und Verbrauchstiere, wie Hühner und Schweine, nutzt man in der Landwirtschaft seit langem. Dort wird bei der Züchtung immer wieder auf die reinen Rassen zurückgegriffen. Bei der Neuzüchtung von Rassen hingegen muß man mit den Kreuzungstieren weiterzüchten. Dadurch arbeitet man mit einer sehr engen Blutbasis, denn alle Tiere stammen von wenigen Ausgangstieren ab. Die Wahrscheinlichkeit, daß die entsprechenden Gene für einen Fehler oder für eine bestimmte Krankheitsanfälligkeit zusammentreffen, ist somit weit größer als bei fertigen Rassen mit breiter Zuchtbasis. Nicht Inzucht und »Degeneration« sind dann die Ursache des Fehlers. Die Verwandtenpaarung hat ihn nur ans Licht kommen lassen. Entsprechendes gilt auch für plötzlich auftretende Fehler bei allen anderen Rassen, sofern sie rezessiv vererbt werden.

Die Unabhängigkeit der Gene hat allerdings auch ihre Grenzen, denn die Vielzahl der vererbbaren Eigenschaften sind bei Katzen auf nur 19 Chromosomenpaaren untergebracht. Diejenigen, die auf dem gleichen Chromosom ihren Platz haben, werden daher auch zusammen weitervererbt. Sie sind aneinander gekoppelt. Für die Vererbung bei der Katze spielt diese Koppelung keine besondere Rolle. Daher sind für sie auch die seltenen Fälle von Austausch von Chromosomenstücken eines Paares bedeutungslos. Dieser Faktorenaustausch, wie der Fachausdruck lautet, findet in der Zeitspanne statt, in der sich die Geschlechtszellen auf die Reifeteilung vorbereiten und die Chromosomenpaare sich zusammenlegen. Dabei kann es zu Verklebungen kommen, die nicht immer an der richtigen Stelle wieder gelöst werden. Interessant ist diese Abweichung vom normalen, erwarteten Erbbild der Nachzucht, weil durch die verschiedene Häufung bei den einzelnen Genen auf den Platz geschlossen werden kann, den sie auf dem Chromosom einnehmen. Denn die randständigen Gene haben mehr Aussicht, diesen Platz im »Austauschverfahren« zu wechseln. Bei einem so hochentwickelten Tier wie der Katze mit relativ geringer Nachkommenschaft sind dies theoretische Erwägungen. Dazu sind Versuchstiere mit sehr großer Vermehrungsrate nötig.

Eine Sonderstellung nehmen die Gene ein, die ihren Sitz auf den Geschlechtschromosomen haben. Sie zeigen uns die *geschlechtsgebundene Vererbung*. Bekannteste Beispiele beim Menschen sind die Vererbung der Rot-Grün-Farbenblindheit und der Bluterkrankheit. Beide kommen vorwiegend bei Männern vor, auf deren einem X-Chromosom sie lokalisiert sind. Bei Frauen mit einer Anlage auf diesem X-Chromosom manifestiert sich die Krankheit nicht, da sie durch das andere, dominante Gen überdeckt wird. Nur in den seltenen Fällen,

*Beispiel für geschlechtsgebundene Vererbung*

| Paarung | | Nachkommen | |
|---|---|---|---|
| Kater | Katze | männlich | weiblich |
| rot | rot | rot | rot |
| rot | schildpatt | rot schwarz | rot schildpatt (schwarz) |
| rot | schwarz | schwarz | schildpatt |
| schwarz | rot | rot | schildpatt |
| schwarz | schildpatt | rot schwarz | schildpatt schwarz |
| schwarz | schwarz | schwarz | schwarz |

wo zwei gleiche X-Chromosomen mit der Anlage für Bluterkrankheit zusammenkommen, kann es zu kranken Frauen führen. Da jedoch ein bluterkranker Mann sein X-Chromosom von der Mutter haben muß, kann er auch nur von ihr die Anlage zur Krankheit ererbt haben. Er wiederum kann sie nur an seine Töchter weitergeben, die zwar gesund erscheinen, aber Überträger wieder auf ihre Söhne sein können. Ein Sohn des Bluters erbt von seinem Vater das – gesunde – X-Chromosom. Er ist nicht nur äußerlich gesund, sondern vererbt die Krankheit auch nicht weiter.

Nichts Krankhaftes hat eine geschlechtsgebundene Vererbung bei Katzen an sich, die seit jeher bekannt war, aber erst durch die Kenntnis der Vererbungsregeln erklärt werden konnte. Die sogenannten Dreifarbigen, die Schildpattkatzen, galten immer als Glücksbringer. Sie waren und sind mit wenigen Ausnahmen weiblich. Die interessante Farbe und ihr Erbgang sind einmalig in der Tierzucht. Zu ihrer Entstehung sind zwei verschiedene Farbanlagen auf den X-Chromosomen nötig. Das eine muß das Gen O für orangegelbe Färbung sein (die sich bei der Katze in der mit »Rot« bezeichneten Fellfärbung äußert), das zweite muß das Gen o sein, das für fehlende Gelbfärbung steht und somit das Haar sich schwarz ausfärben läßt. Die Schildpattkatze hat also die Genkombination Oo. Da ein Kater jedoch nur ein einziges X-Chromosom hat, kann er auf diesem auch nur eine der beiden Anlagen, für Gelb oder für Nicht-Gelb, besitzen. Er kann also nur rot oder schwarz sein, wie die Tabelle zeigt.

Wenn dennoch gelegentlich schildpattfarbene Kater beobachtet worden sind, so dürften sie einem Irrtum der Natur ihre Existenz verdanken. Es kann sich bei ihnen nur um Tiere mit abnormem Chromosomensatz handeln. Auch beim Menschen kommen überzählige Geschlechtschromosomen gar nicht so selten vor. Die dreifarbigen Kater sind bisher immer unfruchtbar gewesen.

Das Erbbild eines Tieres, dessen Erscheinungsbild von dominanten Erbfaktoren bestimmt ist, läßt sich nur ergründen, wenn man *Rückkreuzung* mit einem Partner vornimmt, der die entsprechenden Gene rezessiv besitzt, sie also auch in der äußeren Erscheinung zeigt. Wollen wir also wissen, ob eine kurzhaarige Katze im Genotyp auch die Anlage für Langhaar besitzt, so müssen wir sie mit einer langhaarigen paaren. Ist die Anlage vorhanden, so wird die Hälfte der Nachkommen langhaarig, die andere Hälfte kurzhaarig. War unsere Versuchskatze dagegen reines Kurzhaar ohne Anlage für Langhaar, werden auch ihre Kinder mit einem langhaarigen Elternteil alle kurzhaarig sein.

*Fellfarben.* Die Gesetzmäßigkeiten in der Natur gelten nicht nur für eine Tierart. So vererben sich die Fellfarben bei allen Säugetieren gleich, und wer die Farben, ihre Benennungen und Symbole bei der farbigen Labormaus kennt, bei der man sie zuerst und am gründlichsten erforscht hat, der kennt sich auch sofort bei Hund und Katze aus. Das Prinzip des Erbgangs ist das gleiche, und auch die Haarpigmente entsprechen sich. Deshalb werden auch bei allen Tierarten die gleichen Buchstaben verwendet, um die Fellfarbe zu beschreiben. Da sie der angelsächsischen Sprache entnommen sind, decken sie sich nicht immer mit dem Anfangsbuchstaben unserer deutschen Bezeichnung. Dabei verwendet man für das dominante Gen einen großen Buchstaben und für das rezessive den gleichen Buchstaben klein geschrieben. So steht das A für die Wildfärbung (agouti nach dem südamerikanischen Nagetier) und a für Nichtagouti, was im allgemeinen Schwarz bedeutet, wenn nicht weitere Buchstaben hinzugefügt sind. Denn die gerade bei der Katze so vielfältigen Farben werden von einer ganzen Reihe von Genen hervorgerufen, die in wechselnden Kombinationen immer wieder andere Wirkungen zeigen. Denn wenn auch nur zwei verschiedene Pigmente (siehe auch Seite 30) im Haar vorhanden sind, so kann ihre Verteilung die verschiedensten Farbbilder bewirken.

*Schwarz.* Bei der schwarzen Farbe fehlt nur das Gen, das die Ringelung des einzelnen Haares mit verschiedenen Farbbändern bewirkt. Das Haar ist gleichmäßig schwarz, das Erbbild wird mit aa bezeichnet, wobei man weitere Faktoren, B und D, nicht unbedingt hinzufügt.

*Braun.* Wird B durch sein rezessives Allel ersetzt, so wird das schwarze Pigment zu Schokoladenbraun aufgehellt. Die Formel lautet dann aa bb. Bei Paarungen zwischen reinerbigen Tieren in schwarz aa BB und einem braunen Tier aabb werden alle Nachkommen schwarz sein (aa Bb) mit der Erbanlage für Braun. War jedoch das schwarze Elterntier nicht reinerbig, hatte also die Formel aa Bb, so werden bei der Paarung mit aa bb jeweils die Hälfte der Jungen schwarz bzw. braun ausfallen. Dabei sind die braunen reinerbig, die schwarzen aber wieder spalterbig mit der Anlage für Braun.

*Blau.* Entsprechendes gilt für die Vererbung der blauen Farbe, die durch eine Verdünnung des Pigments entsteht. Daher wurde ihr zu aa die Bezeichnung d verliehen, für dilute = verdünnt. Ein aa-dd-Tier hat das Schwarz seines Felles verdünnt, das heißt, es ist zu Blau geworden. Dabei ist B in seiner normalen, also nicht aufgehellten Form vorhanden.

*Lila.* Sind alle drei Gene doppelt rezessiv, also mit einer Erbformel aa bb dd vorhanden, so bewirkt der Verdünnungsfaktor d, daß das ursprüngliche Braun weiter aufgehellt zu einer blassen Pastellfarbe wird. In Anlehnung an die englische Schreibweise wird dieses Lila bei uns bei manchen Katzenrassen lilac genannt, so bei den Siamesen. Daß nicht jedes Lila dem anderen gleicht und daß manche blaue Farbe intensiver leuchtet als eine andere, deutet auf das Vorhandensein noch weiterer Gene hin, die die Farbausbildung beeinflussen und das Züchten zu einer Kunst werden lassen.

*Rot.* Eines der interessantesten Gene ist das für Rotfärbung. Es wird mit O bezeichnet für Orange, wie diese Katzen früher benannt wurden. Es ist nicht nur dominant über schwarz und agouti, sondern es hat auch einen besonderen Platz, nämlich auf dem Geschlechtschromosom, und es wird dadurch geschlechtsgebunden vererbt. Gleichgültig ob eine Katze AA OO oder aa OO als Erbformel hat, sie wird immer rot sein. In Verbindung mit dem Verdünnungsfaktor dd wird es zu *Creme,* der aufgehellten Variante. Ob B oder b zu O kommt, spielt für die Intensität der Färbung keine Rolle.

*Schildpatt.* Die immer weiblichen Schildpattkatzen besitzen beide Allele Oo. Bei ihnen kommt es zu wohlabgegrenzten Flecken von roter und von schwarzer Färbung, wenn die Formel aa Oo lautet. Ist anstelle von schwarz das Gen für Wildfärbung vorhanden, wie meistens bei den normalen Hauskatzen, so zeigt die A-Oo-Katze keine schwarzen, sondern braungestromte Flecken – daher die Bezeichnung *Dreifarbenkatze.* Sie ist also rot + braun (= wildfarben) + schwarze Zeichnung.

*Blauschildpatt.* Bei Vorhandensein von dd, dem Verdünnungsfaktor, sind die schwarzen Flecken zu blau aufgehellt, bei einer Erbformel von aa dd Oo. Entsprechend kommt es bei aa-bb-Oo-Katzen zu *Braunschildpatt* mit schokoladenbraunen Flecken neben den leuchtenderen roten und bei aa-bb-dd-Oo-Tieren zu *Lilaschildpatt.*

*Blaucreme.* Von der Erbformel her sind die Blaucreme-Perser – von der Haarlänge abgesehen – mit aa dd Oo den Blauschildpatt-Katzen gleich. Während diese aber scharf voneinander abgegrenzte Flecken zeigen, sind die Farben bei Blaucreme zart ineinander übergehend und vermischt.

*Weiß.* Das weiße Fell vererbt sich dominant, kann somit alle anderen Farben überdecken. Zwei weiße Katzen mit dem dominanten W-Faktor können somit durchaus farbige Sprößlinge in die Welt setzen, wenn sie beide für Weiß nicht reinerbig sind. Jede Farbe kann in ihrem Erbgut weitergegeben werden, ohne sichtbar zu werden. Noch gibt es keine genaue Erbformel, die Aufschluß gibt über die Augenfarbe, die orange, blau oder ungleich sein kann.

Selten kommen bei Katzen reine Albinos vor, also weiße Tiere mit rötlich schimmernden Augen. Wie bei allen anderen Tierarten, ist dieses Weiß rezessiv zu Farbe, es wird auch bei der Katze mit cc symbolisiert. Auch cc-weiße Katzen können die Anlage für jede andere Farbe tragen. Sie kann nur nicht ausgebildet werden. Der Name »*Chinese White*« für diese Albinos ist in Amerika gelegentlich zu hören.

*Fellmuster.* Die normale Dorfkatze trägt im allgemeinen eine dunkle Streifen- oder Punktezeichnung im Pelz. Bereits bei ihr kann diese Zeichnung so mannigfach sein wie ihre Benennung in der Katzenzucht. Es ist auch nicht ganz einfach, für ähnliche und doch im Aussehen und im Erbgang zu unterscheidende Zeichnungen eine überall verstandene Benennung zu finden. Daher werden auch bei uns immer mehr die englischen Bezeichnungen benützt, weil sie einprägsamer sind. Die Katzen mit der Tabby-Zeichnung besitzen alle das Agouti-Gen. Von diesem braun-wildfarbenen Grund heben sich die schwarzen Streifen oder Punkte ab. Besitzen die Tiere noch ein zusätzliches Gen $c^{ch}$, so wird ihre Grundfarbe zu hellem, klarem Silber. Diese Zeichnungsmuster gehören zu einer Reihe von mehr als zwei Allelen. An ihrer Spitze steht mit unvollständiger Dominanz mit $T^a$ die Färbung der Abessinierkatzen.

Das *Abessiniermuster* besteht nur aus dem Ticking, der Bänderung oder Ringelung in der Färbung des einzelnen Haares ohne weitere Zeichnung.

*Tigerung.* Mit T wird die normale Tigerung oder Streifenzeichnung benannt. Manchmal wird dabei noch zwischen »mackerel« mit enger stehenden quer verlaufenden Streifen, bei der Tigerung mit weniger und breiteren Streifen unterschieden. Bei der getupften (spotted) Katze sind die Streifen in ovale oder runde Flecken aufgelöst.

*Räderkatze.* Am Ende der Reihe, rezessiv zu den anderen, steht das Allel $t^b$ für Tabby-Zeichnung, womit wir meist nur die Räder-, Marmor- oder Schmetterlingszeichnung meinen. Sie ist zweifellos die weitaus aparteste dieser Zeichnungen und läßt die gewöhnlichste Dorfkatze zu einer auffallenden Schönheit werden. Für die Perserkatzen ist sie die einzig erwünschte und, weil rezessiv, auch einzig vorhandene Zeichnung. Der Name rührt von den scharf begrenzten runden bzw. ovalen Ornamenten auf den Körperseiten und den Schultern her.

*Siamzeichnung.* Das bekannte Färbungsmuster der Siamkatze, bei dem nur Gesicht, Beine und Schwanz ausgefärbt sind, ist ein Allel der sogenannten Albinoreihe. Es liegt zwischen der Anlage für Albino und der für ausgefärbte Pigmentierung und ist rezessiv zu einfarbig und dominant zu albino. Je nachdem, welche übrigen Farbanlagen die Katze trägt, sind die ausgefärbten Zonen gefärbt. Alle Farben, die wir bei einfarbigen Katzen kennen, kommen auch bei der Siamzeichnung vor und können bei Paarung mit einfarbigen Tieren bei den Nachkommen am ganzen Körper in Erscheinung treten. Paaren wir eine Seal-Point-Siamesin mit der Farbformel aa $c^sc^s$ (a für Schwarz, $c^s$ für Siam) mit einer blauen Katze mit der Formel aa dd, so erhalten wir einfarbig schwarze Katzen mit der Formel aa Dd $Cc^s$. Bei der Weiterzüchtung solcher schwarzer Tiere untereinander erhalten wir wieder die beschriebene Aufspaltung 9 : 3 : 3 : 1 mit schwarzen und blauen einfarbigen Katzen, Seal-Point-Siamesen und schließlich als Neukombination einem Blue-Point-Siamesen.

*Burmesen.* Zu dieser selben Allelenreihe gehören noch weitere Gene, das für Burmesen mit $c^b$ und das bereits erwähnte für *Silber* mit $c^{ch}$. Die vollständige Serie lautet also C, $c^{ch}$, $c^b$, $c^s$ und c. Unter $c^{ch}$ stellt man aber auch *Chinchilla* und *Smoke*. Damit ist zunächst eine gewisse Ordnung hergestellt, die zumindest bei Smoke längst nicht befriedigt (siehe auch Seite 230).

*Weißscheckung.* Diese bei Hauskatzen so häufig vorkommende Scheckung sollte – so möchte man annehmen – in ihrem Erbgang bekannt sein und keine Rätsel mehr aufgeben. Leider ist dies nicht der Fall. Denn die Hauskatzen erzählen uns nicht, wer der Vater ihrer Kinder ist, und bei den unter strenger Aufsicht gezogenen Edelkatzen ist die Weißscheckung wenig verbreitet. Bei allen anderen Säugetieren vererbt sich diese Art der Scheckung rezessiv gegenüber Einfarbigkeit, so auch beim Hund und bei der Maus. Trotzdem wird sie von den Katzenforschern, vor allem auch Roy Robinson, dem erfahrensten Kenner der Katzenvererbung, als dominant und durch S bewirkt bezeichnet. Kompliziert wird die Angelegenheit durch die Frage, ob ein einzelnes Gen für sich allein eine so breite Wirkungsskala haben kann. Denn die Scheckung reicht vom kleinsten weißen Fleck auf der Brust in allen Variationen bis hin zur nahezu vollständigen Weißfärbung mit einem oder wenigen Farbtupfern. Ganz sicher ist die Annahme nicht von der Hand zu weisen, daß der zusätzliche Einfluß wenigstens eines weiteren Gens vorhanden sein dürfte. Dadurch würde sich die beschriebene »unvollständige Dominanz« leichter erklären.

*Augenfarbe.* Daß die Färbung der Augen vererbt wird, unterliegt keinem Zweifel. Dennoch sind bisher keine eigenen Symbole für die Augenfarben eingeführt worden. Denn sie wird mit von den Genen für Fellfärbung beeinflußt. Die klare Blaufärbung wird durch das Siam- und das Burma-Allel bewirkt wie auch durch das für die dominante Weißfärbung. Auch die Aufhellungsgene dürften, wie beim Hund, Einfluß besitzen. Wahrscheinlich sind mehrere Gene beteiligt.

*Fellstruktur*. Der dominante Erbgang von *Kurzhaar* gegenüber Langhaar LL : ll wurde bereits auf Seite 166 als Beispiel erwähnt. Daß auch hier zweifellos weitere Gene Einfluß haben können, zeigt die verschiedene Ausbildung bei einigen Rassen. So unterscheidet sich das *Kartäuserhaar* von dem anderer Kurzhaarkatzen.

*Langhaar*. Auch bei Langhaarkatzen manifestiert sich das Gen l nicht immer in gleicher Weise. Bei manchen ist die Haarpracht weit imposanter als bei anderen. Daß dabei ein genetischer Zusammenhang besteht, beweist die Tatsache, daß bestimmte Perserfarbrassen ein üppigeres Haar besitzen als andere, und vor allem auch als die Langhaarkatzen mit *Spitzenfärbung*, also *Colourpoint* und *Birma*.

*Rexkatzen*. Die vier Rassen von Rexkatzen verhalten sich alle rezessiv gegenüber dem normalen Haar. Durch Paarungen der verschiedenen Rassen untereinander stellte es sich heraus, daß es sich um vier selbständig entstandene und unabhängige Mutationen, das sind plötzliche Erbänderungen, handelt. Denn paart man eine *Cornish Rex*-Katze (rr) mit einer *Devon Rex*-Katze (rere), so fallen die Jungen normal behaart aus; sie sind Rr Rere. Entsprechend werden auch Paarungen von Rexkatzen mit Langhaarkatzen zunächst nur kurzhaarige Tiere bringen: rr x ll = Rr Ll. Bei Weiterzüchtung bis zu den doppelt rezissiven rr-ll-Tieren ergaben sich Katzen mit mittellangem, sehr feinem Haar mit den gebogenen Schnurrhaaren der Rexkatzen. Die Symbole für die beiden anderen Rex-Rassen sind rg für *German Rex* und ro für *Oregon Rex*.

*Drahthaar*. Wenn man nicht wüßte, daß neben Kurz-, Lang- und Lockenhaar auch die vierte uns vom Hund her bekannte Haarart, das Drahthaar, bei der Katze entdeckt worden ist, dann müßte man noch auf diese Mutation warten. Denn daß sie eines Tages in Erscheinung treten würde, war auszurechnen. Noch ist dieser vor einigen Jahren in den Vereinigten Staaten entdeckte Katzentyp nicht zu einer richtigen Rasse herausgezüchtet worden. Das Drahthaar vererbt sich dominant und hat das Symbor Wh (Wire-hair) erhalten.

*Defektmutationen*. Fehler, Krankheiten und Mißbildungen, die plötzlich in einer bis dahin gesunden Züchtung auftreten, können erblich sein. Durch eine plötzliche Erbänderung, eine Mutation, können sie jederzeit entstehen. Sie können aber auch lange verborgen bleiben und erst beim Zusammentreffen zweier gleicher Anlagen, je vom Vater und von der Mutter, ans Tageslicht kommen. In den meisten Fällen handelt es sich dann um rezessive Eigenschaften, die nur in doppelter Anwesenheit sichtbar werden. Ist die Schädigung durch diese Mutation sehr stark, so kommt das betroffene Lebewesen gar nicht erst zur Welt. Es stirbt im Mutterleib. Wir sprechen dann von einer Letalmutation, einer tödlichen Erbänderung.

*Schwanzlosigkeit.* Ein Fall einer solchen Letalmutation konnte sich bei der *Manxkatze* erhalten und wird dort als besondere Rasse weitergezüchtet. In diesem Falle handelt es sich jedoch um eine dominante Mutation mit dem Symbol M, bei der alle homozygoten Tiere vor der Geburt absterben und die heterozygoten die erwünschte Schwanzlosigkeit zeigen. Paart man zwei schwanzlose Manxkatzen miteinander, die jeweils die Formel Mm haben, so bekommt man nicht das übliche 1 : 2 : 1 Verhältnis, sondern bei kleinen Würfen zwei schwanzlose und ein Kätzchen mit Schwanz. Die MM-Tiere sind bereits vorher zugrunde gegangen.

Auch dann noch sprechen wir von einem Letalfaktor, wenn das Absterben der homozygoten Tiere bei oder zu irgendeinem Zeitpunkt nach der Geburt erfolgt. Bei anderen Erbänderungen ist nur die Gesundheit und damit die Lebenserwartung stark eingeschränkt. Wir nennen sie dann semiletal.

Die dominante Vererbung der Schwanzlosigkeit und der extremen Kurzschwänzigkeit ist seit vielen Jahrzehnten bekannt, seitdem sich der Katzenforscher Professor Schwangart näher mit einigen in verschiedenen Ländern entstandenen Defektfamilien befaßt hat.

*Schwanzdefekte.* Außer dieser, den Manxkatzen eigenen Schwanzlosigkeit, die mit verschiedenen Wirbeldefekten verbunden ist, sind harmlosere Schwanzmißbildungen verschiedenster Form bekannt. Früher kam bei Siamkatzen häufig eine Schwanzverkürzung vor. Daneben wurde diese Katzenrasse mit einem »Knotenschwanz« gezüchtet. Der Schwanz hatte einen Knick oder eine Verdickung der Schwanzwirbel. Solche Schwanzveränderungen kommen immer wieder vor, zumeist bei den Rassen mit Spitzenfärbung. Der Erbgang ist einfach rezessiv, dadurch kann die Mißbildung auch nach dem Überspringen mehrerer Generationen wieder zum Vorschein kommen. Leichtere Schwanzverdickungen, namentlich in der Schwanzspitze,

*Paarung von Manx-Katzen als Beispiel für Letalfaktor*

Eltern — Kinder

| | | | | | | | | |
|---|---|---|---|---|---|---|---|---|
| | Manx | | Manx | | abgestorben | Manx | Manx | mit Schwanz |
| | Mm | X | Mm | = | MM | Mm | Mm | mm |
| Verhältnis | | | | | – | 2 | : | 1 |

sind nicht immer leicht festzustellen und können sich der Entdeckung entziehen. Vererbt werden sie trotzdem und können bei den Nachkommen durchaus an anderer Stelle des Schwanzes in ausgeprägterer Form auftreten. Auch wenn die Schwanzwirbel operativ in Ordnung gebracht werden, bleibt der Erbfehler vorhanden und wird weitergegeben. Ob es sich bei den Schwanzfehlern, den rezessiv vererbten oder den schweren, dominanten, jeweils um das gleiche Gen handelt, könnte nur der gezielte Zuchtversuch ermitteln. Bei Mäusen kennen wir eine ganze Reihe ähnlich aussehender, aber von verschiedenen Genen bewirkter Schwanzfehler.

*Kurzbeinigkeit.* Katzen mit kurzen Dackelbeinen sind aufgetreten. Doch hat man sie nicht weitergezüchtet. Auch *Zwergkatzen* wurden von Schwangart beschrieben, die es heute ebenfalls noch nicht als Zuchtrasse gibt. Bei all diesen Mutationen kommt es immer darauf an, daß ein passionierter Züchter sich der Neuerscheinung annimmt und sie mit Ausdauer und zumeist unter großen finanziellen Opfern weiterzüchtet.

*Nacktkatzen.* Dies gilt auch für die ganz haarlosen Nacktkatzen, die den Nackthunden entsprechen. Sie sind keine geographische Sonderrasse, als die sie meistens bezeichnet werden. Ihr gelegentliches Vorkommen regt immer wieder zur Diskussion an, ob solche Kuriositäten am Leben gehalten werden sollten. Warum eigentlich nicht, wenn sie im Grunde gesund sind und ihren Besitzern Freude bereiten? Der

*Symbole und Symbolkombinationen der Fellfarben und -strukturen*

| | | | |
|---|---|---|---|
| A | = Wildfärbung (agouti) | $T^a$ | = Abessiniermuster |
| a | = nichtagouti | T | = Streifenmuster |
| b | = Braunaufhellung | $t^b$ | = Stromung (Marmormuster) |
| C | = vollständige Ausfärbung | W | = dominant Weiß |
| $c^{ch}$ | = Silber | $W^h$ | = Drahthaar |
| $c^b$ | = Burmafärbung | | |
| $c^s$ | = Siamfärbung | aa B D | = schwarz |
| c | = Albino | aa bb D | = braun |
| d | = Verdünnung | aa B dd | = blau |
| l | = Langhaar | aa B D $c^bc^b$ | = Burmabraun |
| O | = Orangerot | aa B dd $c^bc^b$ | = Burmablau |
| r | = Cornish Rex | aa bb dd | = lila (Lavender) |
| re | = Devon Rex | dd O | = creme |
| rg | = German Rex | aa Oo | = Schildpatt |
| ro | = Oregon Rex | aa dd Oo | = { Blauschildpatt / Blaucreme |
| S | = dominante Weißscheckung | O $t^bt^b$ | = Rotgestromt |

Besitzer einer haarlosen Katze wird seine Seltenheit ohnehin im Hause halten. Die von Schwangart veröffentlichten Fotos lassen im übrigen den Schluß zu, daß diese Katzen ähnlich wie die haarlosen Hunde durch starke Fetteinlagerung in der Haut ihre Körperwärme halten. Außerdem wird auch bei ihnen die Körpertemperatur um ein Grad höher sein als bei ihren behaarten Verwandten.

*Körperform und Größe.* Wie alle Eigenschaften, vererben sich Wuchstyp und alle Körperformen. Manche von ihnen mögen gekoppelt sein. Sie liegen also auf dem gleichen Chromosom und treten daher vergesellschaftet auf. Ihre genaue genetische Erforschung dürfte auf sich warten lassen, da zu viele Faktoren im Spiel sind und die Erkundung ins Uferlose ginge. Die Körpergröße ist erbmäßig festgelegt. Sie kann durch entsprechende Ernährung nur bis zu einem gewissen Grad beeinflußt werden. Auch allerbeste Kost macht aus einem als zierlich programmierten Kätzchen kein Tier von Wildkatzenformat. Sie beschleunigt vielleicht das Wachstum, läßt es dann aber eher zum Stillstand kommen. Bei Mangelernährung wachsen die Jungtiere langsam, aber dafür länger. Man erreicht mit knapper oder gar wenig gehaltvoller Kost eher eine Anfälligkeit gegen Krankheiten als ein allgemeines Kleinerbleiben. Die Vererbung der Körpergröße erfolgt meist »intermediär«, das heißt, sie liegt zwischen den beiden Elterntieren. Die Körpergröße wird nicht von einem, sondern von mehreren Genen bestimmt, die sich zu ihrem jeweiligen Partner dominant-rezessiv verhalten. Je nach der Genkombination fällt dann das Körpergewicht aus. Dabei ist es durchaus denkbar, daß heute noch nicht vorhandene Körpergrößen herauszuzüchten sind.

### *Ausstellungen*

Es ist ein allgemein menschlicher Wesenszug, daß man sich an etwas Schönem nicht nur allein erfreuen möchte. Man will es zeigen und sich bestätigen lassen, welch Glückspilz man doch ist. Dies ist wohl einer der Hauptgründe, daß seit gut hundert Jahren – genau seit 1871 – große Katzenausstellungen abgehalten werden. Damals fand die erste offizielle Katzenschau im Crystal Palace in London statt. Kleinere, lokale Veranstaltungen hatte es schon vorher gegeben. Mit den großen Ausstellungen, die die Schönen auch aus den Nachbarländern anlockten, kam die Katzenzucht erst so recht in Schwung. Denn diese Zusammenkünfte waren und sind die besten Heiratsmärkte. Wie anders könnte man auch einen Partner für seinen Liebling finden, der vielleicht viele hundert Kilometer weit, in einem anderen Land zu Hause ist? Bei zahlenmäßig starken Rassen besteht dadurch die Möglichkeit, unter vielen auszuwählen. Bei Rassen, von denen nur wenige Exemplare existieren, ist dies oft die einzige Gelegenheit, überhaupt einen gleichrassigen Zuchtkater zu finden.

Für den normalen Tierfreund sind diese Ausstellungen die einzige Gelegenheit, die vielen Katzenrassen überhaupt erst kennenzulernen. Leider bietet sich dazu nicht oft die Möglichkeit. Denn in vielen Ländern findet nur einmal im Jahr ein solches Ereignis statt, so in der Schweiz, in Holland und in Belgien. In der Bundesrepublik Deutschland sind es drei im Jahr. Nur Frankreich, Schweden, England und die Vereinigten Staaten sind aktiver auf diesem Gebiet. Dies wird sich in absehbarer Zeit auch nicht ändern. Die Durchführung von Tierausstellungen ist recht mühsam und kostspielig. Die veranstaltenden Vereine sind schon sehr froh, wenn durch Melde- und Eintrittsgelder die Unkosten hereinkommen. Dabei wird von allen Beteiligten die Arbeit freiwillig ohne Vergütung geleistet, und die oft von weit anreisenden Richter erhalten gerade die nötigsten Auslagen ersetzt.

Wenn zu Beginn der Schau der Katalog mit allen Namen der zu bestaunenden Katzen vorliegen soll, dann müssen die Anmeldungen vier bis sechs Wochen vor dem Termin der Ausstellung abgegeben werden. Um diesen Zeitpunkt nicht zu verpassen, muß man schon Mitglied eines Katzenklubs sein, denn sonst erfährt der Katzenbesitzer kaum etwas von dem Ereignis. Es ist von Vorteil, wenn man zunächst als Schlachtenbummler solch eine Veranstaltung bestaunt, bevor man sich zusammen mit der Katze so richtig ins Gefecht stürzt. Denn ein Vergnügen sind diese meist zwei Tage dauernden Ausstellungen weder für die Katzen noch für ihre Besitzer. Zu den beiden Tagen in der Ausstellungshalle kommen noch An- und Abreise.

Wie auf Hundeausstellungen die kleineren Rassen, so sitzen alle Katzenschönen in geschlossenen Drahtkäfigen in einer großen Halle. Dies ist aber nahezu die einzige Gemeinsamkeit mit den Hundeschauen. Wer nur die weit verbreiteteren Schönheitswettbewerbe der Hunde kennt, ist auf der Katzenschau überwältigt: nicht von der Schönheit der Vierbeiner – die gibt es hier wie dort –, sondern von der himmlischen Ruhe. Denn nicht nur die Katzen fügen sich ohne Stimmaufwand in ihr Schicksal, auch die Katzenhalter verhalten sich wohltuend leise, müssen sie doch nicht gegen vielstimmiges Dauergebell anschreien.

Die Schönheit unseres Lieblings kommt am besten zur Geltung, wenn er richtig vorbereitet wird! Langhaarkatzen baden wir fünf Tage

**Kurzhaarkatzen.** **29b** Orientalisch Kurzhaar, Lavendel *Radja von Pöseldorf* mit junger Siam, Lilac-Point (**24c**). Junge Burmakatzen, blau (**27a**) und braun (**27**). **29a** Ebony (Schwarz) *Eustace Da Capo.* **29** Havana (Chestnut Brown Foreign) *Divus Da Capo.* **16a** Russisch Blau (Bleu Russe) *Mascha von Tschuntaburi.* **29c** Orientalisch Kurzhaar, weiß, *Carmen von Raueneck.*

| | |
|---|---|
| **24c**<br>**29b** | **3x27a**<br>**1x27** |
| **29a** | **29** |
| **16a** | **29c** |

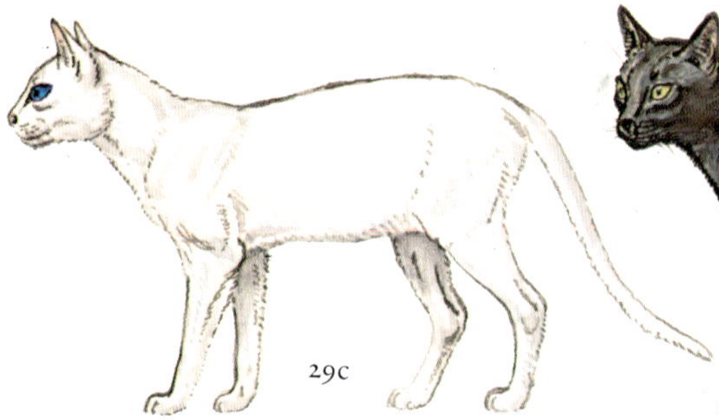

29c

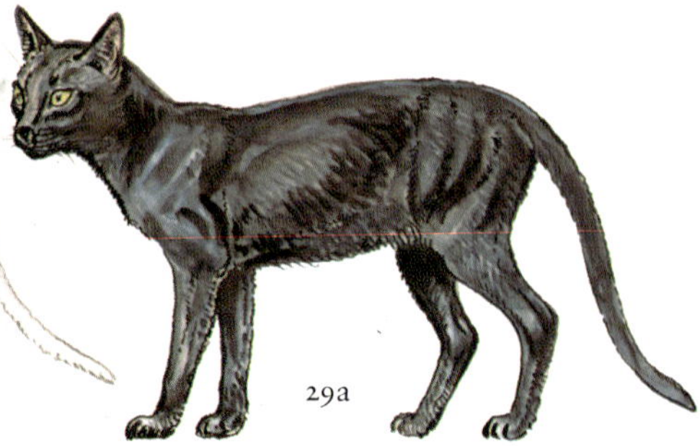

29a

29b

29

23

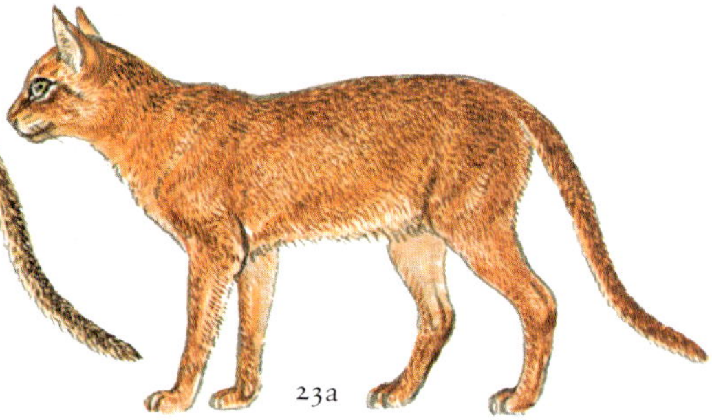

23a

27

27a

vor Beginn der Schau. Dem letzten Spülwasser fügen wir einen Schuß Sagrotan zu, als Vorbeugung gegen Ungezieferbefall. Denn niemand kann sicher sein, ob nicht die Nachbarkatze einen Floh übrig hat. Verwenden wir Puder zur Haarpflege, so darf keine Spur davon mehr im Fell zu finden sein. Selbstverständlich säubert man noch die Ohren vor der Abreise.

Das Sitzen im Käfig ist für das Tier keine reine Freude. Daher wollen wir ihm die Zeit so angenehm machen, wie es die Umstände erlauben. Die kundigen Aussteller bringen Vorhänge, Planen oder Decken mit, um einige Seiten des Käfigs gegen Zugluft oder die Blicke der Nachbarkatzen abzuschirmen. Die erfahrensten unter ihnen stimmen die Farbe dieser Zutaten genau auf das Fell ihres Lieblings ab und erreichen äußerst dekorative Wirkungen. Wir sollten aber immer bedenken, daß es für den Besucher angenehmer ist, wenn wir nicht auch noch die Vorderseite durch eine Plastikfolie halb verschleiern. Denn schließlich finanziert er mit seinem Eintrittsgeld unsere Liebhaberei mit. Es sieht sehr wirkungsvoll aus, die Katze auf ein schönes großes Kissen zu setzen. Das sollten wir aber nur dann tun, wenn sie auch gern so weich sitzt. So manches Tier schätzt das gar nicht. Es wird mit einem Stück Teppichboden weit glücklicher sein.

Katzen sind Gewohnheitstiere. Sicher werden sie in fremder Umgebung zufriedener sein, wenn sie die bekannten Futterschüsseln und Kloschalen mitbekommen. Auch wenn die Einstreu dafür und das Futter auf vielen Ausstellungen gestellt werden, würde ich immer dazu raten, die Katze wie gewohnt zu versorgen und zu füttern. Das Futter sollte auf jeden Fall gehaltvoll sein. Denn Katzen, die regelmäßig gewogen werden, zeigen uns, daß sie in diesen Tagen trotz fehlender Bewegung abnehmen. Frisches Wasser sollte immer im Käfig vorhanden sein. Hinter den Käfigreihen befinden sich bei den Katzenausstellungen Gänge, die nur den Ausstellern vorbehalten sind. Dadurch wird ihnen der Aufenthalt und die Pflege ihrer Tiere recht erleichtert. Für die Besucher hat es den großen Vorteil, daß die ihnen vorbehaltenen breiteren Gänge frei sind für den Zuschauerbertieb.

**Kurzhaarkatzen,** Schlankform. **29c** Orientalisch Kurzhaar, weiß. **29a** Ebony (Schwarz). **29b** Orientalisch Kurzhaar, Lavendel. **29** Havana (Chestnut Brown Foreign). **23** Abessinier, normalfarbig. **23a** Abessinier, rot. **27** Burmakatze, braun. **27a** Burmakatze, blau.

Noch in einer Hinsicht unterscheiden sich die Katzenschauen von den Schönheitswettbewerben der Hunde. Die Tiere werden ohne Anwesenheit ihrer Besitzer begutachtet. Helfer im weißen Kittel, die Stewards, holen die Katzen aus ihrer Box und setzen sie auf den Richtertisch. Kein Frauchen kann durch geschicktes Hinstellen die Nachteile ihres Lieblings verschleiern. Das Richten findet also unter völlig gleichen Voraussetzungen statt. Es wird wirklich nur das Tier und nicht auch die Ausstellungsroutine des Besitzers bewertet. Die einzige Hilfe, die er ihm leisten kann, besteht darin, daß die Katze gewöhnt ist, auf dem Tisch zu sitzen und sich von fremden Händen anfassen zu lassen.

Bei der Konkurrenz zählt nur das Aussehen, nicht der Stammbaum. So kann ein nicht ganz reinrassiges Prachtstück einen Konkurrenten mit viel erlesenerem Stammbaum unter Umständen übertreffen und den Siegertitel erringen. Über den Zuchtwert ist damit nichts ausgesagt. Nur dann ist der Champion auch ein vortreffliches Zuchttier, wenn zur eigenen Schönheit eine entsprechende Ahnenreihe nachgewiesen werden kann. Die Richter begutachten völlig unparteiisch, sie kennen bei der Prüfung weder den Besitzer des Kätzchens noch seine Abstammung. Daß sie ihr Geschäft auch richtig verstehen, dafür sorgt der Klub mit seinen strengen Bestimmungen. Bis ein Richter oder eine Richterin das Prädikat »Internationaler Zuchtrichter« erringen konnte, mußte er viele Anwartschaften im In- und Ausland unter erfahrenen Richtern bestehen und seine Kenntnisse beweisen. Das ist sehr gut, denn gegen ihr Urteil gibt es keine Revision. Es würde auch keinem sportlichen Züchter einfallen zu widersprechen, selbst wenn er seinen Liebling für die Allerschönste hält.

Um eine gerechte Beurteilung der Farben sicherzustellen, dürfen Richter beim Begutachten keine Sonnenbrillen tragen. Den angehenden Richtern, den sogenannten Richterschülern, wird auferlegt, sich vom Augenarzt die Farbtüchtigkeit bescheinigen zu lassen, wenn Zweifel daran bestehen können.

Die Geschlechter und Altersgruppen treten nur untereinander in Wettbewerb. Daher gibt es für jede einzelne Rasse und Farbnummer eine ganze Anzahl Klassen. Außer Katern und Katzen treten die kastrierten Schönen untereinander in Konkurrenz. Jeweils wird unterteilt nach den bereits errungenen Titeln als Internationale Champion-

Klasse, Nationale Champion-Klasse, Offene Klasse für alle Tiere über zehn Monate, Jugendklasse für die sechs bis zehn beziehungsweise drei bis sechs Monate alten Heranwachsenden, Novizenklasse und schließlich die attraktivste Klasse für die Besucher, die Wurfklasse, in der sich die Katzenmütter mit mindestens drei Jungkätzchen von acht Wochen bis drei Monaten zeigen.

Die höchste Auszeichnung, die eine Katze erreichen kann, ist das Internationale Championat, das dreimaliges Erringen des CACIB (= Certificat d'Aptitude de Championat Internationale de Beauté) zur Voraussetzung hat. Diese Auszeichnung als beste ihrer Rasse muß sie in verschiedenen Ländern und unter verschiedenen Richtern erworben haben. Nur die großen internationalen Ausstellungen dürfen das begehrte CACIB vergeben. Auf den anderen großen Schauen kann immerhin noch das CAC, die Anwartschaft auf den nationalen Siegertitel »Champion«, verliehen werden. Auch für ihn muß sich die Katze dreimal unter drei verschiedenen Richtern als Schönste präsentiert haben.

Die anderen Prädikate werden unabhängig von der Zahl der gezeigten Tiere je nach Verdienst verliehen. Ein fehlerloses Tier erhält *Vorzüglich*, gleichgültig wie viele Konkurrenten vorhanden sind. Eine Staffelung gibt es aber doch, denn je nach der Reihenfolge, in der der Richter die Schönen einstuft, verteilt er ihnen Vorzüglich 1. Preis, Vorzüglich 2. Preis oder 3. Preis, was meist kurz mit V 1, V 2 oder V 3 bezeichnet wird.

*Sehr gut* erhalten die schönen Katzen mit kleinen Fehlern, die jedoch das Gesamtbild nicht beeinträchtigen dürfen.

Eine mit *Gut* bewertete Katze läßt gewisse Wünsche offen. Sie sollte nur zur Zucht herangezogen werden, wenn durch besonders sorgfältige Zuchtwahl der ausgleichende Partner gefunden wird oder wenn sie sich durch andere Eigenschaften besonders auszeichnet.

*Befriedigend* erhalten diejenigen Tiere, die schon grobe Mängel im Äußeren aufweisen. Für ihren Besitzer können sie trotzdem als die Schönsten erscheinen, und ihr Wert als Lieblingstier und Hausgenosse ist dadurch nicht im geringsten beeinträchtigt. Nur als Zuchttiere sollte man sie lieber nicht verwenden.

Daneben gibt es noch eine Reihe Sonderlorbeeren zu erringen: »Beste Langhaar-« oder »Beste Kurzhaarkatze« und schließlich sogar

»Bestes Tier der Schau«. Das bezieht sich jedoch nur auf das äußere Erscheinungsbild und sagt nichts aus über den Zuchtwert.

Für einen *Nachzucht-Leistungspreis* ist nötig, daß mehrere Nachkommen einer Zuchtkatze oder eines Zuchtkaters neben dem Elternteil auf der Ausstellung konkurrieren müssen. Je nach erworbenem Prädikat sammeln die Kinder Punkte für ihre Eltern. Die höchste Zahl erhält der Sieger in der Champion-Klasse, ein Tier also, das nicht nur selbst Internationaler Champion sein muß, sondern auch noch die anderen gleich hoch bewerteten Katzen aussticht, dann folgen CACIB, CAC, Vorzüglich 1. Preis, Vorzüglich und Sehr gut.

Ein *Zwinger-Leistungspreis* kann verliehen werden für den Kurzhaar- oder Langhaarkatzenzwinger, dessen Zuchtergebnisse auf gleiche Weise die meisten Punkte gesammelt haben. Bei beiden Preisen ist es nicht nötig, daß die Katzen im Besitz des Züchters stehen. Sie müssen nur auf der gleichen Schau gezeigt werden.

Die stolzen Besitzer hochprämierter Katzenschönheiten hängen nach der Begutachtung gern die äußeren Zeichen des Erfolges am Katzenkäfig auf, um den Zuschauern die Lorbeertrophäen, Rosetten und Bänder zu präsentieren. Der Ausstellungsneuling sollte diese Sitte mit Vorsicht mitmachen, denn die dekorativen Trophäen sind dem Spieltrieb jüngerer Katzen nur selten gewachsen.

Die schwerste Entscheidung hat der ausstellende Katzenfreund zu treffen, wenn es um die Frage geht, wo sein Liebling die Nacht zwischen den Ausstellungstagen zubringen soll. Die Ausstellungsleitung gestattet, daß die Tiere über Nacht nach Hause oder ins Hotel mitgenommen werden dürfen. Soll man das nun tun oder nicht? Die Frage ist für jede Katze anders zu beantworten. Ruhige, ausstellungsgewohnte Perser bleiben in ihr Schicksal ergeben, die Nacht ruhig auf ihrem Kissen. Auch andere Rassen fügen sich ebenso, besonders auch dann, wenn zwei oder mehrere Tiere aus einem Haus zusammen auf der Schau sind, vorausgesetzt, sie vertragen sich. Katzen, die ohne enge Menschenbindung zu leben gewöhnt sind, gewinnen keinen Vorteil, wenn man sie mit ins Hotel nimmt. Für sie ist dies nur eine weitere Umstellung. Begleittiere, die auch sonst viel mitgenommen werden, fühlen sich im Hotel oder auch im Auto wohler. Im bekannten Auto allerdings sollte man die Tiere nur in der warmen Jahreszeit übernachten lassen und mit ihrer gewohnten Toilettenschale. Ganz allgemein gilt: möglichst viel Vertrautes in die fremde Schlafstätte mitnehmen.

Am Ende jeder Ausstellungsreise sollten wir, wie zu ihrem Beginn, vorbeugend gegen Ungeziefer zu Felde ziehen. Denn es ist keine Schande, einen Floh aufzusammeln, ganz sicher aber wird es eine, wenn seine Nachkommenschaft im ganzen Haus heimisch geworden ist.

# Katzenrassen

Beim Hund denkt jeder Mensch an die Vielzahl der verschiedenen Rassen. »Die Katze« dagegen gilt den Uneingeweihten als unvariabel. Als Grund dafür wird dann ihr »relativ junges Haustierdasein« angeführt. So gering nun sind einige Tausend Jahre auch nicht gerade, vor allem nicht, wenn man berücksichtigt, daß die meisten unserer heutigen Hunderassen nicht älter als 100 bis 150 Jahre sind. Bei einer Tierart, die mit einem Jahr fortpflanzungsfähig ist, kann ein passionierter Züchter bereits in einem einzigen Menschenleben Erfolge aufweisen, sofern er nur die Spiele der Natur erhält und weiterzüchtet.

Das setzt allerdings voraus, daß der Mensch auch Einfluß ausüben kann auf die Fortpflanzung seiner Haustiere. Und da liegt der Haken bei unserer Hauskatze. Gewähren wir ihr die Freiheit, die sie liebt und die sie benötigt, um unser Haus und Anwesen von Nagern freizuhalten, so nimmt sie sich auch die Freiheit, den Vater ihrer Kinder selbst auszusuchen. Irgendwelche Abweichungen im Sinne einer Rassenbildung können sich dann nur dort zeigen und halten, wo die Zuchtbasis sehr begrenzt ist und nicht immer wieder frisches Blut zufließen kann. Denn unsere Katze ist so ideal angepaßt und besitzt so günstige Eigenschaften für das Überleben, daß unter natürlichen Umständen alles so bleibt, wie es ist – und so ist es gut.

Doch überall dort, wo geographische Abgeschiedenheit und Züchterinteressen des Menschen dem freien Liebesleben der Katzendamen Grenzen setzen, da ist es auch zu einer echten Rassenbildung gekommen. Eine Rasse ist innerhalb einer Tierart eine Gruppe von Lebewesen, die sich durch bestimmte äußerliche und vielleicht auch wesensmäßige Eigenschaften auszeichnet, die aber in ihren physiologischen Grundlagen innerhalb der Art bleibt und sich mit allen Angehörigen dieser Tierart fruchtbar fortpflanzen kann. Und solche Rassen finden wir bei der Katze in einer solch großen Zahl, daß nur die ausgesprochenen Katzenkenner nahezu alle diese Rassen aufzuzählen vermogen. Und nur ganz wenige, weitgereiste unter ihnen werden das Glück haben, diese Rassen alle im Leben gesehen zu haben. Das wird sich wahrscheinlich in den nächsten Jahrzehnten ändern, und so manche der heute nur in Nordamerika gezüchteten Rassen wird auch auf unseren europäischen Katzenausstellungen regelmäßig zu finden sein. Der gewöhnliche Katzenfreund wird diese Seltenheiten kaum je zu Gesicht bekommen. Die kostbaren Tiere bleiben wohlverwahrt im Hause.

Was den Hunden recht ist, das billigt noch lange nicht jeder den Katzen zu. Die eine Gruppe ist dagegen, daß beispielsweise Ohrform und Schwanz verändert gezüchtet werden oder daß Abweichungen im Haar auftreten, der anderen Gruppe geht alles nicht schnell und stark genug. Sie möchte Zwerg- und Riesenkatzen sehen, von Ratten- bis zur Eselsgröße. Vielleicht ist es möglich, solche Katzen zu züchten – doch ist es auch erstrebenswert? Hat unser Zimmerlöwe nicht gerade so, wie er ist, das günstigste Format für unser Zusammenleben? Immerhin gibt es schon jetzt im Körpergewicht ausgewachsener Tiere große Unterschiede. In Wuchstyp und Kopfform sind Züchtungen gelungen, die vergleichbar sind mit Windhund- und Bulldoggentyp – vielleicht nicht so extrem, wie sie heute in der Hundezucht bekannt sind, doch bestimmt nicht geringer als sie am Beginn der kynologischen Hochzucht vor hundert Jahren bestanden.

Rassekatzen besitzen eine *Ahnentafel*, aus der ihre Abstammung hervorgeht. Sie wird von der Zuchtbuchstelle des für das Land zuständigen Katzenklubs (siehe Seite 265 f) ausgestellt und wird international anerkannt. Es ist nun gar nicht so einfach, eine neue Katzenrasse auf die Beine zu stellen und sie auch offiziell eintragen zu lassen. Bis es soweit ist, müssen mindestens vier Generationen der betreffenden Rasse oder Haarvarietät gezüchtet und mindestens sechs Tiere davon ausgestellt und für gut befunden worden sein. So mancher Züchter, der zunächst mit großem Elan an das Herauszüchten neuer Katzen gegangen ist, hat das Unterfangen bis zu diesem Zeitpunkt wieder aufgegeben.

*Rassen- und Farbnummern*

Langhaar

| | | |
|---|---|---|
| 1 | Perser | schwarz |
| 2 | Perser | weiß mit blauen Augen |
| 2a | Perser | weiß mit orangefarbenen Augen |
| 2b | Perser | weiß mit verschiedenfarb. Augen |
| 3 | Perser | blau |
| 4 | Perser | rot |
| 5 | Perser | creme |
| 6 | Perser | smoke (silbermoor, rauch) |
| 6a | Perser | blau-smoke |
| 7 | Perser | silbergestromt (silber-tabby) |
| 8 | Perser | braungestromt (brown-tabby) |
| 9 | Perser | rotgestromt (rot-tabby) |
| 10 | Perser | chinchilla |
| 11 | Perser | schildpatt |
| 11a | Perser | blau-schildpatt |
| 11b | Perser | blau-schildpatt mit weiß |
| 12 | Perser | schildpatt mit weiß |
| 12a | Perser | zweifarbig (bi-colour, schwarz, blau, rot oder creme mit weiß) |
| 13 | Perser | blau-creme |
| 13a | Langhaar | andersfarbige (noch nicht anerkannte Farbschläge) |
| 13b | Colourpoint (Khmer) | Nr. 1 seal-point |
| | | Nr. 2 blue-point |
| | | Nr. 3 chocolate-point |
| | | Nr. 4 lilac-point |
| | | Nr. 5 red-point |
| | | Nr. 6 tortie-point |
| 13c | Birma | Nr. 1 seal-point |
| | | Nr. 2 blue-point |
| 13d | Türkische Katze | |

Kurzhaar

| | | |
|---|---|---|
| 14 | Europäisch Kurzhaar | weiß mit blauen Augen |
| 14a | Europäisch Kurzhaar | weiß mit orangefarbenen Augen |
| 14b | Europäisch Kurzhaar | weiß mit verschiedenfarb. Augen |
| 15 | Europäisch Kurzhaar | schwarz |
| 16 | Europäisch Kurzhaar | blau (Kartäuser, British Blue) |
| 16a | Russisch Blau | |
| 17 | Europäisch Kurzhaar | creme |
| 18 | Europäisch Kurzhaar | silbergestromt (silber-tabby) |
| 19 | Europäisch Kurzhaar | rotgestromt (rot-tabby) |
| 20 | Europäisch Kurzhaar | braungestromt (brown-tabby) |
| 20a | Europäisch Kurzhaar | getigert (mackerel) |
| 21 | Europäisch Kurzhaar | schildpatt |
| 22 | Europäisch Kurzhaar | schildpatt mit weiß |
| 23 | Abessinier | wildfarben |
| 23a | Abessinier | rot |
| 24 | Siam | seal-point |
| 24a | Siam | blue-point |
| 24b | Siam | chocolate-point |
| 24c | Siam | lilac-point |
| 25 | Manx | |
| 26 | Kurzhaar | verschiedene, noch nicht anerkannte Farben |
| 27 | Burma | braun |
| 27a | Burma | blau |
| 27f | Burma | creme |
| 27g | Burma | blau-creme |
| 28 | Europäisch Kurzhaar | blau-creme |
| 29 | Havana | kastanienbraun |
| 29a | Oriental. Kurzhaar | schwarz (ebony) |
| 29b | Oriental. Kurzhaar | lavendel |
| 29c | Oriental. Kurzhaar | weiß |
| 30 | Europäisch Kurzhaar | getupft (spotted) |
| 31 | Europäisch Kurzhaar | bi-colour (zweifarbig, mit weiß) |
| 32 | Siam | tabby-point |
| 32a | Siam | red-point |
| 32b | Siam | tortie-point |
| 32c | Siam | verdünnte Abzeichen |
| 33 | Rex | Cornish und German |
| 33a | Rex | Devon |
| 36 | Europäisch Kurzhaar Smoke | |

Langhaar (Perser)

Normaltyp (Europäisch Kurzhaar)

Schlanktyp (Siamese)

Mitteltyp (Abessinier)

*Kopfformen*

Rassekatzen werden in zwei große Gruppen eingeteilt: in Langhaar und in Kurzhaar. Innerhalb dieser Gruppen gibt es die verschiedenen Rassen, wobei man die Kurzhaarkatzen nochmals unterteilen kann in die Kurzhaarkatzen vom Normaltyp und in die Schlankformrassen, deren bekannteste die Siamkatzen sind. Die Rassen und unter ihnen die Farbschläge werden durch Nummern bezeichnet. Dies ist eine sehr praktische Einrichtung. Denn wird hinter den Namen der Katze die Nummer gesetzt, so weiß der Eingeweihte Bescheid. Joker von Illyesborn (1) ist demnach ein schwarzer Perserkater. Wäre er ein schwarzer Kurzhaar, so stünde die Nummer (15) hinter dem Namen. Ein gewisser Nachteil ist allerdings bei dieser Sache wie bei allen Nummern: wer zuerst kommt, mahlt zuerst. So sind die ersten dreizehn Nummern den Perserkatzen vorbehalten, wobei bereits einige in a und b unterteilt werden mußten. Bei den Kurzhaarkatzen konnten die verschiedenen Farben bei den einzelnen Rassen und Wuchstypen nicht hintereinander aufgeführt werden, weil bei Einführung der Nummern noch nicht alle heute vorhandenen Farbschläge gezüchtet worden waren. Einige Rassen, die auf dem europäischen Kontinent noch nicht anerkannt sind, besitzen daher noch keine Nummer.

*Langhaarkatzen*

Es ist noch gar nicht so lange her, da wurde jede langhaarige Katze im Volksmund »Angorakatze« genannt. 1965 wurde vom Edelkatzenzüchter-Verband beschlossen, nur noch den Namen »Perserkatze« zu verwenden und einen einheitlichen Standard für Körperform und Fellqualität gelten zu lassen. So gibt es heute bei uns nur noch »Perser«, und die einzelnen aus der Türkei neu eingeführten Langhaarkatzen werden als etwas Neues bestaunt. Dabei werden in frühesten Katzen- und Haustierbüchern Ende des vorigen Jahrhunderts und um die Jahrhundertwende im deutschen wie im englischsprachigen Raum beide Katzen, die türkische Angora oder Ankara sowie die Perserkatze, nebeneinander erwähnt und als sich unterscheidende Rassen beschrieben. Nach Europa sind die Langhaarkatzen aus Kleinasien gekommen. Sie werden erstmalig 1521 in Italien erwähnt und erst 1720 in Frankreich.

Ob der *Manul* (Otocolobus manul [Pallas]) an der Entstehung der Perserkatzen mit beteiligt war, ist umstritten. Zu Unterschieden in der Schädelform kommt die eigenartige Stimme des Manuls, die wie eine Mischung aus Geheul und Gekläff klingen soll. Auch verengt sich seine Pupille bei Lichteinfall nicht zum Schlitz, sondern nur zum Oval wie die der Großkatzen. Ebensogut könnte der gedrungene Bau der Perserkatze auf den Einschlag der *Waldwildkatze* (Felis silvestris) zurückgehen, die sowohl in Persien als auch in Kleinasien beheimatet ist. In ihrer Unterart Felis silvestris caucasica (Satunin, 1905) besitzt sie ein besonders wollig-zotteliges Fell. Auch Miteinkreuzung der *Barchankatze* Felis margarita thinobia (Ognev, 1927) wird, so von Professor Petzsch, für wahrscheinlich gehalten.

Aus der recht normalköpfigen Angorakatze wollte der Zoologe Professor Schwangart vor einigen Jahrzehnten die *Deutsch-Langhaarkatze* als eigene Rasse einführen und bekanntmachen. Sie sollte im Körper- und im Schädelbau zwischen der Perser- und der Hauskatze stehen. Dieser Versuch ist nicht geglückt. Der gedrungene, aus England stammende Persertyp blieb meistgezüchtete Langhaarkatze bei uns. In Amerika sind entsprechende normalwüchsige Langhaarkatzen nicht selten. Durch kürzere Gesichtsbehaarung wirken sie recht ausdrucksvoll.

Zu keiner »Rasse« gehört eine sehr beliebte Katzengruppe: die *Halbperser* (Abb. S. 205). Meist sind dies nicht-reinrassige Perser mit Hauskatzenabstammung und mit halblangem Haar. Wie viele Kreuzungsprodukte aus reinen Rassen (siehe »Luxurieren der Bastarde« Seite 173) besitzen sie körperlich und im Wesen viele Vorzüge. Und ihre Besitzer sind auch mit dem nicht ganz langen Fell recht zufrieden – ist es doch in der Pflege weit genügsamer.

*Perserkatzen.* Die Perser sind die am meisten gezüchteten Rassekatzen. Dreizehn Nummern sind ihren Farbschlägen vorbehalten, und von diesen werden einige noch weiter unterteilt. Es sind imposante Tiere, besonders wenn sie in Ausstellungskondition gehalten sind und ein atemberaubend schönes, gepflegtes Fell zeigen. Auch von der Größe her imponieren sie; 6 kg ist das Durchschnittsgewicht für einen erwachsenen, nicht überernährten Kater.

Das Fell ist dicht und seidig und so lang wie möglich; es soll bei einigen Farben locker vom Körper abstehen, bei anderen langfließend getragen werden und möglichst eine gute Halskrause bilden. Der kurze Schwanz ist dicht und buschig behaart. Der Körperbau ist kräftig und gedrungen, aber nicht schwerfällig, mit mäßig hohen, starken Beinen. Der große, runde Kopf trägt kleine, weit auseinanderstehende Ohren, die gut behaart sein müssen und bei einigen Farben Ohrbüschel tragen. Die kurze Nase mit breiter Schnauzenpartie und vollen Wangen rundet das Gesicht. Der ausgeprägte Unterkiefer tritt bisweilen mit leichtem Vorbiß etwas vor den Oberkiefer. Dies soll als Fehler bewertet werden, bringt aber einen vorzüglichen Gesamteindruck. Die großen runden und weit offenen Augen sind in der Färbung auf die Fellfarbe abgestimmt. Sie sind bei allen Katzenkindern in den ersten Wochen blau und verfärben sich vom Beginn des zweiten Monats an. Es kann jedoch länger als ein Jahr dauern, bis sie ihre endgültige Farbintensität erreicht haben.

Die Fellpflege der Perserkatzen ist unumgänglich. Man kann gar nicht früh genug damit beginnen, auf jeden Fall schon dann, wenn es noch gar nicht viel zu bürsten gibt. Manche Züchter empfehlen, bereits die drei Wochen alten Kätzchen täglich durchzukämmen. Auf diese Weise lernen sie, daß die Körperpflege zum Tagesablauf gehört wie essen und schlafen. Dann gewöhnt sich das Katzenkind daran, Frauchens Hand an jeder Körperstelle zu dulden, auch in den Achselhöhlen und Schenkelbeugen, die besonders empfindlich sind. Das tägliche Kämmen, im Sommer wie im Winter, verursacht letzten Endes die geringste Arbeit, denn es verhindert das Verfilzen und Verklumpen. Das Haar wird senkrecht vom Körper weg, also weder mit noch gegen den Strich gekämmt oder gebürstet. Sollten sich doch einmal Haarkletten gebildet haben, so muß man sie vorsichtig mit den Fingern zerzupfen. An den empfindlichen Stellen der Körperunterseite schneidet man sic besser mit einer Schere mit runder Spitze oder einer Haarschneideschere (Trimmschere) ab. Einmal im Monat pudert man das Tier mit einem Spezialpuder ein, der sorgfältig nach einer Einwirkungszeit wieder ausgebürstet wird. Den Schwanz und das Hinterteil sollte man täglich pudern. Zur Zeit des Haarwechsels im Frühsommer darf gründlich gekämmt und gebürstet werden, auch wenn das Fell dann recht kurz wirkt. Um so besser entwickelt sich das nächste Winterfell. Nur bei Ausstellungstieren wird man nicht so drastisch alles wegkämmen. Sie rupft man mit der Hand und entfernt von dem lose sitzenden Haar vorwiegend alles, was in der Farbe nicht so ganz zum Idealbild paßt. Diese mühsame Prozedur ist für die Katze so wenig ein Vergnügen wie für den Besitzer. Man verteilt sie daher besser auf einige Tage.

Für die Neubildung des herrlichen Pelzes ist eine besonders gute Kost Voraussetzung. Mindestens vom Beginn des Haarwechsels an, besser noch das ganze Jahr über unterstützen wir die Fellentwicklung durch Verfütterung von wöchentlich einem Teelöffel Murnil aus der Apotheke. Dies ist ein die Fellentwicklung förderndes Vitaminpräparat. Auch ein Spaziergang durch den Garten, wie überhaupt der Aufenthalt in frischer Luft und Wind wirkt sich günstig auf die Haarpracht aus.

Im Wesen sind die Perserkatzen allgemein als ruhig bekannt. Verglichen mit den temperamentvollen Siamkatzen mag das wohl stimmen. Doch es gibt da große individuelle Unterschiede. Langweilig sind sie jedenfalls bestimmt nicht, und wenn man ihnen die Gelegenheit nicht versagt, beweisen sie sich auch als tüchtige und ausdauernde Jäger. Einige der mir bekannten besten (und auch berüchtigsten) Fänger von Terrarientieren im Zoo bis zu Ratten und Kaninchen waren Perser oder Halbperser. Einen Vorteil haben sie den Siamesen voraus: sie besitzen eine zarte, leise Stimme. Und die meisten von ihnen rufen damit nur ein- oder zweimal im Jahr nach dem Kater. Das wiegt entschieden die aufwendige Haarpflege auf.

Das Schönheitsideal, nach dem auf Ausstellungen bewertet wird, ist nach Punkten aufgeteilt. Es sind jeweils 100 Punkte möglich. Sie werden jedoch nicht bei allen Farbvarietäten gleichwertig vergeben. So wird zum Beispiel beim blauen Perser die Augenfarbe mit maximal 20 Punkten bewertet, während sie beim silbergestromten mit höchstens 10 Punkten zu Buch schlägt. Für die Bewertung des Schwanzes sind nur bei einigen Farbschlägen 5 beziehungsweise 10 Punkte vorgesehen. Für den Liebhaber ist dies eine komplizierte Wissenschaft, für das Bewerten auf der Ausstellung hat es seinen guten Sinn. Durch die Summierung einzelner Punkte kommt der Richter zu einem gerechteren Urteil als bei Begutachtung des »Gesamteindrucks«. Die Katze, die völlig allein auf sich gestellt, sich von fremden Händen anfassen und auf den Tisch setzen lassen muß, wird sich nie so gelöst geben wie der Hund, der im Richterring von seinem Besitzer an der Leine vorgeführt wird.

*Schwarzer Perser* (Nummer **1**. Abb. S. 97 u. 98)
Gleichmäßig rabenschwarz soll das Fell sein, von der Haarwurzel bis zur Spitze. Es darf keinen rostbraunen Anflug zeigen, keine einzelnen weißen Haare und keine »Geisterzeichnung«, das ist ein noch dunkleres Muster auf dem schwarzen Grund. Einwirkung von Sonne und Feuchtigkeit soll man vermeiden, besonders keine direkte Sonne nach dem Baden auf das Fell scheinen lassen. Davon erhält es einen röt-

lichen Anflug. Der Käufer eines schwarzen Katzenbabys darf noch nicht zu hohe Ansprüche stellen. Bis zu einem halben Jahr kann man noch nichts Endgültiges über die Färbung sagen. Sie ist häufig noch etwas grau, auch mit weißen Haaren gestichelt, oder rötlich. Der Züchter sollte sich seinen Nachwuchs gleich nach der Geburt, kurz nach dem Trockenwerden, genau ansehen. Da ist bei manchen, später tiefschwarz werdenden Kätzchen die erwünschte Farbintensität bereits vorhanden, um in den ersten Lebenstagen fürs erste wieder zu verschwinden. Man paart schwarze Perser auch mit anderen Farben. Schwarze mal Schwarze sollen die besten Ergebnisse bringen. Die Augen sind kupferfarben oder dunkelorange, ohne grünen Kreis.

*Weißer Perser mit blauen Augen* (Nummer **2.** Abb. S. 98 u. 205). Bereits Ende des vorigen Jahrhunderts gehörten die weißen Perser zu den meistgezeigten Ausstellungskatzen. Sicher stammen sie von der weißen Angorakatze ab, worauf auch die immer wieder vorkommenden zu großen Ohren und zu spitzen Schnauzen hindeuten. Daher paart man sie immer wieder einmal mit blauen, schwarzen oder andersfarbigen Katzen, um den Typ zu verbessern. Das reinweiße Fell verlangt beste Pflege. Die Partie unter dem Schwanz muß unbedingt täglich – am besten nach jedem Besuch der Klosettschale – mit warmem Seifenwasser gesäubert und nach dem guten Trockenreiben gepudert werden. Sonst verfärbt sich dort das Haar gelblich.

Die weiße Fellfärbung vererbt sich dominant (siehe Seite 178), das bedeutet, daß die Anlage für jede andere Fellfarbe verborgen im Erbgut vorhanden sein kann. Weiße Kätzchen werden oft mit sehr wenig Haar geboren, der Pelz wächst in den ersten Lebenstagen. Mit vier bis sechs Wochen ist allmählich zu erkennen, ob die Kätzchen blaue oder orangefarbene Augen bekommen. Das erwünschte Tiefblau läßt noch einige Zeit auf sich warten. Es tritt am schönsten in Erscheinung, wenn zwei weiße, blauäugige Tiere gepaart werden. Dann allerdings besteht auch eine größere Gefahr der Taubheit, die seit jeher dieser Farbvarietät eigen war. In letzter Zeit wird vermutet, daß die Anlage für weiße Scheckung verbunden mit der Anlage für weiße Ganzfärbung die Blauäugigkeit und bei einigen Tieren unter ihnen auch die Taubheit hervorruft. Im häuslichen Leben sind die tauben Katzen weniger behindert, als angenommen wird. Sie schließen sich eng an den Menschen an und sind ganz besonders zärtlich. Für ein Zusammenleben mit anderen Katzen oder Freilaufenlassen sind sie weniger geeignet. Weiße Perserkätzchen haben manchmal einen dunklen Fleck auf dem Kopf, der mit dem Erwachsenwerden verschwindet.

*Weißer Perser mit orangefarbenen Augen* (Nummer **2a.** Abb. S. 97). Tiefkupfer- oder orangefarbene Augen mit schneeweißem Fell lassen diese Katzen neben den blauen Persern zu den schönsten Langhaarkatzen zählen, denn beide zeigen den erwünschten Persertyp am ausgeprägtesten. Wie die blauäugigen bedürfen sie einer sorgfältigen Körperpflege. Taube Tiere kommen bei ihnen nicht vor. Aus der Paarung zweier orangeäugiger Weißer können blauäugige weiße Perser kommen oder die nächste Nummer mit verschiedenfarbigen Augen.

*Weißer Perser mit ungleicher Augenfarbe* (Nummer **2b**).
Von den Augen dieser weißen Perserkatzen ist eines tiefblau und das andere orangefarbig. Die Engländer und Amerikaner nennen diese Katzen *Odd-eyed,* ein Ausdruck, der sich auch bei uns eingebürgert hat. Beide Augen zeigen die ihnen eigene Färbung besonders intensiv. Odd-eyed-Perser gibt es nur in Weiß, bei keiner anderen Farbe tritt dieses Phänomen auf. Sie werden gezüchtet aus der Paarung eines blauäugigen mit einem orangeäugigen Elternteil, aus zwei blauäugigen Weißen oder auch aus zwei orangeäugigen Weißen. Obwohl sie im Typ meist ausgezeichnet sind, wird ihnen bei uns nicht die höchste Schönheitsauszeichnung erteilt. Anders ist es in Amerika. Dort hält ein Odd-eyed weißer Champion, Simbelair Aristocrat, einen Rekord: vom 16. September bis zum 3. Dezember 1967 wurde er 37mal beste Katze der Ausstellung, ohne einmal besiegt worden zu sein. Eine sol-

**Verschiedene Zuchtformen.** **2** Junger Weißer Perser mit blauen Augen, *Lord Bueno von Pinnhill,* und **12a** Zweifarbiger Perser (Bi-Colour), *Lord Bata von Pinnhill.* **31** Europäisch Kurzhaar, zweifarbig (Bi-Colour), *Bob vom Deicheck,* und **22** Europäisch-Kurzhaar, Schildpatt mit Weiß, *Bibi vom Deicheck.* Halbperser, weiß mit verschiedenen Augen. **23** Abessinier normalfarbig; Mutter Internat. Champion *Amun's Farida* mit Jungen. **23a** Abessinier, rot, *Chitta Billi's Red Billi.*

| | |
|---|---|
| **2** | **12a** |
| **31,22** | **Halbperser** |
| **23** | **23a** |

33a

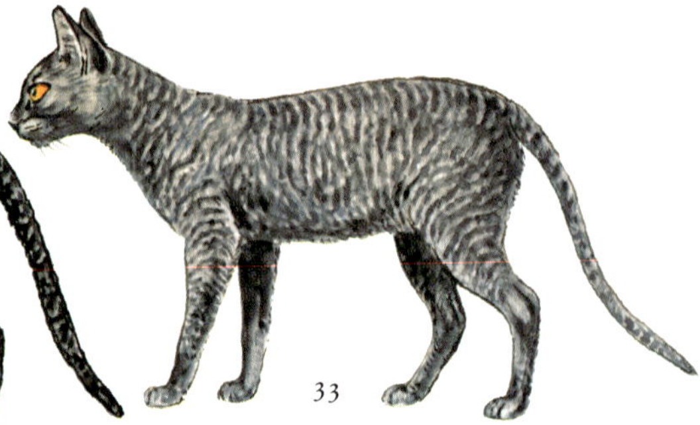

33

25
Stumpy

25
Rumpy

Exotic Shorthair

Korat

Ägypt. Mau

Bobtail

che Leistung – von der Katze, die monatelang in bester Ausstellungskondition von Schau zu Schau gereicht wird, von ihrer Besitzerin, die ebensowenig zur Ruhe kommen dürfte, und schließlich von einem Ausstellungswesen, das dies möglich macht – kann bei uns nur Staunen erwecken.

*Blauer Perser* (Nummer **3**. Abb. S. 98 u. 115).
Von blauer Farbe soll die erste Langhaarkatze gewesen sein, die im 16. Jahrhundert von Persien nach Italien kam. Sie sorgte auch weiterhin für Publicity. Als Lieblingstier der Queen Victoria brachte sie ihre gleichfarbigen Schwestern nicht nur in die Schlösser des europäischen Hochadels, sondern auch in die Bürgerhäuser. Das herrliche Tier hatte und hat diese weite Verbreitung auch verdient, denn es zeigt den typischen Körperbau und den runden Kopf besonders ausgeprägt. So kann es nicht verwundern, daß »blaues Blut« zur Verbesserung in andere Farbvarietäten geflossen ist. Die blaue Farbe soll einen möglichst gleichmäßigen pastellfarbenen Ton haben, ohne Schattenzeichnungen oder weiße Haare. Nur die neugeborenen kommen oft mit Zeichnungsmuster auf die Welt, das bald verschwindet. Dann sind dies oft die am schönsten gefärbten Katzen. Einzelne dunklere Leithaare bei Ausstellungstieren zupft man einzeln mit der Hand aus. Die Augen sind dunkel kupfer oder leuchtend orangc, ohne eine Spur von Grün. Bei der Bewertung wird großer Wert auch auf den kurzen, dicht behaarten Schwanz gelegt. Ein dünner, zugespitzter Schwanz oder gar ein Knoten darin gilt als Fehler.

*Roter Perser* (Nummer **4**. Abb. S. 97 und 98).
Im Gegensatz zu den rotgestromten (Nr. 9) sollen die roten Perser ein gleichmäßiges, einfarbiges Mahagonirot ohne jede Zeichnung und ohne Flecken zeigen. Es ist aber trotz aller Mühe fast unmöglich, ein ganz einfarbiges Tier ohne jeden Streifen an Beinen oder Schwanz und ohne sonstige »Geisterzeichnung« zu züchten. Da auch oft trotz imposanter Größe der Persertyp bei den roten zu wünschen übrig-

**Verschiedene Zuchtformen. 33a** Devon Rex. **33** Cornish-Rex. **25** Manxkatze, weiß Rumpy, daneben Manxkatze, rotgestromt, Stumpy. (Namen wurden in der Zeichnung irrtümlich vertauscht). Exotic Shorthair. Koratkatze. Ägyptische Mau. Japanische Stummelschwanzkatze (Japanese Bobtail).

läßt, empfehlen sich Paarungen der roten mit guten schwarzen, eventuell auch blauen Persern. Die tiefkupferfarbigen Augen passen Ton in Ton vorzüglich zum Haar.

*Creme-Perser* (Nummer **5.** Abb. S. 97 u. 98).
Von der Vererbung her sind die cremefarbenen Perser »verdünnt« rote, ihnen fehlt die Erbanlage, den roten Farbstoff intensiv leuchten zu lassen. Das orangefarbene Auge soll möglichst dunkel aus dem zart pastellfarbenen Fell leuchten. Im Gegensatz zu den roten Persern sind bei den cremefarbenen die Streifen und Flecken weggezüchtet worden. Will man bei den Nachkommen die Farbe behalten, sollte mit gleichfarbigen Partnern oder mit blauen oder mit blaucremefarbenen Tieren verpaart werden.

*Rauchperser (Silbermoor)* (Nummer **6.** Abb. S. 116).
Die aparten, auch *Smoke* genannten Tiere sind seit Beginn der Katzenzucht bekannt. Sie wurden 1860 gezüchtet, angeblich aus schwarzen, weißen und blauen Persern. Schon damals galten die »Smokies« als besondere Schönheiten. Sie sind die Katzen der Kontraste, deren Fell, namentlich in der Bewegung, seine ganze Schönheit zeigt. Das Deckhaar ist an der Basis hell wie die nahezu weiße Unterwolle und geht in schwarze Spitzen über. Eine üppige silberfarbene Halskrause umrahmt ein nahezu schwarzes Gesicht, in dem große orange- oder kupferfarbene Augen leuchten. Silbergraue Ohrbüschel geben weitere Kontraste. Die Beine sind schwarz ohne Abzeichen. Gleich nach der Geburt sind die kleinen Rauchperser leicht von ihren schwarzen Geschwistern zu unterscheiden. Sie zeigen eine deutliche Gesichtszeichnung, das sogenannte »Waschbärenmuster« mit heller Brille um die Augen und M-förmigem Muster auf der Stirn. Diese Zeichnung verschwindet in den ersten Lebenstagen, und dann sind die Kätzchen nur schwer zu unterscheiden. Es dauert dann bis ins zweite Halbjahr hinein, bis die Smoke-Färbung wieder ausgeprägt erscheint.

*Blau-Smoke-Perser* (Nummer **6a.** Abb. S. 116).
Sie gleichen den Silbermoor-Persern bis auf den Unterschied, daß die schwarze durch eine blaue Färbung ersetzt ist.

*Silbergestromter Perser (Silber-Tabby)* (Nummer **7.** Abb. S. 116).
Auch diese Katze besitzt als Grundfärbung ein klares, reines Silber mit tiefschwarzer Zeichnung ohne jede Spur von Braun. Doch sie blickt uns aus grünen oder haselnußfarbenen Augen an. Bei den Langhaarkatzen wird nur die Tabby- oder Marmorzeichnung gezüchtet (siehe auch Seiten 28 u. 179). Noch mehr als bei den Kurzhaarkatzen muß genügend Kontrast vorhanden sein, damit die Zeichnung in der erwünschten Stärke zu erkennen ist und nicht ineinander verschwimmt. Bei der Geburt lassen die Kätzchen ihre spätere Zeichnung nur schwer erkennen. Denn gerade die gut marmorierten zeigen als Erwachsene zuwenig Zeichnung, während die fast schwarzen Neugeborenen mit helleren Seiten und Beinchen mit vier bis sechs Monaten erst ihre Schönheit erkennen lassen.

*Braungestromter Perser (Brown-Tabby)* (Nummer **8.** Abb. S. 116 u. 133).
Bei Katzen bedeutet »Braun« etwas anderes als bei Hunden. Damit wird eine Agouti- oder Wildfärbung gemeint und nicht ein Schokoladenbraun, das eine Verdünnung von Schwarz darstellt. Die Grundfarbe ist ein warmes fahlrötliches bis ins Sandfarbene gehendes Braun mit schwarzem Zeichnungsmuster. Auch hier ist es die Marmor- beziehungsweise Räder- oder Schmetterlingszeichnung. Die Augen sind kupfer- oder haselnußfarben. Die Zahl der braungestromten Perser ist geringer als vor dem zweiten Weltkrieg. Daher muß zur Zucht gelegentlich ein andersfarbiger Partner herangezogen werden. Dabei sollte der Züchter mehr auf die Augenfarbe als auf die Zeichnung achten – sie vererbt sich ohnehin dominant. Eine Paarung mit Silber-Tabby ist wegen der andersfarbigen Augen nicht anzuraten. Dagegen wird man durch das Ausweichen auf einen schwarzen oder dunklen blauen Kater die Augenfarbe vielleicht sogar verbessern, die Farbe der braungestromten Mutterkatze bei der Nachzucht erhalten und zumeist auch den ganzen Typ verbessern. Hat man einen braungestromten Kater, so eignet sich auch eine Schildpattkatze zur Braun-Tabby-Zucht.

*Rotgestromter Perser (Rot-Tabby)* (Nummer **9.** Abb. S. 116).
Diese Katzen sind der einfarbig roten Perserkatze sehr ähnlich, doch

besitzen sie die Marmorzeichnung als dunkelrotes Muster auf rötlichem Grund. Ihr Fell ist außerordentlich seidig und lang. Die Augen sind orange- oder kupferfarben.

*Chinchilla-Perser* (Nummer **10.** Abb. S. 97 u. 98).
Wo eine Chinchillakatze auftritt, kann sie ihrer Wirkung sicher sein. Dabei gleicht sie dem Chinchilla-Pelztier eigentlich gar nicht. Ihr rein weißes Fell ist nur an den Haarspitzen schwarz gefärbt. Das wirkt wie ein zarter dunkler Schleier über dem hellen Haar. Blaugrüne oder smaragdfarbene, schwarzumrandete Augen blicken äußerst wirkungsvoll über der leuchtend rosafarbenen, flachen, kurzen Nase. Die Herkunft des ersten Chinchilla-Perserkaters ist bekannt. Er stammt aus einer Paarung eines smokefarbenen und eines Silber-Tabby-Tieres und erregte in den 80er Jahren des vorigen Jahrhunderts in London auf der Katzenschau einiges Aufsehen. Als er 17jährig starb, wurde er präpariert und soll heute noch im Natural History Museum in London zu sehen sein. Chinchillakatzen verpaart man zweckmäßigerweise nur miteinander, denn Silbermoor hätte zwar eine ähnliche Fellfarbe, jedoch andersfarbige Augen. In Amerika züchtet man Chinchillakatzen oft zusammen mit den *Silberschattierten Persern*, die bei uns nicht anerkannt werden. Sie unterscheiden sich von den Chinchillas nur durch das stärkere Ticking, sie haben also eine ausgeprägtere Spitzenfärbung, die den Schleier der Chinchillas wie einen leichten Mantel wirken läßt. Die Farbe des Haargrundes und der Augen ist die gleiche wie bei Chinchilla. Gleich ist auch die Überraschung, die die neugeborenen Kätzchen unerfahrenen Züchtern bereiten. Sie zeigen eine ausgesprochene Musterzeichnung auf dem Rükken und an den Seiten. Daher ist es bei Würfen, in denen Chinchilla und Silberschattierte liegen, zunächst nicht möglich, die Jungtiere hinsichtlich ihrer Farbzugehörigkeit sicher einzuordnen.

*Schildpatt-Perser* (Nummer **11.** Abb. S. 115 u. 116).
Drei Farben hat die Schildpattkatze: Schwarz, Rot und Creme. Diese Farben sollen in Flecken scharf voneinander getrennt über den ganzen Körper verteilt und auch im Gesicht vorhanden sein. Das Fell wünscht man sich lang und fließend, mit besonders ausgeprägtem Halskragen und extra buschigem Schwanz. Die Augen sind kupfer- oder tief-

orangefarben. Das Ausgefallene an diesen Katzen ist ihr Erbgang. Schildpattkatzen sind immer weiblichen Geschlechts. Wird doch einmal ein Katerchen dieser Färbung geboren, so ist dies ein Irrtum der Natur, der von ihr selbst korrigiert wird, denn der Knabe ist unfruchtbar. So ist es nötig, die Schildpattkatze immer mit einem andersfarbigen Kater zu paaren. Dabei kann sie mehrere Würfe zur Welt bringen, bis endlich einmal ein ihr gleichendes Kätzchen dabei ist. Als Vatertier wählt man einfarbige Kater, da bei denen mit Tabbymuster die Zeichnung in den Schildpattöchtern auftreten kann. Und bei dieser Färbung ist die Stromung unerwünscht. Umgekehrt schätzt man Schildpattkatzen mit reinen, ungemusterten Flecken für die Zucht der reinroten und cremefarbenen Perser. Bewährt haben sich als Väter für die Schildpattkatzen rein rote, cremefarbene oder schwarze Kater, auch blaue werden bisweilen herangezogen. Näheres über den Erbgang siehe Seite 178.

*Blauschildpatt-Perser* (Nummer **11a**).
Bei ihnen ist die schwarze Farbe durch einen Verdünnungsfaktor in Blau umgewandelt. Sonst gleichen sie den normalen Schildpattkatzen.

*Schildpatt- und Weiß-Perser* (Nummer **12.** Abb. S. 115 u. 116).
Bei diesen Katzen kommt als vierte Farbe Weiß hinzu. Es soll von den anderen Farben scharf abgesetzt sein und möglichst nicht auf den Rücken übergreifen. Im dunklen Kinn darf ein kleiner weißer Fleck stehen, sonst soll sich das Weiß auf Gesicht, Hals, Brust und Beine erstrecken. Als Zuchtkater verwendet man Bi-Colour-Perser in Rotweiß oder Schwarz-weiß. In Amerika sind diese Vierfarben-Katzen als *Calico-Perser* bekannt und beliebt.

*Blauschildpatt- und Weiß-Perser* (Nummer **11b**).
Bei diesen Vierfarbkatzen ist Blau statt Schwarz vorhanden.

*Zweifarbiger Perser (Bi-Colour)* (Nummer **12a.** Abb. S. 116, 133 und 205).
Diese als Nebenprodukt bei der Schildpatt- und Weiß-Züchtung hervorgegangenen Perserkatzen sind erst vor kurzem anerkannt worden, 1966 in England und 1968 bei uns. Erst 1971 wurde in England der Standard, also die genaue Rassebeschreibung, festgelegt.

Erlaubt sind alle ungemusterten Farben mit Weiß, also Schwarz-weiß, Blau-weiß, Creme-weiß und Rot-weiß. Ursprünglich wünschte man die Farbverteilung in der Zeichnung der Holländerkaninchen. Hals, Schultern und Beine sollten weiß sein, ebenso eine gleichmäßige Blesse von der Schnauze bis zur Stirn. Weil jedoch zu viele Kätzchen nicht diese erwünschte Zeichnung hatten, einigte man sich auf eine großzügigere Lösung. Nicht mehr als zwei Drittel des Fells sollen farbig und nicht mehr als die Hälfte darf weiß sein. Das Gesicht soll beide Farben zeigen. Die Augen sind orange- oder kupferfarben. Fehlerhaft ist vor allem die Tabby-Zeichnung, dann gelbe oder grüne Augen und ein zu langer Schwanz.

*Blau-creme-Perser* (Nummer **13.** Abb. S. 98 u. 115).
Klares Blau und Creme in Pastelltönen, sanft vermischt, so bezeichnet der Rassestandard diese Färbung. Augen tiefkupfer oder orange. Diese Färbung ist seit 1920 bekannt und wurde früher als Blau-Schildpatt bezeichnet. So verkehrt war dies gar nicht, denn diese Farbspielart findet sich wie Schildpatt nur bei weiblichen Tieren. Sie tritt auf, wenn eine blaue und eine cremefarbige Perserkatze gepaart werden. Die kleinen Kater aus diesen Verbindungen bekommen die Farbe, die ihre Mutter hat, also entweder blau oder creme.

*Übrige-Farben-Perser* (Nummer **13a**).
Alles, was an neuen Farben auf uns zukommt, hat Anrecht auf diese Nummer. Zunächst gehört hierzu die silberschattierte Perserkatze, die auf Seite 210 bei Chinchilla mitbeschrieben wurde.

*Cameo-Perser* (Abb. S. 98).
Diese Neuzüchtung wurde bisher nur in Amerika anerkannt, doch ist es nur eine Frage der Zeit, bis sie auch bei uns Fuß faßt. Bis nach England ist sie bereits gekommen und hat dort Freunde und Züchter gefunden, obwohl die Herauszüchtung ihrer aufregenden Farbe gar nicht so einfach ist. Mittlerweile wird sie auch bei uns gezüchtet. Sie wird als rosafarbene Katze bezeichnet und ist bereits 1901 entdeckt worden. Damals wurde eine »Schattierte Orangefarbene« ins Zuchtbuch eingetragen. Von der Benennung »Orangefarben« ist man seit einiger Zeit abgekommen und bezeichnet diese

Katzen als »Rot«, wie dies auch sonst in der Tierzucht für diese kräftige Farbe gebräuchlich ist. Die rote Perserfarbe ist auch eine der Grundlagen für die Cameo-Zucht, Rot oder seine Verdünnung Creme ist die Farbbasis, die Spitzenfärbung des einzelnen Haares, das Tikking, ist die Art, wie diese Farbe im Fell zur Ausbildung kommt. Wie bei den entsprechenden Persern mit schwarzer oder blauer Grundfarbe kann die Pigmentausbildung nur die äußerste Haarspitze betreffen wie bei Chinchilla, sie kann stärker ausgebildet sein wie bei den Silberschattierten, und sie kann sich so stark zeigen wie bei Silbermoor oder Smoke. Entsprechend bezeichnet man die Tiere als *Shell-Cameo,* wenn die Ausfärbung der Haarspitzen den Chinchilla-Persern entspricht, als Schattierte oder *Shaded-Cameo* oder als *Smoke-Cameo,* beziehungsweise *Rot-Cameo,* wenn sie soviel Färbung zeigen wie die Silbermoor. Dann können sie auf den ersten Blick rot wirken, bis die elfenbeinweiße Unterwolle sichtbar wird. Auch bei den anderen Cameo-Persern ist das Unterfell nahezu weiß, wenn auch nie mit dem Anflug von Silber, der der schwarzen Grundfärbung vorbehalten bleibt. Ihre Gesichtsmaske ist rot oder kräftig cremefarben. Die Augenfarbe ist immer Kupfer, das Näschen ist leberfarben, und die Augen sind rosafarben umrändert. Während früher dem Zufall überlassen blieb, ob ein Cameo-Kätzchen zur Welt kam, weiß man heute, wie man diese Neuheiten züchten kann. Wegen der Augenfarbe kommen nur Rauchperser als Lieferanten des Ticking in Frage. Silberschattierte und Chinchilla besitzen keine kupferfarbenen Augen. Der andere Elternteil muß solides Rot mitbringen, also Rot oder Creme ohne Zeichnung. Aller Berechnung nach sollte dann in der ersten Generation noch kein Cameo-Kätzchen erscheinen. Doch in der zweiten Generation treten sie auf, auch wenn man eine Katze der ersten Generation wieder von einem Rauchperser decken läßt. Hat man erst das Zuchtziel erreicht, dann wird es einfacher: Cameo mit Cameo vermählt ergibt nur Cameo. Das Problem wird nur sein, wo findet man einen Cameo-Kater? Außer den roten Cameo-Katzen findet man nicht selten die cremefarbenen, aber in Amerika auch bereits schildpattfarbene.

*Colourpoint (Khmer)* (Nummer **13b.** Abb. S. 133 u. 134).
Colourpoint, in der Übersetzung »Spitzenpunkt«, lautet heute die

offizielle Bezeichnung für diese aparte Langhaarkatze. Der frühere Name Khmer und der in Amerika eingeführte *»Himalayan«* spiegeln einen fernöstlichen Ursprung vor, der gar nicht den Tatsachen entspricht. Die Katze vom Persertyp mit der Siamzeichnung ist ein reines Zuchtprodukt, das systematisch aus diesen beiden so gegensätzlichen Rassen entwickelt worden ist. Nicht aus Zufall oder reiner Liebhaberei wurde diese neue Rasse geschaffen, sondern aus reiner wissenschaftlicher Neugier, und zwar von dem Zoologen und Vererbungswissenschaftler Dr. Clyde Keeler und den Katzenzüchterinnen Virginia Cobb und Mr. Goforth in den dreißiger Jahren. Colourpoints kamen schon sehr früh von Amerika nach England, wo sie auch selbst neu gezüchtet wurden, Frankreich und Deutschland. Außer dem Zeichnungsmuster, der sogenannten Spitzenfärbung, ist von der Siamrasse nichts übriggeblieben, der Körperbau, der Kopf und die üppige Behaarung sollen völlig der Perserkatze gleichen. In der Praxis allerdings ist dieser Idealzustand nicht bei allen Tieren erreicht, und es bleiben in Typ und Haar einige Wünsche offen. Dem könnte durch gelegentliches Zuführen von bestem Perserblut abgeholfen werden. Dies würde zwar bedeuten, daß die Spitzenzeichnung bei den Kindern dieses reinblütigen Persers mit einer Colourpoint-Katze verschwinden würde, da sie rezessiv vererbt wird (siehe auch Seite 179). Da sie aber im Erbgut vorhanden ist, käme sie in der nächsten Generation bei einem Teil der Katzen wieder zum Vorschein, verbunden mit der Typverbesserung. Leider läßt sich dieses so einfach klingende Rezept nicht in die Praxis umsetzen. Und das liegt an den Zuchtbestimmungen. Da beide Rassen ein geschlossenes Zuchtregister besitzen, würde die Eintragung dieser »aufgebesserten« Colourpoints Schwierigkeiten mit sich bringen. Sie bekämen nicht die erwünschte vollgültige Ahnentafel, sondern nur eine für »Experimentalzucht«. Und die ist weniger erwünscht, denn damit würden die viele Generationen lang sorgsam und rein gezüchteten Tiere mit anderen Katzen gleichgestellt, deren Abstammung nur wenige Generationen zurück zu verfolgen ist. So werden die Colourpoint-Katzen wohl fürs erste mit nur gut halblangem Haar und weniger rundem Kopf durchs Leben schreiten müssen.

Wie bei den Siamesen, ist die Körperfarbe hell, die dunklen Abzeichen sind auf Kopf, Beine und Schwanz beschränkt. Die Augen sollen von leuchtendem, tiefem Blau sein, groß, rund und gut geöffnet.

Das Fell wünscht man sich mit ausgeprägter Krause, die kleinen, weit auseinanderstehenden Ohren mit ausgeprägten Haarbüscheln. Der Kopf soll rund sein mit ausgeprägten Wangen und kurzer Nase. Der kurze, buschig behaarte Schwanz darf nicht zugespitzt verlaufen und auf keinen Fall einen Knoten oder Knick aufweisen.

Die Colourpoint-Katze ist im Wesen recht hundeähnlich und braucht engen Kontakt zum Menschen. Dies ist wohl einer der Gründe für ihre große Beliebtheit und für ihren hohen Preis. Seltenheiten müssen bezahlt werden, besonders wenn sie von hoher Qualität sind. Wenn irgend möglich, sollte man diesen Katzen den Aufenthalt im Freien nicht ganz versagen. Ihr Fell entwickelt sich am schönsten bei Außenauslauf. Trockene Wärme läßt die hellen Zonen nachdunkeln.

Farbe Nr. 1 ist Seal-Point, schwarzbraune Abzeichen bei cremefarbener Körperbehaarung (Abb. S. 133 u. 134).

Farbe Nr. 2 ist Blue-Point mit blauen Abzeichen bei eisfarbigem Körper (Abb. S. 133 u. 134).

Farbe Nr. 3 ist Chocolat-Point, schokoladenfarbige Abzeichen mit elfenbeinfarbiger Körperfärbung (Abb. S. 134).

Farbe Nr. 4 ist Lilac-Point, lila Abzeichen bei magnolienfarbigem Weiß am Körper (Abb. S. 134).

Farbe Nr. 5 ist Red-Point, rote Abzeichen mit weißer Körperfarbe (Abb. S. 134).

Farbe Nr. 6 ist Tortie-Point, schildpatt Abzeichen mit cremefarbenem Körper.

*Birmakatzen* (Nummer **13c.** Abb. S. 133 u. 134).
Über die Abstammung der heiligen Birma-Katzen wird viel gerätselt. Vom Namen her dürfen sie nicht mit den kurzhaarigen Burmakatzen (Burma ist der englische Name für Birma) verwechselt werden, und dem Aussehen nach darf man sie nicht zu den Colourpoints zählen. Sicher ist, daß die Birmakatze vor den Colourpoints vorhanden war, und wahrscheinlich entstammt sie wie diese einer Vermischung zwischen Langhaar- und Siamkatzen. Ob diese Züchtung im fernen Hinterindien stattgefunden hat oder erst sehr viel später irgendwo in Europa, das läßt sich nicht mehr herausfinden. Um die Zahl der Verwechslungen voll zu machen, geistert auch noch eine stummelschwän-

zige Birmakatze durch die Zeiten und Katzengemüter, seit Darwin sie beschrieben hat. Dies ist eine Kurzhaarkatze, die der japanischen gleicht. So wissen wir auch nicht, ob die Sage über die Entstehung der heiligen Birmesen von Birma überliefert oder von ihren Liebhabern erst in unserem Jahrhundert erfunden wurde. Sie lautet folgendermaßen: Vor Jahrhunderten erbaute das Volk der Khmer in Lao-Tsun einen Tempel zu Ehren der goldenen Göttin Tsun-Kyan-Kse, die saphirblaue Augen hatte. Mun-Ha, ein Priester dieser Göttin, hielt bei seinen Meditationen immer eine weiße Tempelkatze an seiner Seite, so auch als er während eines Gottesdienstes von Räubern überfallen und getötet wurde. Sinh, die Katze, stellte sich auf ihren toten Herrn und blickte der goldenen Göttin ins Antlitz. Von ihrem Strahlen wurde das weiße Fell golden, die gelben Augen blau, die Beine braun, und die Füße, die den toten Priester berührten, blieben schneeweiß, als Zeichen ihrer Reinheit. Am nächsten Morgen glichen alle die vielen, vorher weißen Tempelkatzen der Katze Sinh. Sinh selbst starb sieben Tage später, um der Seele ihres toten Herrn im Jenseits beizustehen.

Vom Körperbau her ist die Birma-Katze zwar eine Langhaar-, aber keine Perserkatze. Sie ist gedrungen, doch länger im Rücken, mit niedrigen, stämmigen Beinen. Der kräftige Kopf besitzt volle Wangen und eine kurze Nase, aber keinen ausgeprägten Stirnabsatz oder Stop. Die Stirn ist rund, ebenso sind auch die klaren blauen Augen rund. Die aufrecht stehenden Ohren sind wesentlich größer und spitzer als die der Perserkatzen und der Colourpoint. Das Fell ist weniger lang als das der Colourpoint, entspricht ihm aber in der Zeichnung. Die Abzeichen in Gesicht, Schwanz und Beinen sind seal, blau und schokoladenfarbig, das Körperhaar ist hellbeige bis goldschimmernd. Die weißen »Schuhe« an allen vier Pfoten sollen nur die Ausdehnung der Vorderpfoten besitzen, am Hinterfuß mit einer Spitze enden. Ihr Wesen wird als freundlich und intelligent bezeichnet.

*Balinese* (Abb. S. 170).
Auch bei dieser Rasse handelt es sich um langhaarige Katzen mit Spitzenfärbung, also mit dunklen Abzeichen an Kopf, Beinen und Schwanz. Im Gegensatz zu Colourpoint und Birma-Katze sind die Balinesen keine gedrungenen Tiere, sondern schlanke Katzen vom Siamtyp. Auch im Wesen ähneln sie den Siamesen, sollen in der Laut-

stärke jedoch etwas zurückhaltender sein. Ihr Haar verfilzt weniger schnell als das der Perser, so daß tägliches Bürsten nicht unbedingt erforderlich ist. Besser ist es auf jeden Fall. Die Balinesen sind aus reinen kurzhaarigen Siamzuchten entstanden. Es handelt sich um eine Mutation, wie sie auch bei vielen kurzhaarigen Hunderassen vorgekommen ist. Da sich Langhaar rezessiv gegenüber Kurzhaar vererbt (siehe Seite 181), können solche Überraschungen plötzlich in Erscheinung treten, ohne daß ein »Seitensprung« dazu erforderlich wäre. Es müssen nur die Anlage für Langhaar von beiden – kurzhaarigen – Elterntieren zusammentreffen. Unter sich verpaart, bringen diese Tiere nur langhaarigen Nachwuchs, auch wenn sie selbst reinen Kurzhaarlinien entstammen. Erst seit den 1950er Jahren bekannten sich einige Züchter zu diesen Siamesen-Abkömmlingen, die vorher als fehlerhaft in der Versenkung verschwanden und auf keiner Ausstellung gezeigt wurden. Seit 1963 sind sie in Amerika voll anerkannt. Da die Zuchtbasis gering ist, dürfen Balinesen etwas kräftiger gebaut sein als Siamesen heute. Ihre Farben entsprechen den Siamkatzen: Seal-point, Chocolate-point, Blue-point und Lilac-point.

*Ankarakatze* (Abb. S. 134).
Diese rein weiße Türkische Katze ist der Prototyp der alten Angorakatze, wie sie in den ersten Katzenbüchern beschrieben ist. Sie mußte in der Zwischenzeit der Perserkatze das Feld überlassen und wird jetzt als Neuimport wieder aus der Türkei eingeführt. Sie galt immer als exklusiver als die anderen Türkischen Katzen und wird um 1900 als recht empfindlich beschrieben. Ob das damals stimmte, ist zu bezweifeln. Sicher wollte man damit nur ihren Wert herausstellen. In Amerika und England, wo die Ankara- oder Angorakatze bereits längere Zeit anerkannt ist und wo es auch neuere Importe aus dem Zoo Ankara gibt, wünscht man ihr Fell von reinem Weiß. Wie die anderen weißen Katzen, kommen bei ihr Tiere mit orangefarbenen oder mit blauen Augen vor sowie solche mit verschiedenfarbigen Augen in Orange und Blau. Auch bei diesen Katzen neigen die blauäugigen zu Taubheit. Ihr Fell ist ohne Unterwolle, verfilzt also auch nicht so leicht. Der buschig behaarte Schwanz ist mittellang. Nasenspitze und Fußballen sollen zartrosa sein, die Augenlider ebenfalls rosaumrändert. Im Körperbau unterscheidet sie sich recht von der Perserkatze.

Sie hat feinere Knochen mit zierlicheren Füßen und einen längeren Rücken. Am auffallendsten ist der Unterschied in der Kopfform. Der Kopf ist dreieckig mit langer, spitzer Nase, ohne ausgeprägte Wangen und mit weniger breiter Schnauzenpartie. Die großen Ohren stehen eng beieinander, sind steil aufgerichtet und spitz. Der ganze Gesichtsausdruck zeigt etwas Ähnlichkeit mit dem Spitzhund.

*Türkische Katze* (Nummer **13d**).
Unter dem Namen Türkische Katze ist jetzt auch bei uns eine andere aus der Türkei stammende Langhaarkatze anerkannt, die trotz ebenfalls weißer Färbung nicht mit der Ankarakatze verwechselt werden darf. Sie wird seit Jahrhunderten – angeblich so lange wie der Salukihund – in der südöstlichen Türkei gezüchtet. Dieser Katze werden eine besonders gute Auffassungsgabe und hohe Intelligenz nachgesagt bei einer Lebhaftigkeit, die für Langhaarkatzen sonst nicht allgemein üblich ist. Entsprechend bemerkenswert wird auch ihr Appetit beschrieben und ihre Vorliebe für eine anständige Fleischmahlzeit. Sie ist alles andere als empfindlich und verträgt, wie die gewöhnliche Hauskatze, im Sommer wie im Winter freien Ausgang in Garten und Gelände. Als einzige von allen Rassekatzen besitzt sie eine ausgesprochene Vorliebe für Wasser, in das sie freiwillig steigt und in dem sie sich schwimmend vorzüglich fortbewegen kann. Ihr Körper ist lang, aber gedrungen, die Beine sind mittellang mit zierlichen, runden Füßen. Der dreieckige Kopf mit langer Nase zeigt kaum einen Stop. Die Ohren sind eng gesetzt und werden aufrecht getragen. Das kalkweiße Fell umrahmt den Hals in guter Krause. Es soll bis zu den Wurzeln lang, weich und seidig sein, ohne Unterwolle. Daher bedarf es auch keiner aufwendigen Haarpflege. Die kalkweiße Grundfarbe soll keinen Anflug von Gelb zeigen. Im Gesicht finden sich kastanienrote Flecken mit einer weißen Blesse. Kleine unregelmäßige Flecken von der gleichen kastanienroten Farbe sind am Körper erlaubt, erwünscht sind sie nicht. Dafür soll der mittellange, buschig behaarte Schwanz kastanienrot sein, dunkler und heller geringelt.

*Maine Coon* (Abb. S. 134).
Diese bisher nur in Amerika bekannte Katze ist der Beweis dafür, daß nicht alle Katzenrassen von gleicher Größe und annähernd ähnlichem

Gewicht sein müssen. Sie wird sehr groß und erreicht ein Gewicht von mehr als 15 kg. Die Maine Coon ist eine der ältesten amerikanischen Zuchten. Seitdem sie in den frühen Katzenbüchern seit 1861 beschrieben ist, wird sie ständig auf Ausstellungen gezeigt. Ihr Wesen ist zurückhaltend, geduldig mit Kindern, ruhig und intelligent. Sie soll nur einmal im Jahr Junge zur Welt bringen können. Der Kopf dieser Langhaarkatze ist nicht so rund wie der der Perserkatzen. Ihr langer, muskulöser Körper steht auf kräftigen, mittellangen Beinen. Die Länge des Fells ist verschieden, kürzer an den Schultern und länger an der Bauchseite. Jede Farbe und Farbkombination ist erlaubt. Die Augen sind im allgemeinen grün. Sie können in Übereinstimmung mit der Fellfärbung auch eine andere, reine Farbe zeigen.

*Pekeface* (Pekinesengesicht).
Seit 1930 ist diese kurzgesichtige Katze bekannt. Sie wird nur in Rot oder Rottabby gezüchtet. Die Nase ist extrem kurz und wirkt zusammengedrückt. Dadurch ist nicht immer der Zahnschluß beider Kiefer gegeben. Pekefacekatzen kamen plötzlich in roten Perserlinien vor. Sie züchten nicht unbedingt rein weiter. Der charakteristische »Nasenbruch« tritt manchmal schon nach einem Tag auf, er kann aber auch ein halbes Jahr auf sich warten lassen. Diese Katzen sind bisher nur in Amerika gezüchtet worden.

## *Kurzhaarkatzen*

Die für die einzelnen Länder zuständigen Rassekatzenklubs (siehe Seite 265 f) haben für die anerkannten Rassen Standards aufgestellt, die nach Bedarf ergänzt und erweitert werden. Da nun aber die normale Hauskatze in allen Ländern bodenständig war, wo diese Klubs entstanden, sind auch für ihre direkten, »edel« gezüchteten Nachkommen in mehreren Ländern die Rassekennzeichen festgehalten und ein offizieller Name aufgestellt worden.

In Europa unterscheidet sich die bodenständige Edelkatze, *Europäisch Kurzhaar,* durch ihren gedrungeneren Körperbau und den massiveren Kopf von den meisten der frei laufenden Hauskatzen. Sehr ähnlich ist das Erscheinungsbild der *British Shorthair,* die wegen der strengen Quarantänebestimmungen Großbritanniens nur in einer Richtung Verbindung mit dem Kontinent hat. Nur gelegentlich kommen englische Tiere über den Kanal. Ein echter Austausch oder ein Vergleich der Tiere untereinander auf Ausstellungen ist unmöglich. Die *Americain Shorthair* gleicht dagegen der zierlicheren Hauskatzenform. Neben ihr wird die *Exotic Shorthair* gezüchtet, die viel Ähnlichkeit mit der Britischen und der Europäischen Kurzhaarkatze zeigt.

Leider wird sich diese amerikanische Rasseneinteilung bei uns nicht durchsetzen. Sie wäre die nächstliegende, denn durch sie könnte man einerseits den gedrungeneren Typ noch besser herausstellen und auf der anderen Seite den vielen »gewöhnlichen« Katzen durch ein Vorstammbuch den Weg zur Rassekatze, die sie ja bereits ist, offiziell ebnen. Dahin wird es wegen der Verwechselungsgefahr wohl nicht kommen, denn in jüngster Zeit kam eine neue Rassengruppe zu einem eigenen Namen: die *Orientalisch Kurzhaar*. Neu daran ist vor allem der Name. Die Tiere selbst, die bisher als Schlanktyp, Selfcoloured oder Foreign White benannt waren, gibt es schon länger.

Das Gebiet der Kurzhaarrassen ist – von einigen alten Rassen wie den Siamkatzen abgesehen – von einer verwirrenden Vielfalt. So ist die Eingruppierung einer kurzhaarigen blauen Katze in eine ganze Reihe von Rassen möglich. Das erinnert an Parallelen in der frühen Hundezucht. Neben scharf abgegrenzten Rassen, die keinerlei Zweifel aufkommen ließen, gab es andere, die noch »im Werden« waren. Sei es, daß sie aus verschiedenen Komponenten künstlich zusammengefügt wurden, sei es, daß sie sich einfach noch nicht weit genug voneinander differenziert hatten. So konnte es in dieser Frühzucht geschehen, daß die verschiedenen englischen Terrierrassen so wenig Unterschiede mitbrachten, daß Wurfgeschwister auf den Ausstellungen bei verschiedenen Rassen gezeigt werden konnten. Dies waren Kinderkrankheiten, und sie sind es auch bei unseren Katzenrassen. Es macht ja gerade den ungeheuren Reiz dieser Haustierliebhaberei aus, daß eine Rasse nichts Starres darstellt. Sie zeigt sich, an ihrem Beginn mehr noch als dann, wenn sie sich auf der Höhe befindet, in dauernder Entwicklung. Und jeder Züchter, der mehr sein will als bloßer Vermehrer seiner Tiere, kann ein kleines oder größeres Stück dazu beitragen, das Rassenbild weiterzuentwickeln und zu formen.

Um ein ausgeglichenes Erscheinungsbild der Angehörigen einer

Rasse herauszuzüchten, bedarf es einer über viele Generationen gehenden gezielten Auslese nach einem Zuchtideal. Das setzt aber eine genügend große Zahl von Individuen voraus, denn auswählen kann man nur, wenn eine Auswahlmöglichkeit vorhanden ist. Diese ist bei den Katzen nicht nur durch die oft recht geringe Zahl an Tieren eingeschränkt. Sie wird künstlich noch stark begrenzt durch die Tatsache, daß die meisten Kater und viele weiblichen Tiere durch Unfruchtbarmachung ein für allemal aus dem Zuchtprozeß ausgeschlossen sind.

Die Unterschiede im Aussehen sind zwischen manchen Katzenrassen heute noch recht gering. Ob sie sich vertiefen, wird die Zeit erweisen. Wir müssen uns aber auch davor hüten, Unterschiede dort zu sehen, wo gar keine sind. Der Mitteleuropäer, der die gewöhnlichen Hauskatzen in den warmen Gegenden des Vorderen Orients sieht, ist zunächst erstaunt über ihre Schlankheit. Das hat aber gar nichts mit ihrem Wuchstyp zu tun, wie die Schädelform zeigt, die derjenigen unserer heimischen Dorfkatzen gleicht. Es ist einfach eine Anpassung an das Leben im warmen Klima. Denn nimmt man eine solche Katze auf den Arm, befühlt man sie, so merkt man die Unterschiede zwischen den Fingerspitzen. Der Körperbau ist genau der gleiche wie bei den unseren, doch das der Umgebungstemperatur angepaßte extrem kurze Fell liegt ganz knapp der Haut an und imitiert den Schlanktyp. In südlichen Gegenden mit kalten Nächten wächst den Katzen auch ein entsprechend schützender Pelz. Wie die Langhaarkatzen, werden auch ihre kurzhaarigen Vettern und Basen je nach Farbe nach Nummern bezeichnet, die in der Tabelle auf Seite 196/197 aufgeführt sind. Wo keine Nummer bei der Farbrasse angegeben ist, wurde offiziell noch keine vergeben. Denn erst wenn eine Rasse genügend durchgezüchtet ist, wird sie entsprechend registriert.

*Europäisch Kurzhaar.* Der Körper dieser gedrungenen Katze soll kräftig gebaut sein und massiv wirken, mit breiter voller Brust, kräftigen, nicht zu langen Beinen, straffem, waagrechtem Rücken und einem Schwanz, der dick ist am Ansatz und von einer Länge, die gut zum Körper paßt, also nicht zu lang ist. Die Pfoten sind rund, der Hals nicht zu lang. Gut entwickelte Wangen, kurze Nase und ein ausgeprägtes Kinn lassen den Kopf rund erscheinen; die abgerundeten Ohren sind weit auseinander angesetzt. Das kurze, dichte Fell wird aus allen drei Haartypen gebildet mit ausgeprägten Leithaaren und guter Unterwolle. Die für alle Europäisch Kurzhaarkatzen geltende Punktskala ist:

| | | | |
|---|---|---|---|
| Körper und Schwanz | 10 Punkte | Ohren | 10 Punkte |
| Beine und Füße | 5 Punkte | Fell | 10 Punkte |
| Kopf und Hals | 10 Punkte | Kondition | 5 Punkte |

Die übrigen 50 Punkte werden meistens mit 25 für Farbe und 25 für Augen aufgeteilt.

*Europäisch Kurzhaar, weiß mit blauen Augen* (Nummer **14**. Abb. S. 151).
Mit dem schneeweißen Fell ohne jeden Schimmer von gelb, den leuchtend blauen Augen und der rosafarbenen Nase war diese Katze mit der ersten Nummer als Sinnbild der Reinheit seit Jahrhunderten geschätzt und gern auf Gemälden abgebildet. In der Literatur erscheint sie 1682 als verwunschene Prinzessin. Trotz dieses großen Interesses blieb die Zahl der weißen Katzen immer gering. Ihr Erbgang verläuft dominant, es können also weiße Kätzchen geboren werden, auch wenn ein Elternteil eine andere Farbe trägt. Nie aber erscheint ein solches aus zwei farbigen Eltern, gleich welcher Abstammung. Wie bei den weißen Persern, können einige der weiß-blauäugigen Kurzhaarkatzen taub sein. Sie sollen jedoch immer ein gutes Gehör bekommen, wenn sie in der frühen Jugend einen vorübergehenden dunklen Fleck zwischen den Ohren zeigen.

*Europäisch Kurzhaar, weiß mit orangefarbenen Augen* (Nummer **14a**. Abb. S. 152).
Nur durch die gold- oder kupferfarbenen Augen unterscheiden sich diese weißen von den blauäugigen. Die Hörfähigkeit ist bei jedem Tier in Ordnung.

| | |
|---|---|
| 33 | Hänge-ohrk. |
| Europ. Wildk. | Falb-katze |
| Sichel-dünenk. | Manul |

**Verschiedene Zucht- und Wildformen. 33** German Rex. Hängeohrkatze. Europäische Wildkatze. Falbkatze (Kater). Junge Sicheldünenkatze. Manul.

Europäische Wildkatze

Afrikanische Falbkatze

Schwarzfußkatze

Steppenwildkatze

Wüstenkatze

Rohrkatze

Manul

Bengalkatze

*Europäisch Kurzhaar, weiß mit zweierlei Augen* (Nummer **14b**).
Bei den weißen mit ungleicher Augenfarbe ist das eine Auge saphirblau das andere orangefarben. Die Vererbung geht wie bei den weißen Persern vor sich. Das CAC für Schönheit wird diesen Katzen auf Ausstellungen nicht verliehen.

*Europäisch Kurzhaar, schwarz* (Nummer **15**. Abb. S. 152).
Diese rabenschwarzen Katzen sollen gleichmäßig dunkel sein bis zur Haarwurzel, ohne ein weißes Haar und ohne rötlichen Schimmer. Der Rotton ist nicht immer zu vermeiden. Er tritt auf, wenn das Tier viel der Sonne ausgesetzt ist, vor allem nach dem Baden. Die Augenfarbe ist intensiv Orange und Kupfer, keine Spur von Grün wie bei den normalen schwarzen Hauskatzen. Schwarze Katzen haben seit jeher die Phantasie angeregt. Nur sie sollten sich unsichtbar machen können – was in der Dunkelheit ja kein Wunder ist. Und nur ihnen sagte der Aberglauben die besondere magische Wirkung nach. So sollten sie den Seemann auf See behüten. Doch wenn im Hafen plötzlich ein schwarzer Kater von alleine an Bord ging, so brachte das Unglück. Daß alle Katzen der Hexen und alle sonst im Märchen kohlschwarz waren, versteht sich von selbst. Und Katzenfelle, die zweifellos gut gegen rheumatische Schmerzen sind, sollen besonders heilkräftig sein, wenn sie von schwarzen Tieren stammen (was sich physikalisch allerdings nicht begründen läßt). Nicht leicht ist die Auswahl der Zuchtkatzen zu treffen, solange sie noch sehr jung sind. Denn die tiefe Schwärze des Fells entwickelt sich erst spät. Ein rostiger Anflug der Oberflächenfarbe weicht im allgemeinen einem tiefen Schwarz, während hellere oder bläuliche Tönung am Haargrund mit Vorsicht betrachtet werden sollten. Bei der Fütterung der Ausstellungskatzen aller schwarzen oder sonstigen Farben ohne Braun und Rot sollte man mit Zusätzen von Möhren zurückhaltend sein, denn das Karotin kann in Haut und Haar wandern.

*Kartäuser (British Blue)* (Nummer **16**), siehe Seite 231.

**Wildkatzen.** Europäische Waldwildkatze. Afrikanische Falbkatze. Schwarzfußkatze. Steppenwildkatze. Wüstenkatze. Rohrkatze. Manul. Bengalkatze.

*Russisch Blau* (Nummer **16a**), siehe Seite 232.

*Europäisch Kurzhaar, creme* (Nummer **17**).
Sattes, gleichmäßiges Creme ohne Streifen und ohne Weiß soll die Farbe dieser schönen Katze sein. Es ist ein verdünntes Rot mit kupfer- oder orangefarbenen Augen. Die Zucht im erwünschten Farbton gelingt nicht immer nach Wunsch, da manche cremefarbene Katze, die von Schildpatt- oder roten Vorfahren stammt, zuviel Streifenzeichnung zeigt. Gute Erfolge bringen Paarungen mit British Blue = Kartäuser oder Blaucreme-Europäisch Kurzhaar. Der Fellfarbe bekommt eine gleichmäßige Temperatur ohne große Schwankungen am besten.

*Europäisch Kurzhaar, silbergestromt (Silber-Tabby)* (Nummer **18**).
Diese Marmorkatze mit dem scharf abgesetzten schwarzen Muster auf klar silbernem Grund ist eine der beliebtesten Kurzhaarkatzen. Während die schwarzen Streifen auf Nacken und Rücken längs laufen, zeigen sich auf Schultern und Flanken große runde Ornamente. Die Kopfzeichnung mit dem M-Muster auf der Stirn und den beiden dunklen Streifen von den Augen unter den Ohren verlaufend zum Hinterkopf sind bei allen gemusterten Katzen gleich. Die seit langem rein gezüchteten englischen Silber-Tabby-Katzen haben die anderen europäischen Zuchten beeinflußt, so daß auf dem Kontinent diese Katzen alle einen vorzüglichen Typ zeigen. Die Farbe der Augen ist Grün oder Haselnuß.

*Europäisch Kurzhaar, rotgestromt (Rot-Tabby)* (Nummer **19**).
Bei gleichem Marmor- oder Schmetterlingsmuster wie die Silbergestromten haben diese Katzen auf rotem Grund ihre klar abgesetzte tiefrote Zeichnung bei orange- oder haselnußfarbenen Augen. Am Schwanz sollen die dunklen Farbringe und die dunkle Spitzen gut abgesetzt erscheinen. Bereits bei der Geburt ist die Zeichnung recht deutlich zu erkennen, doch im Baby-Fell erscheint sie dann für einige Zeit verwischt. Mit dem Erwachsenwerden der Katze wird das Muster wieder endgültig klar.

*Europäisch Kurzhaar, braungestromt* (Nummer **20.** Abb. S. 152).
Mit Braun wird hier eine Wildfärbung bezeichnet, die durch die An-

lage für Agouti hervorgerufen wird, also das Ticking aufweist, die verschiedene Färbung des einzelnen Haares. Dieses Braun bis Sandfarben darf nicht verwechselt werden mit dem Schokoladenbraun, bei dem das einzelne Haar durchgehend die gleiche Farbe hat. »Gestromt« bezeichnet die Tabby-Zeichnung, wie sie bei Silbergestromt beschrieben wurde. Braun-Tabby-Katzen mit Stammbaum kommen selten vor. Der eine Grund ist der dominante Erbgang dieser Wildfärbung, die, wenn sie nicht in jeder Generation erhalten bleibt, nicht wieder herauszuzüchten ist, es sei denn durch Zuführung neuen Blutes. Zum anderen ist dieses Braun bei frei herumstreifenden Tieren so häufig, daß wohl daher von den Züchtern eine gewisse Abneigung herrührt und Silber vorgezogen wird. Die Tabby-Zeichnung kommt dagegen bei freien Katzen nur vereinzelt vor, denn sie vererbt sich rezessiv. Daher züchtet sie auch rein weiter, wenn zwei Tabby-Tiere verpaart werden. Die gewöhnlichen Katzen tragen ihr Muster zumeist in Streifen (siehe Seite 28). Die Augenfarbe soll orange- oder haselnußfarben, kann aber auch dunkelgelb oder grün sein. Die Streifen am Schwanz, den Vorderseiten der Beine, Hals und Brust sollen wie das übrige Muster scharf abgesetzt sein. Weiße Flecken sind nicht erlaubt. Die Braungestromten sind nicht nur schöne und imposante Tiere, sie sind vor allem problemlos zu züchten. Bei guter Vitalität zeigen die Kleinen von der Geburt an schon, was aus ihnen zu werden verspricht. Die Fellpflege der Ausstellungskatzen ist sehr einfach und hält sich im allgemeinen Rahmen.

*Europäisch Kurzhaar, getigert* (Nummer **20a.** Abb. S. 151 u. 152).
Bei diesen Katzen kann man sich die Zeichnung gut erklären. Sie soll aus zahlreichen klar abgegrenzten Streifen bestehen, die wie beim Tiger vom Rücken zum Bauch führen. Die Zeichnung von Schwanz, Beinen und Gesicht ist, wie der Rückenstreifen, gleich der der Tabby-Katzen. Die Schwanzspitze hat immer die Farbe der Ringe. Tigerkatzen gibt es in den gleichen Grundfarben wie gestromte: Silber-, Rot- und Brauntiger; die Augenfarbe entspricht den gestromten. Die Tigerung ist dominant gegenüber Stromung, das heißt, daß zwei Tigerkatzen ein Junges mit Marmorzeichnung bekommen können, aber nie zwei Marmorkatzen ein getigertes. Englischer Name: *Mackerel.*

*Europäisch Kurzhaar, getupft* (Nummer **30**).
Wenn die Tigerstreifen aufgelöst sind, dann bekommen wir die getupften (englisch »spotted«) Katzen. Die Flecken dürfen rund, länglich oder rosettenförmig sein, sie müssen sich aber immer gut von der Grundfarbe abheben. Die frühesten Abbildungen zahmer oder Hauskatzen zeigen immer getupfte Tiere. Der ägyptische Gott Ra wird so dargestellt, und so manche Papyrusrolle zeigt das gleiche Fellmuster. Als Stammbaumkatzen sind die Getupften erst seit zehn Jahren in England wieder im Kommen, auf dem Kontinent wird es mit ihnen noch einige Jahre dauern. Auch sie kommen in den drei Grundfarben braun, rot und silber vor mit entsprechenden Augen. Wie sie sich erbmäßig von den getigerten unterscheiden, ist noch nicht geklärt.

*Europäisch Kurzhaar, Schildpatt* (Nummer **21**. Abb. S. 152).
Bei den Kurzhaarkatzen kommt es ganz besonders darauf an, daß die roten und die schwarzen Flecken klar und deutlich voneinander abgegrenzt sind, ohne Stichelung, Streifenzeichnung oder Weiß. Auch Beine, Füße, Schwanz und Ohren müssen so klar gefleckt sein wie der Körper und der Kopf. Eine rote Blesse ist erwünscht. Dreifarbenkatzen werden sie genannt, weil sie außer der schwarzen helle und dunkle rote Flecken zeigen. Sie waren seit jeher die Katzen für Individualisten, obwohl oder gerade weil sie nicht einfach zu züchten sind. Die Farbverteilung wird nicht immer in der erwünschten Verteilung geliefert. Dazu kommt der geschlechtsgebundene Erbgang, der alle Schildpattkatzen weiblichen Geschlechts sein läßt. Die wenigen männlichen Schildpattiere sind unfruchtbar (siehe Seite 178). Daher muß zur Zucht der Schildpattkatzen immer ein schwarzer, ein roter oder ein cremefarbener Kater herangezogen werden. Gestromte Tiere sollte man nicht verwenden, da die Stromung in den Flecken der Schildpattkatze nicht erwünscht ist. Die Schildpatthauskatzen haben diese Tigerung oder Stromung zumeist, sie fragen auch nicht, welche Farbe der Kater besitzt, wenn er seiner Liebsten nur gefällt. Die Augen sollen Orange, Kupfer oder Haselnuß sein.

*Europäisch Kurzhaar, Schildpatt mit Weiß* (Nummer **22**. Abb. S. 151).
Zu Schwarz, hellem und dunklem Rot kommen bei diesen Katzen noch weiße Flecken. Sind schon die einfach Schildpattfarbenen nicht

ganz einfach in idealer Farbstellung zu züchten, so kommt bei diesen Katzen noch die Verteilung des Weiß hinzu, das als Blesse sehr geschätzt ist, möglichst aber nicht auf den Rücken übergehen soll. Brust, Bauch und Beine sind im allgemeinen weiß, auf dem Kinn ist ein kleiner weißer Fleck offiziell erlaubt, doch es soll dem Ausstellungsrichter überlassen bleiben, wie er diese schönen Katzen bewertet. Möglichst soll das Weiß weniger als die Hälfte des Körpers bedecken. Der Schwanz ist immer ausgefärbt. Die Scheckung vererbt sich unabhängig von der Schildpattfärbung und kann ebenso bei den schwarzen und roten Katern und Katzen der Schildpattzuchten vorkommen. Hieraus stammen dann auch zumeist die sogenannten zweifarbigen Europäisch Kurzhaarkatzen (Seite 230).

*Europäisch Kurzhaar, Smoke* (rauchfarben) (Nummer **36**. Abb. S. 151). Bis vor kurzem wurden die smokefarbenen Europäisch Kurzhaar unter der Nummer 26 mit allen »andersfarbigen« Kurzhaarkatzen, auch der Schlankform, eingestuft, sofern keine andere Klasse für sie zuständig ist. Die smokefarbenen Kurzhaarkatzen des gedrungenen Typs sind bereits länger bekannt, kommen aber sehr selten vor. Wie die Rauch-Perser, haben sie silbrig-weißes Unterhaar, das schwarz überzogen erscheint, weil die Spitzen der Deckhaare schwarz gefärbt sind. Das Gesicht erscheint schwarz, obwohl auch bei ihm helles Haar an der Basis steht, doch es ist zu kurz, um durchzuscheinen. Auch Beine und Schwanz sind dunkel. Die großen orange- und kupferfarbenen Augen bilden einen guten Kontrast. Erwünscht ist das Fehlen jeder Streifenzeichnung, doch läßt sich dieses Zuchtziel nicht im ersten Anlauf erreichen, zumal gerade bei der Smokekatze die Geisterzeichnung von den Katzenliebhabern der Einfarbigkeit vorgezogen wird. Das Fell darf nicht zu kurz sein, und es soll weich vom Körper abstehen, damit bei der Bewegung das silbrige Unterfell durchschimmert. Dies wird erreicht durch Einkreuzung von Perserkatzen, die auch die runde Kopfform fördern. Neugeborene Smokes unterscheiden sich von ihren schwarzen Geschwistern durch die helle »Waschbärenzeichnung« ihres Gesichts. Diese verliert sich in den ersten Wochen, so daß es in der Jugend nicht immer leicht ist, sie von den schwarzen Geschwistern sicher zu unterscheiden, denn manche dunkle Smokekatze wirkt schwarz.

Vererbungstechnisch gruppiert man das Gen für Smoke in die Siamreihe ein. Diese Meinung entspricht nicht den Tatsachen. Denn paart man Smoke mit einfarbig Schwarz oder Blau, so erzielt man im allgemeinen zur Hälfte Smoke- und zur anderen Hälfte solid gefärbte Nachzucht. Das spricht für dominanten Erbgang. Um Streifenzeichnung zu vermeiden, sollte man Smoke nur mit einfarbigen Katzen der Schwarzreihe, also ohne Braunfaktor, paaren. Bei Paarungen mit Blau kann Blausmoke entstehen, wenn auch der zweite Partner das Verdünnungsgen besitzt. Verpaarungen mit roten Tieren kann zu *Red-smoke* führen, in Amerika unter dem Namen *Cameo-Smoke* bekannt.

*Europäisch Kurzhaar, blau-creme* (Nummer **28**).
Blau-creme-Kurzhaarkatzen entsprechen in der Färbung den Blau-creme Persern. Sie müssen von einem Elternteil den Faktor für verdünntes Schwarz, also Blau bekommen und vom anderen Elternteil den für verdünntes Rot, also Creme. Dieses Muster kann durch mancherlei Paarungen zusammen kommen, denn Blau kann von schwarzen, Creme von roten Katzen vererbt werden und beide Farbtönungen von Schildpatt. Bei den blau-creme Tieren sollen beide Farben ineinanderfließen und nicht in klaren Flecken abgegrenzt sein. Die Kopf- und Körperform entspricht der Kartäuserkatze oder der British Blue, die ja eigentlich genauso ausschaut wie die Europäisch Kurzhaar. Die Augen sind kupfer-, orangefarben oder gelb, jedoch nicht grün.

*Europäisch Kurzhaar, zweifarbig (Bi-Colour)* (Nummer **31**. Abb. S. 152).
Als zweifarbig, Bi-Colour, bezeichnet man nicht jede zweifarbige Katze, sondern nur weiß-bunt gefleckte. Sie sind nur als Stammbaum-Edelkatzen eine Neuheit. Als Hauskatzen sind sie immer häufig und sehr beliebt gewesen. Besonders die schwarz-weißen mit ihrem guten Kontrast hatten immer viele Liebhaber. Sie sehen mit ihren weißen Pfötchen, der weißen Brust und Kehle und der bis zur Mitte der Stirn gehenden Blesse ganz besonders niedlich aus. Weil jedoch nicht alle Katzen in der idealen Farbverteilung geboren werden und zu viele nur wegen etwas mehr oder weniger Weiß disqualifiziert werden müßten, ist der Standard großzügiger angesetzt worden. Es soll nicht mehr als

die Hälfte des Fells weiß und nicht mehr als zwei Drittel gefärbt sein. An Farben sind alle »soliden« Farben erlaubt, also alle Farben ohne Streifen- oder Marmormuster. Die Augen sind tieforange- oder kupferfarben oder gelb. Grüne Augen sind so wenig erwünscht wie ein langer Schwanz.

*Kartäuser (British Blue, Chartreuse)* (Nummer **16.** Abb. S. 151 u. 152). Es gibt eine große Zahl von blauen Kurzhaarkatzen und eine noch größere Zahl von Namen für sie. Sofern die Rassen einheitlich durchgezüchtet sind und sich von anderen Rassen unterscheiden, ist ihre Unterteilung völlig gerechtfertigt, und es besteht nicht der geringste Grund, zwei oder mehrere blaue Rassen zusammenzulegen, nur um die Zahl der blauen Rassen zu verringern. Die Frage, ob so viele Rassen »nötig« seien, ist recht polemisch. Die Antwort geben die vielen Katzenfreunde, die blaue Katzen halten und auf Ausstellungen zeigen. Die gedrungenste von ihnen ist die Kartäuserkatze, vielleicht ist sie auch die älteste von ihnen. Denn man schätzt diese Rasse auf 500 Jahre, und das ist sehr viel für eine Rasse, gleichgültig, ob es sich um Katze, Hund oder ein anderes Haustier handelt. Ihren Ursprung hatte sie bei den Kartäusermönchen, die sie als erste züchteten. Sie ist eine der wenigen Rassekatzen, die in der ersten Auflage von Brehms Tierleben 1864 angeführt sind. Neben der blauen Farbe wird die wollige Haarstruktur erwähnt. Das weiche Haar, das ab und zu auch ein richtig langhaariges Kätzchen hervorkommen läßt, die kurze Rolligkeit und die angenehm leise Stimme und der kompakte Körperbau lassen manche Ähnlichkeit zu den Langhaarkatzen erkennen. Kartäuser sind die richtigen Katzen für verhinderte Perserbesitzer, denn sie machen kaum Arbeit. Mit einem ausgeglichenen mitteltemperamentvollen Wesen und großer Robustheit sind es ideale Begleitkatzen, die nicht nur Schönwetterspaziergänge mitmachen. In England werden sie vorwiegend in Außenzwingern gehalten, um die Fellqualität zu verbessern. Kartäuser sollten auch im Sommer nicht zu gründlich mit Gummibürsten ausgekämmt werden, weil sie sonst zu viel Unterwolle lassen. Das schadet ihrer Gesundheit zwar nicht, nimmt aber etwas das Plüschige des Felles. Unterschiede im Körperbau zu Europäisch Kurzhaar sind vorhanden, doch sind sie auf dem Papier der Rassebeschreibungen noch nicht herausgearbeitet. Denn Kartäuser sind keine blauen

Europäisch Kurzhaar, die sie sein müßten, wenn British Shorthair dem Europäischen gleichzusetzen ist. Sie sind von massiverem Typ, haben die andere Fellstruktur ohne Grannen und immer eine kurze, gerade Nase. Ob sich im Laufe der Zeit neben den Kartäusern eine blaue Europäisch Kurzhaar (Nummer 15a) behaupten wird, ist abzuwarten. Die Augenfarbe beider Blauen ist Kupfer, Orange oder Gelb, das Haar ist gleichmäßig hell- bis mittelblau, ohne Streifen, Stichelung, Schattierung oder Weiß.

*Russisch Blau (Bleu Russe)* (Nummer **16a.** Abb. S. 152 u. 187).
Seeleute sollen Mitte des vorigen Jahrhunderts diese reinblaue Katze von Archangelsk nach Mitteleuropa gebracht haben. Seit dieser Zeit wurde sie rein unter sich gezüchtet und besitzt somit alle Voraussetzungen, als Rasse für sich zu gelten. Es ist also nicht unbedingt zu fragen, ob sie zum Schlanktyp oder zum gedrungenen Europäertyp gehört – die Russisch Blaue ist eine Rasse für sich. Ihr mittelblaues Fell mit dem Silberschimmer unterscheidet sich von anderen Blaufarben. Es ist kurz, dicht und sehr fein, ein »Doppelhaar«, dessen Spitzen silbrig schimmern. Die Haarpflege ist einfach, zuviel Verwendung von Puder sollte vermieden werden, weil dadurch der silbrige Schimmer beeinträchtigt wird. Der Kopf ist kurz und keilförmig mit flachem Schädel, die gerade Stirn bildet mit der ebenfalls geraden Nase einen Winkel. Die Ohren sind groß und zugespitzt, weit offen und nach oben stehend, ihre Haut ist dünn, die Innenseite wenig behaart. Der langgestreckte Körper ist graziös mit mittelstarkem Knochenbau, der Schwanz ziemlich lang und spitz zulaufend. Hohe Beine enden in schmalen, oval geformten Füßen. Die Augen unterscheiden sich von den anderen blauen Katzen durch ihre lebhaft grüne Farbe und den mandelförmigen Schnitt. Fehlerhaft sind weiße Flecken, Streifenzeichnung, gedrungener Bau, viereckiger Kopf und gelbliche Augen. Auch der Siamesentyp ist unerwünscht.

Weitere blaue Kurzhaarrassen sind *Blaue Burmesen* (Seite 244), *Orientalisch Blau* (Seite 241) und *Korat* (Seite 244).

*American Shorthair*
Die Amerikanische Kurzhaarkatze wird als eine der ältesten Rassen bezeichnet, denn sie kam mit den ersten Siedlern an Land. Ganz

sicher stimmt es, daß bereits die Mayflower, das erste Siedlerschiff, 1620 eine Katze mitbrachte. Denn wegen der Ratten- und Mäuseplage gab es damals kaum ein Schiff ohne Katze. Woher aber kamen diese Tiere? Es waren unsere heimischen Hauskatzen, so wie sie heute noch zu Hunderttausenden die Dörfer und Städte beleben. Die ersten Jahrhunderte in Amerika führten sie das gleiche harte Leben wie ihre zurückgebliebenen Verwandten und verdienten sich ihren Lebensunterhalt mit Mausefang. Das ist bis heute so geblieben. Die American Shorthair hat alle Eigenschaften der normalen Hauskatze behalten. Sie ist ein vorzüglicher Jäger, unempfindlich gegen Kälte, genügsam und anschmiegsam im Wesen. Im Gegensatz zu Europäisch Kurzhaar und British Shorthair hat sie keinerlei Zufuhr an Langhaarkatzenblut erhalten. So ist sie eigentlich die reinblütigste Europäerin von allen Kurzhaarkatzen, ja von allen Katzen überhaupt! Sie ist ein muskulöses Tier von mittlerem Wuchstyp, mit großem länglich runden Kopf mit quadratischer Schnauze und gut entwickelten Backen beim Kater. Das ausgeprägte Kinn bildet mit der Oberlippe eine gerade Linie. Die mittelgroßen, abgerundeten Ohren sitzen weit auseinander. Die lebhaft blickenden Augen stehen weit auseinander und sind leicht abgeschrägt. Je nach Fellfarbe sind sie kupfern, golden oder grün. Die mittellangen Beine lassen ein gutes Sprungvermögen erkennen. Die Pfoten sind rund, die Brust breit und kräftig. Das kurze Fell fühlt sich hart an. An Färbungen gibt es alles, was bei Katzen möglich ist: Weiß mit blauen, orangefarbenen oder verschiedenen Augen, Schwarz, Blau, Rot, Creme, Chinchilla, silberschattiert, Smoke, Blausmoke, fünf Tabby-Färbungen in Silber, Rot, Braun, Blau und Creme, jeweils im Marmor- oder Tigermuster, Schildpatt, Calico (= Schildpatt mit Weiß) und Blau-Creme. Außerdem alle Bi-Colours.

*Exotic Shorthair* (Exotisch Kurzhaar) (Abb. S. 206).
Diese amerikanische Rasse ähnelt am meisten der British Shorthair. Bei ihr kommt jedoch die Perserabstammung noch mehr zum Ausdruck. Sie ist aus den langhaarigen Perserkatzen und verschiedenen Kurzhaarrassen entstanden. Typ und Körperbau sind weitgehend perserähnlich, und das kurze Haar zeigt die Struktur des Perserhaares. Es ist weich ohne harte Leit- und Grannenhaare. Das Idealbild ist ein »Perser im Mini-Fell«. Ihr Aussehen entspricht unserem »Kindchen-

schema« und ruft automatisch unseren Pflegetrieb wach. Exotic Shorthair sind ideale Hauskatzen, gemäßigt lebhaft mit zarter Stimme, intelligent und von robuster Gesundheit. Die Fellpflege verursacht außerhalb der Haarungsperioden so gut wie keine Mühe. Der runde Kopf mit breiter, kurzer Nase trägt kleine, abgerundete, weit auseinanderstehende Ohren. Die leuchtenden Augen sind groß und rund. Die tiefe, breite Brust paßt zum kräftigen Körper, der auf starken, nicht zu hohen Beinen mit breiten, runden Pfoten steht. Der gerade Schwanz ist eher kurz und für eine Kurzhaarkatze recht üppig behaart. Es kommen alle Farben vor, die bei Perserkatzen vorhanden sind, neben der Stromung auch Tigerzeichnung.

*Abessinierkatzen.* Der Name und ihr Aussehen – »kleiner Löwe« – erwecken den Eindruck fast einer Wildkatze. Doch der Schein trügt. Es handelt sich bei ihr um eine der ältesten Zuchtrassen, die in Form und Ausdruck den überlieferten altägyptischen Fresken und Plastiken gleicht. Sie ist wirklich aus Abessinien zu uns gekommen. Lord Robert Napier brachte 1868 die erste Abessinierkatze bei seiner Rückkehr von einer militärischen Unternehmung nach England. Bei der Leidenschaft der Briten als Tierzüchter einerseits und der geringen Zahl eingeführter Abessinier andererseits konnte es nicht ausbleiben, daß ausgewählte englische Katzen zur Weiterzüchtung der Rasse zugeführt wurden. So ist es heute reine Ansichtssache, ob man diese liebenswürdigen, anschmiegsamen Katzen als englische Zuchtrasse oder als Abkömmlinge der nordafrikanischen Importe ansprechen will. Fest steht, daß es sich um eine gut durchgezüchtete Rasse von einheitlichem Typ handelt, mit nur zwei Farbvariationen, wenn man von Ausnahmen absieht.

Die Abessinier sind schlanke, jedoch deutlich vom Siamesentyp sich unterscheidende Katzen. Sie gleichen in den Körperproportionen wirklich kleinen Löwen, nicht nur in der Farbe. Alles an ihnen wirkt harmonisch. Der Kopf ist lang und mäßig zugespitzt, die Profillinie setzt sich nahezu ohne Stop von der Stirn in die lange, gerade oder leicht gebogene Nase fort. Die großen, spitzen Ohren stehen weit im Ansatz und sind ein besonders deutlicher Spiegel ihrer seelischen Wetterlage. Der kraftvolle Rücken geht in einen langen, zugespitzten Schwanz über und wird von eleganten, mittellangen Beinen mit kleinen ovalen Füßen getragen. Die Farbe der Augen ist grün, gelb oder haselnußfarben.

*Abessinier, normalfarbig* (Nummer **23.** Abb. S. 188 u. 205).
Diese Färbung ist die ursprüngliche aller Säugetiere. Es ist die Agouti-Färbung, allerdings ohne die ins Auge fallende dunkle Stromung oder Tigerung der Hauskatze oder der Europäisch Kurzhaarkatze. Das einzelne Haar dieser »hasenfarbigen« Abessinier zeigt die Ringelung oder das »Ticking«, die es in mehrere Zonen aufteilt. So ist es an der Wurzel hell, an der Spitze schwarz gefärbt und dazwischen rötlich-braun-grau, möglichst doppelt bis dreifach gebändert. So erscheint der äußere Eindruck einer gleichmäßigen Sprenkelung. Darüber hinaus ist jede dunkle Streifenzeichnung an Beinen, Schwanz, Brust und Kopf unerwünscht, ebensowenig ein weißes Kinn. Andere weiße Stellen im Fell sind nicht erlaubt. Die neugeborenen Abessinierkätzchen sind manchmal recht dunkel in der Farbe und können ihr Aussehen noch recht verändern. Die Bänderung des Haares tritt erst mit einem Monat auf.

Bauch und Innenseite der Beine sind nach Möglichkeit braun-orange. Die Ballen und die Sohlenstreifen der Hinterbeine wie auch die Schwanzspitze sind schwarz, die Nase dunkelrosa.

*Abessinier rot* (Nummer **23a.** Abb. S. 188 u. 205).
Rote Abessinier werden seit 1880 erwähnt. Sie kommen oft im gleichen Wurf zur Welt wie die normalfarbigen. Bei ihnen ist das schwarze Pigment in dunkelrotes umgewandelt. So ist die Spitze des einzelnen Haares kupferrot, der Sohlenstreifen der Hinterfüße und die Schwanzspitze sind braun, die dunkle Linie über den Rücken und Schwanz, soweit vorhanden, ebenfalls. Fußballen und Nasenspiegel sind rosa. Der Erbgang ist im allgemeinen rezessiv gegenüber normalfarbig. Es können also rote Abessinier aus zwei normalfarbigen Tieren fallen, aber zwei rote Katzen nur rote Nachkommen bringen. Seltene Ausnahmen sind Abessinier mit dem dominanten Gen für Rot (siehe Seite 177).

*Siamkatzen.* Die erste Abbildung einer Katze mit »Spitzenfärbung«, also einer Siamkatze, stammt aus dem Jahre 1794. Der deutsche Naturforscher Peter Simon Pallas fertigte sie auf einer Reise in die Gegend des Kaspischen Meeres an. Der Name täuscht nicht; diese eleganten Kurzhaarkatzen kommen wirklich aus Siam, und wir haben keinen

Grund zu zweifeln, daß sie dort als Tempelkatzen geschätzt wurden. Auf den Katzenausstellungen 1871 und 1872 in London waren sie schon vertreten, doch lange Jahrzehnte blieben sie ausgesprochene Raritäten. Das hat sich in der Zwischenzeit geändert, und heute sind die Siamkatzen die am häufigsten eingetragenen Kurzhaarkatzen. Das wird sicher erleichtert durch die Tatsache, daß sie mehr als andere Rassen in ihrer Fortpflanzungsbiologie unabhängig von der Jahreszeit sind. Da sie häufig rollig werden, kann der Züchter zu jeder Zeit junge Kätzchen planen, so wie es seine sonstigen Verpflichtungen erlauben, und der Liebhaber kann immer ein Jungtier kaufen. Ob Siamesen intelligenter sind als andere Katzen, ist fraglich. Durch ihr lebhaftes, aufgeschlossenes Temperament sind sie sehr gelehrig und lassen sich leicht erziehen. Sie fordern direkt dazu auf, ihnen etwas beizubringen. An der Leine können sie laufen lernen, beinahe wie ein Hund. Bemerkenswert ist ihre ausdrucksvolle Stimme, die allerdings häufig zum Kummer ihrer Besitzer wird, denn sie tun damit ihre Liebessehnsüchte der Umwelt unüberhörbar kund. Siamesen sind unempfindliche Katzen, die auch gern im Freien sind. Damit ist dann aber zumeist eine stärkere Fellentwicklung verbunden. Will man das feine, eng anliegende Haar erzielen, das die schlanke Körperform am besten zum Ausdruck kommen läßt, müssen die Tiere durchgehend recht warm gehalten werden, bei Temperaturen nicht unter 20 Grad, besser etwas darüber.

In der Körperform der Siamkatzen hat sich in den letzten Jahren ein erstaunlicher Wandel vollzogen, der vielleicht typisch ist für die ganze Katzenliebhaberei. Die heutigen Ausstellungs-Spitzentiere unterscheiden sich von den vor zwanzig Jahren üblichen Rassegenossen mehr als diese von normalen Hauskatzen, von der Färbung abgesehen. Die schlanke Körperform und der lange, schmale Kopf entsprechen der Windhundform. Der mittelgroße Körper ist lang und schlank, mit feinen Beinen und kleinen, ovalen Füßen. Die Hinterbeine sind länger, so daß die Rückenlinie ansteigt. Der lange, spitz zulaufende Schwanz darf einen leichten Knoten an der Spitze haben, denn die frühen Siamesen wurden alle mit Knotenschwanz gezüchtet, so daß er in vielen Zuchten vorhanden ist. Auf dem langen zierlichen Hals sitzt ein unglaublich schmaler Kopf mit langer, gerader Profillinie und feiner Schnauze, der von vorn gesehen dreieckig wirkt. Die großen, weit auseinandergestellten Ohren mit weitem Ansatz führen diese Linien fort. Das Kinn ist kräftig. Die blauen Augen sind mandelförmig und stehen schräg zur Nasenspitze, weit auseinander. Sie sollen nicht schielen. Jeder grüne Schimmer ist ein Fehler.

Die charakteristische Spitzenfärbung von Gesicht, Ohren, Füßen und Schwanz wird durch einen besonderen Erbfaktor (siehe Seite 179) bewirkt. Welche Farbe sie zeigt, hängt von weiteren Faktoren ab. Entsprechend kann auch die übrige Körperfärbung variieren. Alle Siamesenbabys werden weiß geboren, die Färbung entwickelt sich erst allmählich. Dazu ist wichtig, daß die Kätzchen bei gleichbleibend warmer Temperatur gehalten werden, denn die Spitzenfärbung (wissenschaftlich Melanismus genannt) ist temperaturabhängig. Das dunkle Pigment entwickelt sich an den kühleren, weniger durchbluteten Körperspitzen. Zu kühl gehaltene Tiere geraten zu dunkel oder mit Schattierungen an Stellen, wo sie unerwünscht sind. Ältere Siamkatzen dunkeln am Körper oft nach.

*Siam, Seal-Point* (Nummer **24.** Abb. S. 169 u. 170).
Seal-point ist die ursprüngliche Siamesenfärbung. Genetisch ist sie schwarz, doch wird durch den Siamfaktor die Ausfärbung verhindert, und die dunklen Fellpartien sind nicht in Schwarz, sondern in gleichmäßigem Schwarzbraun ausgefärbt. Bei Paarungen mit ausgefärbten Katzen, gleich welche Anlagen für Färbung sie besitzen, erscheinen einfarbig schwarze Junge. Die Gesichtsmaske ist bei erwachsenen Tieren mit den Ohren verbunden. Der Körper ist cremefarben, auf dem Rücken hellbraun, im Alter nachdunkelnd.

*Siam, Blue-Point* (Nummer **24a.** Abb. S. 169 u. 170).
Siamkatzen mit blauen Abzeichen sind fast so lange bekannt wie Seal-Point. Bei ihnen ist das Dunkelbraun zu Blau aufgehellt (siehe Seite 177). Die Körperfarbe ist ein eisfarbenes Weiß, das auf dem Rücken in helleres Blau übergeht, das ebenso kalt wirkt wie das Blau der Abzeichen. Bei blauen Siamesen, wie auch bei anderen »kalt« gefärbten Katzen, muß man Möhren vorsichtig dosieren, da ihr Karotin die Fellfarbe mit einem rötlichen Stich versehen kann. Dies ist nicht erblich und schadet der Gesundheit nicht im geringsten, doch eine Ausstellungskatze könnte es um die höchsten Ehren bringen.

*Siam, Chocolate-Point* (Nummer **24b.** Abb. S. 170).
Die Abzeichen sind gleichmäßig milchschokoladenfarben gefärbt, die Ohren nicht dunkler als die übrigen Abzeichen. Der Körper ist elfenbeinfarbig, heller als der Seal-Point.

*Siam, Lilac-Point* (Nummer **24c.** Abb. S. 169, 170 u. 187).
Sind die Abzeichen weiter aufgehellt, so entsteht ein Lila = lilac oder *Frost-Point.* Es wird als Hellgrau mit rosa Schimmer bezeichnet. Die Körperfarbe ist ein gebrochenes Weiß, Nase und Fußballen sind blaßlila, die Augen klar und lebhaft blau, aber heller als bei den anderen Farben.

*Siam, Tabby-Point* (Nummer **32.** Abb. S. 170).
Tabby- oder *Lynx-Point* (von Luchs)-Siamesen gibt es so richtig erst seit 1960, obwohl die erste Katze bereits 1902 und weitere, damals Silver-point genannte Tiere in den 40er Jahren ausgestellt wurden. Es sind dies Siamesen mit dem Tabby-Gen, das gestreifte Abzeichen zur Ausbildung kommen läßt. Die Streifenzeichnung ist am deutlichsten am Kopf; Beine und Schwanz haben unterbrochene Streifen bzw. Ringe. Die Schwanzspitze ist ausgefärbt, die Augenlider sind dunkel umrandet.

*Siam, Red-Point* (Nummer **32a.** Abb. S. 170).

*Siam, Tortie-Point* (Nummer **32b.** Abb. S. 170).
Trotz verschiedener Nummern für beide Farbarten sind beide eng miteinander verbunden. Erbmäßig handelt es sich um rote und um schildpattfarbene Siamesen, deren Abzeichen sich nach dem gleichen Erbgang vererben wie bei ausgefärbten Tieren. Es gibt also keine Tortie-Point-Kater, da es sich um eine geschlechtsgebundene Farbe handelt. Tortie-Point-Katzen erhält man auch, wenn man eine Seal-Point-Katze von einem Red-Point-Kater belegen läßt und umgekehrt. Die kleinen Katerchen sind bei diesen Paarungen Red-Point oder Seal-Point. Tortie-Point-Mütter können Tortie-Point-Töchter bekommen, neben Red-Point und Seal-Point; ihre Söhne sind immer von einer dieser beiden Farben, nie Tortie-Point.

Red-Point besitzen rotgoldene Abzeichen, die an Beinen und Füßen aprikosenfarbig sein können. Streifen an Kopf, Beinen und Schwanz sind erlaubt. Die Körperfarbe ist weiß bis aprikosenfarbig. Tortie-Point hat in den Abzeichen rote oder cremefarbene Flecken, je nachdem, ob Schwarzbraun (seal), Blau, Schokoladenfarbe oder Lila die andere Farbe darstellt, es sich also um Schildpatt, Blauschildpatt usw. handelt. Die Körperfarbe entspricht ebenfalls dieser zweiten Farbe, ist demnach cremefarben, weiß, elfenbein oder gebrochen weiß.

*Siam, andere Abzeichen,* noch nicht anerkannt (Nummer **32c**).
Dies ist eine Nummer, die für die Zukunft bereitgestellt wurde. Denn zur Siamzeichnung kann jede der bisher noch nicht anerkannten Farben beitragen, so zum Beispiel Creme, Smoke oder Blaucreme. In Amerika ist ein *Albino-Siamese* aufgetaucht, mit völligem Fehlen von Pigment. Das Haar ist ganz weiß, die Haut rosa und die Augen schimmern mit rötlichem Unterton.

*Orientalisch Kurzhaar.* Dieser ganz neu eingeführte Name ist eine Gruppenbezeichnung für einfarbige Katzen vom reinen Siamtyp. Zum Teil waren die Farben bisher bekannt unter der Bezeichnung »Foreign«, so als *Foreign White* oder *Foreign Blue.* Andere sind noch dabei, sich als anerkannte Rassen durchzusetzen. Ihre Blutbasis besteht zum großen Teil aus ganz vorzüglichen Siamesen, so daß es gerade diesen »neuen Rassen« leichtfällt, in der Konkurrenz mit den eingestammten Siamkatzen Erfolge zu erringen. Die Nummern dieser Schlankformkatzen sind provisorisch mit 29a, b und c eingesetzt und entsprechen mit dieser zu den Havana-Katzen gestellten Eingruppierung auch ihrem verwandtschaftlichen Stand. Diese grazilen, äußerst eleganten Tiere sehen so zerbrechlich aus, daß man ganz erstaunt ist, wenn man sie das erste Mal auf dem Arm hält. Da sind sie nämlich viel schwerer, als man sie sich vorgestellt hat. Durch ihr extrem kurzes, anliegendes Haar ist wirklich alles Körpersubstanz, was man da sieht und nicht Plüsch und Wolle wie bei anderen Rassen. Vom Wesen her sind sie lebhaft und intelligent und sehr anschmiegsam. Sie haben das Glück, als Raritäten von Züchterinnen gezogen zu werden, die ihre Tiere in engstem Kontakt im Hause halten und nicht, wie in England und Amerika meist üblich, in Katzenhäusern isolieren. Auf diese Weise wird eine züchterische Auslese auf diejenigen Qualitäten betrieben, die für das häusliche Leben angenehm sind. Daher schließen sie sich eng an den Menschen an und nehmen an seinem Leben teil, wie man es sonst nur von Hunden gewöhnt ist.

*Havana (Chestnut Brown Foreign)* (Nummer **29.** Abb. S. 187 u. 188). Diese einfarbig durchgefärbte (auch *self coloured* genannte) Schlankformkatze ist die älteste dieser Rassengruppe. 1894 tauchte die erste Havana-Katze auf, natürlich noch nicht unter diesem Namen. Doch es dauerte bis 1958, bis sie nach drei Generationen Reinzucht anerkannt wurde. Ihren heutigen Namen erhielt sie erst 1970. Bis dahin lief sie unter der Bezeichnung *Chestnut Brown Foreign Shorthair.* Erbmäßig ist sie die durchgefärbte Form der Chocolate-Point-Siamkatze, aus der sie unter Verwendung andersfarbiger schlanker Kurzhaarkatzen entstanden ist. Die Züchtung mußte den Weg über einfarbig schwarze Tiere einschlagen, da es das Schokoladenbraun bei keiner anderen Katzenrasse gibt. Wie bei allen Orientalisch-Kurzhaar-Katzen, kommen gelegentlich Masken-Siamesen von einfarbigen Elterntieren. Der Körperbau entspricht dem der Siamesen. Das sehr kurze, glänzende Fell ist gleichmäßig bis zur Haarwurzel durchgefärbt, es soll die Farbe der Havana-Zigarre besitzen, von der der Name entliehen ist. Schnurrhaare und Nasenspiegel zeigen die Farbe des Fells, die Sohlenballen sind rosa. Anders als bei den Siamesen, ist die Augenfarbe ein leuchtendes Grün. Die bei jungen Tieren vorkommende »Geisterzeichnung«, das sind dunklere Streifen im Fell, verschwindet mit dem Haarwechsel.

*Ebony (Schwarz)* (Nummer **29a.** Abb. S. 187 u. 188).
Die einfarbig schwarze Schlankform ist eben erst mit vier Generationen Reinzucht als anerkannte Rasse aus der Taufe gehoben worden und hat sich dank ihres vorzüglichen Typs mit superschmalem, keilförmigem Kopf bestens herausgestellt. Die Zucht entstand auch nicht aus schwarzen Zufallskindern von Siamesenmüttern, sondern wurde bewußt mit besten Siamkatzen aufgebaut. Daher liegen immer wieder echte Seal-Point-Siamesen in den Ebony-Würfen, die dann rein als Siamesen weiterzüchten. Sie sind im Typ ganz vorzüglich. Wenn Verdünnungsfaktoren bei den Eltern vorhanden sind, können auch Chocolate-Point- oder Blue-Point-Tiere vorkommen. Das glänzend lack-

schwarze Fell der Ebonykatzen hat ihnen ihren Namen gegeben. Es soll gleichmäßig gefärbt sein ohne andersfarbiges Unterhaar. Die leuchtend grünen Augen geben dem Blick einen ganz besonderen Reiz.

*Orientalisch Kurzhaar, Lavendel* (Nummer **29b.** Abb. S. 187 u. 188). Auch diese einmalig gefärbte schlanke Katze ist als Rasse ganz neu und eben erst anerkannt, obwohl einzelne Tiere im angelsächsischen Sprachraum schon länger bekannt waren und *Foreign Lavender* oder *Foreign Lilac* genannt wurden. Genetisch, also erbmäßig, handelt es sich um lilafarbene Katzen, die sowohl den blauen als auch den braunen Verdünnungsfaktor tragen. Paart man zwei Lavendel-Katzen, so erhält man nur Lavendel-Nachkommen, allenfalls auch Lilac-point-Siamesen, aber nie dunkler gefärbte einfarbige oder Maskenkatzen. Das seidig schimmernde hellgraue Fell soll eine deutliche rosa Schattierung zeigen. Diese aparte Färbung kommt nirgends sonst im Tierreich vor und ist nicht ganz leicht zu züchten. Es dürfen nur bestgefärbte Tiere zur Zucht genommen werden, was bei der Seltenheit der Rasse oft weite Hochzeitsreisen mit sich bringt. Die Augen werden grün gewünscht, nur bei Jungtieren dürfen sie noch gelblich bis haselnußfarben sein. Lavendelkatzen sind von herrlich schlankem, grazilem Wuchstyp und von einem für Siamabkömmlinge erstaunlich sanften Wesen. Auch ihre Stimme ist recht zart. Von ihrem Besitzer verlangen sie Liebe und Zuwendung, die sie ihm reichlich wiedergeben.

*Orientalisch Kurzhaar, blau.*
Wohl die schmalste, grazilste unter den Kurzhaarkatzen ist die blaue Schlankform, früher *Foreign Blue* genannt. Sie ist die ausgefärbte Blue-Point-Siamkatze, aus der sie auch mit entstanden ist. Ihr silbrig glänzendes Blaugrau mit schiefergrauer Nase und Fußballen unterscheidet sie deutlich von der Lavendel, mit der sie die Körperform gemeinsam hat. Die Augen sollen möglichst klar grün sein. Von den Russisch Blauen unterscheiden sich die Orientalisch Blauen durch zierlicheren Körperbau und das andersartige Fell, das sehr kurz, aber straff ist. Weiter besteht Ähnlichkeit mit der blauen Burmakatze. Doch auch diese Rasse ist eher mittelschlank und vom alten Siamtyp und besitzt somit keinen so schmalen Schädel, außerdem gibt es bei ihr Unterschiede im Haar und in der Augenfarbe. Die noch nicht anerkannte blaue Koratkatze

ist ebenfalls mittelschlank und nicht mit der typischen Orientalisch Blauen zu verwechseln. Noch ist keine Nummer für diese Züchtung vergeben worden. Auch bei ihr liegen nicht selten Siamkatzen im Wurf. Geisterstreifen im Fell sind nur bei jungen Katzen erlaubt.

*Orientalisch Kurzhaar, weiß* (Nummer **29c.** Abb. S. 187 u. 188).
Diese weiße Schlankform, *Foreign White,* wie sie bisher hieß, wird seit 1962 systematisch gezüchtet, vorwiegend in England und in Holland. Entstanden ist sie aus Siam- und weißen British-Shorthair-Katzen. Im Typ soll sie die schlanke Siamform verkörpern. Da die weiße Farbe dominant vererbt wird, ist es nicht zu erkennen, ob es sich um self-coloured Tiere oder um weiße Siamkatzen handelt, das heißt, ob ein Tier beide Gene für Siamfärbung besitzt oder die Anlage für Einfarbigkeit. Durch häufige Paarungen mit Seal-Point-Siamesen wird die leuchtend blaue Augenfarbe erzielt, denn Orientalisch Weiße gibt es nur in dieser Augenfärbung. Im Gegensatz zu anderen blauäugig weißen Rassen sind diese Tiere mit gutem Hörvermögen ausgestattet. Das in der Frühzeit ihrer Zucht aufgetretene Problem der Taubheit wurde aus der Welt geschafft, indem man die Zucht völlig umstellte. Daher liegt der Grund, weshalb gerade diese blauäugig weißen Katzen nicht taub sind, darin, daß die Blauäugigkeit vom Siamfaktor herrührt. Deshalb sollten die Orientalisch Weißen nicht mit durchgefärbten Orientalisch Kurzhaarkatzen gepaart werden. Es käme sonst zum Verlust eines Gens für die Spitzenfärbung (= Siamzeichnung) und damit zu unerwünschten abweichenden Augenfarben. Das erwünschte Schneeweiß des Fells, ohne gelben Stich, wird am schönsten, wenn nur mit Seal-Point-Siamesen und nicht mit andersfarbigen Maskenkatzen gezüchtet wird. Auch diese Siam-Abkömmlinge sind mit ihrem friedfertigen, anschmiegsamen Charakter ein Beweis dafür, daß durch gezielte Zuchtwahl auch innerhalb einer Rasse bestimmte Wesenszüge ausgewählt (selektiert) werden können.

*Burmakatzen.* Die Geschichte der Burmakatzen ist für die letzten Jahrzehnte genau bekannt. Sie stammen wirklich aus Burma. Ob sie dort Tempelkatzen gewesen sind, ist nicht unwahrscheinlich. Die Urmutter aller westlichen Burmakatzen, Wong Mau, hatte das Glück, auf einem Marktplatz ihrer Heimat die Aufmerksamkeit eines Kenners auf sich zu ziehen. Dr. Joseph Thompson, Schiffsarzt und Sammler orientalischer Kunst, erkannte ihre einmalige braune Farbe als etwas Besonderes und brachte die Katze 1930 nach San Francisco. Die dortigen Katzenzüchter erklärten sie als eine besonders dunkle Siamkatze. Doch Dr. Thompson war anderer Meinung. Die Paarung mit einem Siamkater erbrachte Junge mit Siamzeichnung und andere, die der Mutter glichen. Und Wong Mau geriet zum zweiten Mal in ihrem Katzenleben an einen Kenner. Ihr Herr zog den Vererbungsforscher und Katzenzüchter Dr. Clyde Keeler zu Rate, der den Erbgang der Burmafarbe erforschte. Wong Mau war ein Mischling zwischen Siam- und Burmakatze, eine Tonkanesin (siehe Seite 168). Reine Burmakatzen konnten herausgezüchtet werden, wenn zwei Tonkanesen zur Paarung kamen oder wenn eine reine Burmakatze beteiligt war. Im Gegensatz zur walnußbraunen Wong Mau sind die reinerbigen Burmakatzen sealbraun gefärbt, die etwas hellere Brust- und Körperfarbe läßt die Siamzeichnung ahnen. Je älter ein Tier wird, um so mehr dunkelt der Körper nach, die Spitzenzeichnung verschwindet. Junge Kätzchen sind wesentlich heller als erwachsene und können auch noch etwas Streifenzeichnung zeigen, die jedoch in den ersten Monaten herauswächst. Mit anderthalb Jahren ist ein Burmese ausgefärbt.

Der Körperbau der Burmesen ist sehr siamähnlich. Nur zeigen sie auch heute noch den alten Siam-Typ mit mittelkräftigem Körper. Die Hinterbeine sind etwas länger als die Vorderbeine, sie enden in kleinen, ovalen Füßen. Der lange Schwanz ist zugespitzt, aber nicht peitschenförmig. Ein Knoten an der Spitze ist unerwünscht, wird aber geduldet. Der keilförmige Kopf ist kürzer, stumpfer und breiter im Kiefergelenk als bei den modernen Siamesen. Im Profil zeigen sich ein kräftiges Kinn und eine schwache Einbuchtung am Nasenansatz. Die Außenlinie der ziemlich großen Ohren folgt der Keilform des Kopfes. Die Ohren sind weit im Ansatz und an der Spitze leicht gerundet. Das ganze Tier ist kräftig und muskulös und fühlt sich kompakt an.

*Burmakatze, braun* (Nummer **27.** Abb. S. 187 u. 188).
Die braune Burmakatze ist die ursprüngliche Farbvariante. Ihr Braun entspricht dem Seal der Siamesen und ist genetisch schwarz. Ihm ist ein glänzender Schimmer zu eigen. Die Fellstruktur ist kurz und fein, eng am Körper anliegend. Ein weißer Fleck ist ein Fehler, einige weiße

Haare werden geduldet. Die großen Augen stehen schräg zur Nase, weit auseinander. Bevorzugt werden leuchtend goldgelbe Augen, die häufigste Farbe ist Chartreusegelb. Grüne Augen sind ein Fehler. Da die Augen der Burmesen nicht sehr intensiv gefärbt sind, müssen sie in mittelstarkem Tageslicht beurteilt werden.

*Burmakatze, blau* (Nummer **27a.** Abb. 187 u. 188).
Die erste nach England und somit nach Europa importierte Burmakatze überraschte ihre Liebhaber mit Nachkommen einer neuen Farbe. Sie hatte, wahrscheinlich von ihren Siam-Vorfahren, den Verdünnungsfaktor geerbt und brachte blaue Nachzucht, die unter sich gepaart, rein weiterzüchtete. Das Blau ist weniger intensiv als bei anderen blauen Rassen, mit einem deutlichen Silberschimmer. Die Augenfarbe ist gelbgrün bis gelb. Grüne Augen sind ein Fehler.

*Burmakatze, creme* (Nummer **27f**).
Nur in der Farbe unterscheiden sich die cremefarbigen Burmesen von ihren andersfarbigen Vettern. Es handelt sich um eine warme Tönung mit möglichst wenig Markierung. Die Augen sind gelb bis bernsteinfarben.

*Burmakatze, blau-creme* (Nummer **27g**).
Sanft vermischtes Blau und Creme ohne Tigerung ist die Körperfarbe bei gelben bis bernsteinfarbenen Augen. Wichtiger als die Färbung ist jedoch der Typ. – In England sind noch andersfarbige Burmesen gezüchtet worden, wie platinum (lila), rot, Schildpatt und champagne (schokoladenfarbig).

*Koratkatze* (Abb. S. 206).
Dieser blauen, aus Thailand stammenden Katze wird immer wieder die Existenzberechtigung abgestritten. Der einzige vorgebrachte Grund: es gäbe schon reichlich blaue Kurzhaarkatzen, und diese könnte nicht auch noch etwas anderes sein als die bereits vorhandenen. Dabei unterscheidet sich die Koratkatze durchaus von anderen Rassen. In ihrer Heimat Thailand ist sie seit langem bekannt und wurde auch oft abgebildet. Seit ihrer ersten Ankunft in Amerika 1959 wurde sie mit besonderer Sorgfalt rein gezüchtet, so daß nichts über Paarungen mit

anderen Rassen, wie z. B. Siamesen, bekanntgeworden ist. In ihrer Heimat sollen die Kater sehr mutig sein und Kämpfen mit anderen Tieren nicht ausweichen. Als Hauskatzen sind sie ausgeprägte Persönlichkeiten mit enger Bindung an ihren Herrn, aufmerksam und immer beschäftigt. Ihr kraftvoller, mittelschwerer Körper mit leicht gebogenem Rücken und gleichlangen Beinen zeigt nichts Siamhaftes. Im Kopf zeigen sich deutlich Unterschiede zu Siam- und Schlankform. Von vorn gesehen, soll das Gesicht herzförmig sein, im Profil erkennt man den Stop zwischen Stirn und kurzer gebogener Nase. Die großen Ohren sind an der Spitze gut gerundet. Die großen Augen sind weit offen und leuchtend grün-golden. Das Haar ist kurz bis knapp mittellang und von der Geburt an vom gleichen Silberblau. Nase und Sohlenballen sind dunkelblau oder lavendel.

*Manxkatze* (Nummer **25**. Abb. S. 206).
Diese schwanzlosen Katzen von der Insel Man in der Irischen See sollen ihr charakteristisches Merkmal von der Inzucht auf dieser immerhin 600 qkm großen Insel erworben haben. Anderer Überlieferung zufolge sollen die Phönizier auf ihren Handelsschiffen diese Katzen von Japan eingeführt haben. Und schließlich sollen sie 1588 als Opfer eines Schiffbruchs eines Schiffes der Spanischen Armada auf der Insel Man gestrandet sein – bereits schwanzlos, wie eine Ballade der damaligen Zeit berichtet. Immer schon haben diese Katzen die Menschen zur Stellungnahme herausgefordert. Denn in der extremen Form sind bei der Schwanzlosigkeit auch Wirbelverwachsungen im Beckenbereich vorhanden. Ihre Zucht war nie leicht, denn die Würfe bleiben kleiner als bei anderen Katzen. Dies beruht darauf, daß alle Kätzchen, die beide Anlagen für Schwanzlosigkeit besitzen, im Mutterleib absterben. Die rechnerische Nachzucht zweier Manxkatzen ergibt eine normalschwänzige Katze auf zwei schwanzlose bzw. kurzschwänzige. Kurzer Rücken mit tiefen Flanken und erhöhter Hinterhand sind neben dem fehlenden Schwanz wesentliche Merkmale der Manxkatzen, denn durch sie wird der hoppelnde, hüpfende Gang hervorgerufen, der typisch ist für die Rasse. Auch das »doppelte« Fell ist charakteristisch, das weich und offen sein soll, wie beim Kaninchen, mit weicher, dichter Unterwolle. Der Kopf ist rund und groß mit gut entwickelten Wangen. Die Ohren stehen weit im Ansatz und sind leicht zugespitzt. Bei einem Ausstel-

lungstier muß die Schwanzlosigkeit vollkommen sein. Diese idealen Tiere mit einer Eindellung am Hinterteil nennen die Engländer *Rumpies*. Beim nächsten Stadium befindet sich anstelle der Eindellung ein rudimentäres, nur eben fühlbares Schwanzstückchen. Manxkatzen mit Stummelschwänzen heißen *Stumpies*. Häufig haben diese Schwänzchen Knicke oder Knoten. Der Katzen-Genetiker Roy Robinson hält die verschiedene Ausbildung der Schwanzlosigkeit oder Kurzschwänzigkeit für die Auswirkung weiterer Gene (Polygenie). Zur Zucht jedenfalls paart man lieber eine ideale Manxkatze mit einer Stumpy, da zwei Rumpies zu viele mißgebildete Sprößlinge bekommen. Wenn diese Rasse immer als »Mißbildung« dem Aussterben anheim gegeben werden soll, so stehen dieser Ansicht (von Nichtzüchtern der Rasse) die begeisterten Lobeshymnen ihrer Liebhaber gegenüber. Und darauf schließlich kommt es an. Es wird keine Katze darunter leiden, ohne Schwanz geboren zu sein. Wie viele Tiere aber leiden unter nachlässiger oder liebloser Behandlung! Im übrigen soll es viele sehr robuste und langlebige Rumpies geben, auch sehr erfolgreiche Zuchtkatzen unter ihnen. An Farben ist bei den Manxkatzen alles erlaubt, die Augenfarbe soll, entsprechend dem Standard für Europäisch Kurzhaar, zur Fellfarbe passen.

*Japanische Stummelschwanzkatze* (Japanese Bobtail. Abb. S. 206).
Noch ist diese jahrhundertealte und häufig abgebildete Rasse offiziell nicht anerkannt. Der provisorische Standard hält sich an das Vorbild der traditionellen japanischen *Mi-ke-Katzen*: sie sollen dreifarbig sein (schwarz, rot und weiß), bi-colour (schwarz-weiß oder rot-weiß), einfarbig schwarz, rot oder weiß, schildpatt oder schildpatt mit weiß. Der Schwanz ist immer vorhanden, wenn auch nur kurz, er endet oft in einen »Pom-pom«. Erbmäßig ist diese Varietät von den Manxkatzen zu unterscheiden. Es handelt sich um ein anderes Gen, das rein züchtet, also ohne langschwänzige Tiere, und nicht letal (bei homozygoten Tieren tödlich) ist.

*Hängeohrkatze* (Abb. 223).
Von chinesischen Hängeohrkatzen wird seit Jahrhunderten berichtet. Die ihnen angedichteten »langen Hängeohren« wurden wohl recht übertrieben. Es wird sich immer, wie in der letzten Auflage von Brehms

Tierleben angegeben, um Ohren wie beim Foxterrier gehandelt haben, also eigentlich nur um Kippohren, bei denen nur die Spitze des Ohres nach vorn umgeschlagen ist. Es liegt in der Natur der langen Haustierzeit der Katze, daß ein solches Domestikationsmerkmal auch an anderer Stelle auftritt und darauf wartet, entdeckt zu werden. Das geschieht wahrscheinlich in den seltensten Fällen. So ist um 1900 in »Unsere Haustiere« von Professor Dr. Richard Klett und Dr. Ludwig Holthof zwar eine Hängeohrkatze abgebildet, die beiden Professoren der Tiermedizinischen Hochschule Stuttgart fanden an ihr jedoch nur die Farben – weiß, schwarz, braun und blaugrau – bemerkenswert, was sie auch tatsächlich sind. Als etwas Besonderes wurde die Ohrform bei der Schottischen Hängeohrkatze bemerkt, einer weißen Bauernkatze. Sie kam in die richtigen Züchterhände und wird seit einigen Jahren als *Scottish Folds* in Weiß gezüchtet. Die Ohrmutation vererbt sich dominant, es ist also damit zu rechnen, daß vorerst nahezu ein Viertel der Jungen mit normalen Ohren auf die Welt kommen, denn die Ursprungskatze mußte ja mit normalen Partnern gepaart werden, und es wird lange dauern, bis das dominante Merkmal reinerbig gezüchtet wird, also bei allen Tieren doppelt vorhanden ist. Man kann einer Katze nicht ansehen, ob die Hängeohrigkeit homozygot oder heterozygot, also nur einmal, vorhanden ist. Der Unterschied der Ohrformen wird erst deutlich erkennbar in dem Alter, in dem die Katzenkinder normalerweise die Ohren richtig aufstellen, also nach Ablauf des ersten Lebensmonats. Die nach Deutschland gelangte Hängeohrkatze war braungetigert, ihr fehlte die dominant weiße Farbe. Mit ihren Nachkommen wird eine neue Linie aufgebaut.

*Rexkatzen.* Wie auf Seite 181 beschrieben, gibt es vier verschiedene Rassen der Rexkatzen, die sich in ihrem Erscheinungsbild ähneln. Erbmäßig handelt es sich jeweils um verschiedene Gen-Mutationen. Sie sind alle rezessiv gegenüber normaler Behaarung. Zwei verschiedene Rex-Rassen gepaart, ergeben normal behaarte Nachkommen. Gemeinsam ist allen nur das lockige oder wellige Fell.

Rexkatzen dürfen etwas kalorienreicher gefüttert werden als reichlich behaarte Rassen, da das dünne Fell eine stärkere Wärmeabgabe zuläßt. Vor allem müssen ihre Ohren wöchentlich gereinigt werden, da Schmutz und Staub nicht von den Haaren gefiltert werden.

*Cornish Rex* (Nummer **33.** Abb. S. 206).
Die erste bekanntgewordene Rex-Mutante wurde 1950 entdeckt. Es war ein Kater namens Kallibunker. Seine Mutter war eine weißschildpatt Bauernkatze, seinen Vater kannte keiner. Die Geschwister seines Wurfes hatten ganz normales Fell. Seine Besitzerin, Mrs. Nina Ennismore, züchtete zufällig auch die ähnlich behaarten Rexkaninchen und gab der Neuheit deren Namen. Kallibunker starb früh, so daß sein Sohn Poldhu als Zuchtkater einspringen mußte. Er war einer der seltenen Blaucreme-Kater, die, wenn sie überhaupt zur Welt kommen, normalerweise unfruchtbar sind. Dieser Kater jedoch war eine erstaunliche Ausnahme und wurde Vater einiger Würfe, bevor er – wie es für seine Färbung üblich ist – steril wurde. Doch die erzielten Kätzchen genügten, um in England und Amerika die Zucht aufzubauen.

Das kurze, dichte Fell ist plüschartig, gelockt oder gewellt, ohne Grannenhaare. Schnurrhaare und Augenbrauen sind gekräuselt und von guter Länge. Alle Fellfarben sind erlaubt. Der Körper ist mittelgroß und schlank mit langen, schlanken Beinen und kleinen ovalen Füßen. Der Kopf hat mittlere Keilform mit flachem Schädel, gerader Profillinie und kräftigem Kinn. Die großen Ohren sind hoch angesetzt und mit feinsten Haaren bedeckt. Die Augen sind mittelgroß, mandelförmig und sollen zur Fellfarbe passen. Der Schwanz ist lang und dünn und dicht besetzt mit gelocktem Haar.

*Devon Rex* (Nummer **33a.** Abb. S. 206).
Durch Fotos einer Cornish-Rex-Katze angeregt, setzte sich 1960 Miss Cox, die Besitzerin eines anderen, unabhängig von diesen entstandenen Rex-Katers, mit den Cornish-Rex-Züchtern in Verbindung. Es kam zur Paarung ihres gelockten Katers Kirlee mit einer Rex-Katze. Die Nachzucht ähnelte ihren Eltern nicht im geringsten, die Kätzchen waren alle voll behaart. Damit war bewiesen, daß Kirlee einer anderen Rex-Mutation zugehörte, die nach ihrem Herkunftsort benannt wurde. Rückkreuzung mit seinen Töchtern brachten wieder Rex-Kätzchen. Im Gegensatz zum »Gen 1« der Cornish Rex wurde diese Mutation »Gen 2 Rex« benannt. Gleichzeitig wurde beschlossen, beide Rex-Rassen nicht mehr untereinander zu paaren.

Das Fell ist sehr kurz und fein, wellig und weich, ohne Grannenhaare. Die Schnurrhaare und Augenbrauen sind kräftig, mittellang und gekräuselt. Im Gegensatz zur Cornish Rex ist der Schwanz dicht besetzt mit kurzen Haaren. Auch die Devon Rex ist eine schlanke, mittelgroße Katze mit langen Beinen und ovalen Füßen. Ihre Hinterbeine sollen etwas länger sein als die Vorderbeine. Ihre Brust ist breit, in der Kopfform unterscheidet sie sich durch vollere Backen, kurze Nase und ausgeprägten Stop. Die großen Ohren sind ziemlich tief angesetzt, mit abgerundeten Spitzen und dicht besetzt mit feinstem Haar. Der Bauch ist nur mit Flaum bedeckt. Alle Farben außer Zweifarbigen werden gezüchtet, außerdem Schildpatt mit Weiß. Bei anderen Katzen sind weiße Flecken fehlerhaft.

*German Rex* (Abb. S. 223).
Diese in Berlin geborene Rex-Katze ist, genaugenommen, die älteste, denn sie war bei ihrer Entdeckung 1951 voll erwachsen. German Rex-Katzen ähneln den Cornish Rex, mit denen 1970 zwei amerikanische Züchter Kreuzungsversuche unternahmen. Die Kätzchen aus Cornish German-Rex-Paarungen hatten gelocktes Haar. Somit dürften beide Mutationen identisch sein.

*Oregon Rex.*
Dagegen haben Paarungsversuche dieser 1959 in Amerika gefundenen Rex-Variationen ergeben, daß sie weder mit Cornish noch mit Devon Rex identisch ist. Entsprechende Paarungen brachten behaarte Nachkommen. Auch die Fellstruktur unterscheidet sie. Oregon Rex scheinen härteres Haar mit allen drei Haarsorten zu besitzen.

*Nacktkatze* (Sphynx).
Völlige Haarlosigkeit ist von Hunden und von Mäusen her bekannt. Auch bei Katzen kam diese Eigenschaft ab und zu vor, wurde aber erst seit weniger als zehn Jahren als Sphynx oder *Kanadische Nacktkatze* gezüchtet, weil sich zufällig Züchter fanden, die sich der Mutation annahmen. Nacktkatzen gehören mit den Nackthunden zu jenen Tieren, die selbst sonst sehr objektive Menschen so gern ausgerottet sehen möchten. Doch schließlich bleibt es jedem Menschen überlassen, ob er ein extrem behaartes Tier – wogegen sich keine Stimmen erheben – oder ein völlig haarloses im Hause hält. Belästigt wird durch eine Nacktkatze die Umwelt bestimmt nicht! Wahrscheinlich werden die

Nacktkatzen, wie die Hunde, durch eine gute Unterhautfettschicht und eine höhere Körpertemperatur die Wärmebilanz ihres Körpers im Gleichgewicht halten. Angaben darüber bei Katzen fehlen noch. Warum sollen die Launen der Natur nicht erhalten bleiben, vor allem wenn es sich um so harmonisch gebaute, gesunde Tiere handelt? Bei stärkerer Verbreitung könnte den Nacktkatzen ein unerschlossenes Gebiet offenstehen: als Haustiere für Menschen, die auf Tierhaare allergisch reagieren.

*American Wire-hair (Amerikanisch Drahthaar).*
1966 entstand diese Haarmutation bei einer kleinen rot-weißen Bauernkatze in Amerika. Zuchtversuche ergaben sehr bald, daß es sich um eine dominante Variante handelt, entsprechend dem Drahthaar der Hunde. Das Fell ist rauh, es besteht aus allen drei Haartypen, die abweichend vom normalen Katzenhaar geformt sind. Noch gibt es nur sehr wenige Exemplare dieser Rarität in Amerika. In Körperform und Farbe entspricht sie der Amerikanischen Kurzhaarkatze.

*Ägyptische Mau* (Abb. S. 206).
Diese getupfte Kurzhaarkatze ist noch keine anerkannte Rasse, doch ihre Anhänger betiteln sie bereits als älteste Rassekatze der Welt. Die ersten Ägyptischen Katzen (Mau heißt soviel wie Katze) sollen direkt aus Kairo stammen. 1953 kamen sie durch eine russische Prinzessin nach Amerika. Obwohl diese Katzen recht scheu sein sollen und sich bei jeder Störung in sichere Verstecke zurückziehen, werden sie sicher bald viele Liebhaber finden, denn sie sind ein guter Ersatz für die schwer zu haltenden gefleckten Wildkatzen. Und bei richtiger Zuchtwahl auf ein ausgeglichenes Wesen hin werden sie sich eines Tages wohl nicht mehr von anderen Katzen unterscheiden. Sie sind eine rein züchtende Rasse von schlankem Körperbau in den Grundfarben Silber und Bronze. Von anderen gezeichneten Katzen unterscheiden sie ihre klar begrenzten runden Flecken. Daß sie von den altägyptischen heiligen Katzen abstammen, daran besteht nicht der geringste Zweifel. Denn von ihnen kommen letzten Endes alle unsere Katzenrassen her, und für alle lebenden Katzen ist die Zeit seit dieser Heiligkeit gleich lang verstrichen. Ob es da eine große Rolle spielt, ob die einen länger als Haustiere in Europa und die anderen im Orient gelebt haben?

## *Wildkatzen sind problematische Haustiere*

Wildkatzen sind rechte Stiefkinder unseres sonst so tierlieben Zeitalters. Geliebt und gepflegt werden sie nur, wenn sie als Mantel verarbeitet sind, sonst sieht es bei Liebhabern und in Tiergärten gleicherweise trübe für sie aus. Der »tierliebe« Normalbürger interessiert sich bei Wildkatzen ohnehin nur für die besonders attraktiv gefärbten und gezeichneten, meist südamerikanischen Arten. Die apart gefleckten Tiere kommen durchweg ganz jung in Gefangenschaft, nachdem ihre Mutter getötet wurde. Dann werden diese Katzenbabys, die bisher von der sehr gehaltvollen Muttermilch bestens ernährt worden sind, von Eingeborenen, die selbst nicht genug zu essen haben, irgendwie am Leben erhalten und weiterverkauft. Bis sie an ihren Bestimmungsort gelangen, sind die meisten von ihnen gestorben. Zahm sind diese armen Wesen dann zwar notgedrungen geworden, doch nur wenige sind ohne Mangelschäden. Ihre Käufer sind zwar weniger arm als die Erstbesitzer, doch meistens auch nicht sehr erfahren in der Pflege und Ernährung solcher empfindlicher Wildtierkinder. Bei richtiger Ernährung (siehe Seite 160 f) können diese kleinen Wildkatzen die Folgen dieser Fehlernährung überwinden, wenn die Behandlung rechtzeitig einsetzt. Sie können auch »auf den Menschen geprägt« werden. Sie werden dies ganz besonders auf einen bestimmten Menschen und nicht ganz allgemein auf uns Zweibeiner. Das bedeutet, daß sie sich nur in der Hand ihres geliebten Menschen wohl fühlen und überall sonst kümmern werden. Einen Besitzerwechsel quittieren sie in den meisten Fällen durch völlige Verhaltensänderung, selbst wenn es sich um tierpsychologisch erfahrene Tierhalter handelt. Für den Zoologischen Garten sind sie völlig ungeeignet, weil sie nie gelernt haben, mit ihresgleichen zu leben.

Selbst in der Jugend völlig gezähmte Wildkatzen stellen ihre Besitzer mit dem Erwachsenwerden vor praktisch unlösbare Probleme. Sie strömen einen typischen Raubtiergeruch aus, den sie durch Versprühen ihres Urins intensiv auf die ganze Umgebung verteilen. Dagegen hilft bei ihnen kein Kastrieren. Auch ihre Liebesbeweise und gelegentlichen Prankenhiebe sind mehr, als die menschliche Haut auszuhalten gewöhnt ist. So naht unweigerlich in jedem Wildkatzenleben der Zeitpunkt, zu dem das geliebte, in Freiheit aufgewachsene Jungtier zum Leben im Käfig, also in der Gefangenschaft, verurteilt wird. Ob dazu ein Raum im Hause ideal ist, der rundum gekachelt und gefließt sein muß, um die tägliche Reinigung mit dem Wasserschlauch zu erlauben, wage ich zu bezweifeln. Wenn solch ein Tier schon unfreiwillig ohne Artgenossen in Gefangenschaft sitzen muß, dann sollte es wenigstens einen genügend großen Käfig mit Außenauslauf besitzen, von dem aus es die Umgebung mit Vögeln im Garten und anderen Tieren beobachten kann. Nur wer in einem heizbaren Nebengebäude ein Wildkatzenhaus einrichten kann, sollte überhaupt an die Haltung eines solchen Tieres denken. Der möglichst große Außenauslauf muß sicher umdrahtet und das Gehege durch eine Türschleuse so gesichert sein, daß das Tier nicht zwischen den Beinen des Besuchers entweichen kann. Wasser-, Futter- und Toilettenschale sollen von außen eingeschoben werden können, damit im Notfall auch ein anderer als der vertraute Mensch die Versorgung des nicht gegen alle Lebewesen liebenswürdigen Bewohners übernehmen kann.

In Tiergärten, besonders in den in Erholungsgebieten liegenden privaten kleineren Parks, sieht man gelegentlich Wildkatzen, sogar auch die Europäische. Da diese scheuen Tiere weniger herzeigen als die publikumswirksamen Großkatzen, sind ihre Gehege nicht nur in einer übriggebliebenen schattigen Ecke untergebracht, sondern sie sind meistens auch viel zu klein und leider viel zu schmutzig. Daß die Katzen dann entsprechend verwahrlost wirken, macht sie nicht attraktiver. Der Käfig einer Wildkatze, ob in Privathand oder im Tiergarten, muß folgenden Mindestanforderungen entsprechen:

Er muß überdacht sein, so daß der Schlafplatz immer trocken ist, auch bei gründlicher Säuberung darf er nicht stundenlang naß stehen. Wenigstens einige Stunden des Tages soll eine Ecke besonnt sein. Zum Klettern und zum Krallenschärfen müssen genügend Naturholzstämme und Liegebretter vorhanden sein. Der geschützte Ruheplatz soll dem Tier ein Gefühl der Sicherheit vermitteln. Frisches Wasser ist in sauberen Gefäßen in genügender Menge zu reichen, ohne daß es in der Sonne schal wird. Wichtig, aber leider oft am meisten vernachlässigt, ist die Klo-Ecke, die nicht zu klein sein darf und täglich frische Einstreu zu bekommen hat. Am besten wird sie gefliest und durch einen Saum gegen den übrigen Käfig begrenzt. Durch eine flache Klappe kann die benutzte Einstreu – Sägespäne, Torfmull oder

Sand – aus dem Käfig geholt werden, ohne das Tier sehr zu beunruhigen. Durch diese Klappe fließt auch das Wasser beim Nachspülen ab, ohne daß der ganze Käfig täglich völlig naß wird.

Immer ist der natürliche Lebensraum bei der Gestaltung des Außenauslaufs zu berücksichtigen. Baumbewohnende Katzen brauchen reichlich Klettermöglichkeit in einem möglichst hohen Zwinger. Ist ein dort gewachsener Baum vorhanden, der natürlich völlig umdrahtet sein muß, dann lichtet man ihn eventuell etwas aus und bringt zum Liegen ein Brett in den Ästen an. In sonniger Lage wird durch schnellwachsende Klettergewächse, zum Beispiel Knöterich, zusätzlich Schatten geschaffen. Am Boden lebende Katzen mögen gern Gebüsch. Hollunder und Johannisbeersträucher sind sehr widerstandsfähig, noch besser sind große Rhododendronbüsche, die auch im Winter belaubt sind.

Die *Ernährung der Wildkatze* ist ihrem Alter und ihrem Gesundheitszustand anzupassen. Dem unterernährten Jungtier reicht man je nach Alter drei bis fünf Mahlzeiten, die man durch einen »Vigantol-Stoß«, ergänzt durch ein Kalkpräparat, anreichert. Wieviel Tropfen Vigantol man verabreicht, wird der erfahrene Tierhalter wissen, der weniger erfahrene sollte dazu den Tierarzt befragen. Das ist wesentlich billiger als Experimente mit unsicherem Ausgang. Nach einer Pause von vierzehn Tagen sind weitere Vitamin-Gaben, wie auf Seite 90 bei der Jungtierfütterung beschrieben, zu verabreichen. Der jungen Katze geben wir Katzennährmilch mit Eigelb und Schmelzhaferflocken zum Frühstück und am Spätnachmittag. Die Hauptmahlzeiten am Mittag und am Abend sollten aus frischen Beutetieren bestehen. In Frage kommt alles, was zu bekommen ist, sofern es sich um gesunde Tiere handelt, also Mäuse, Meerschweinchen, Eintagsküken, Tauben und Kaninchen, alles mit Fell und allen Innereien. Das Füttern einer Wildkatze ist keine ästhetische Angelegenheit – daran sollte jeder beim Kauf denken. Denn das Futter soll zwar mit allem Drum und Dran, aber zerkleinert gegeben werden, da die junge Katze meist keine Gelegenheit hatte, von der Mutter zu lernen, wie man mit einem größeren Beutestück fertig wird. Außerdem würde dabei zuviel schmutzig in den Ecken liegenbleiben. Selbst und gerade Mäuse müssen nicht nur zerkleinert, sondern auch sorgfältig auf Bandwurmfinnen geprüft werden. Diese weißen Blasen sind mit bloßem Auge in der Leber zu erkennen. Hat sich die Katze erst mit dem Bandwurm infiziert, so ist es nicht immer ganz einfach, ihr die entwurmende Medizin einzugeben. Je älter unser Wildling wird, um so mehr reduzieren wir die Zahl der Mahlzeiten, bis schließlich beim vollausgewachsenen, gut genährten Tier nur noch eine Fleischmahlzeit übrig ist. Wenn diese aus Kleintieren mit Fell und Knochen besteht, sind Kalkgaben überflüssig. Eine Schale mit Grassaat sollte auf jeden Fall zur Einrichtung des Käfigs gehören.

*Wildkatzenarten.* Gattung Felis, Linné, 1758, Großart Felis silvestris, Schreber, 1777.
Zu dieser Katzengruppe zählt man drei, nach einigen Katzenforschern auch vier Unterarten: die Waldwildkatzen, die Steppenwildkatzen und die Falbkatzen und die wenig erforschten Mittelmeerkatzen, die den Falbkatzen ähneln.

*Falbkatze* (Abb. S. 223).
Die Falbkatzen mit dem Prototyp der *Nordafrikanischen Falbkatze,* Felis silvestris lybica, Forster, 1780 (Abb. S. 224), und der Felis silvestris ocreata, Gmelin, 1791, der *Abessinischen Buschfalbkatze,* gelten als Wildformen unserer Hauskatzen. Eine weitere Unterart, die Felis silvestris iraki, Cheesman, 1920, wird als Ausgangsform der asiatischen Hauskatzen gehalten. Alle drei Falbkatzenunterarten paaren sich fruchtbar untereinander, selbst in der Freiheit an ihren Vermischungszonen. Weitere Unterarten kommen überall in Afrika vor, wo in Steppe, Busch und Trockenwald günstige Lebensmöglichkeiten vorhanden sind. Obwohl sie so ziemlich die einzigen Wildkatzen sind, die in Gefangenschaft völlig zahm werden und sich in Afrika oft freiwillig in die Hausgemeinschaft des Menschen begeben, werden sie von Katzenliebhabern kaum beachtet. Das liegt an ihrem unscheinbaren Äußeren, das sie wenig von vielen Hauskatzen unterscheidet, ja, das weniger »wild« aussieht als das Fell mancher Zuchtkatze. Die Grundfarbe ist Fahlcreme- oder Sandfarbe bis Fahlgraubraun mit mehr oder weniger stark verblaßter Flecken- oder Tigermusterung. Körpergröße und Gewicht können stark variieren. Immer aber ist die ganze Unterseite des Hinterfußes dunkel und der Schwanz lang und dünn, mit dunkler Spitze.

*Waldwildkatze.*

Unsere *europäische Waldwildkatze,* Felis silvestris silvestris, Schreber, 1777 (Abb. S. 223 u. 224), lebt heute noch als Standwild in Eifel und Harz. Sie steht unter Naturschutz und darf nicht bejagt werden. Gelegentlich erscheint sie auch in anderen deutschen Mittelgebirgen. Häufiger kommt sie in den großen Wäldern des östlichen Europa von Polen bis Rumänien und Griechenland vor. Sie ist kein Menschenfreund und bevorzugt Gegenden, die wenig begangen sind. In der Gefangenschaft bleibt sie scheu, und die wenigen in Tierparks gezeigten Tiere wirken recht traurig. Ob sie solche Einzelgänger sind, wie wir annehmen, ist noch offen. Im Zoo Magdeburg wird, nach Petzsch, ein Kuder mit zwei Katzen ständig zusammen gehalten. In Ermangelung eines gleichartigen Partners paaren sich Waldwildkatzen mit verwilderten Hauskatzen, so daß Mischlinge aller Grade vorkommen können. Daher ist die Färbung allein kein Zeichen für Reinblütigkeit. Die graubraune Oberseite des Fells zeigt einen scharf abgesetzten schwarzen Aalstrich auf dem Rücken und schwarzes Tigermuster, wie es auch bei Hauskatzen häufig ist. Nur wenn alle fünf Unterscheidungsmerkmale vorhanden sind, handelt es sich um eine echte Wildkatze:

1. Der Schwanz ist nur knapp ein Drittel der Gesamtlänge, gleichmäßig dick und buschig behaart mit abgestutztem Ende. Der Hauskatzenschwanz ist länger und dünner.
2. Der Sohlenfleck auf der Unterseite des Hinterfußes ist rundlich und nicht lang über den ganzen Fuß reichend.
3. Der Nasenspiegel ist rosafarben.
4. Das Fell hat einen gelblichen Unterton.
5. Das imponierende Gewicht ausgewachsener Tiere, besonders der männlichen Tiere, der Kuder, beträgt selten weniger als 5 kg und kann bis auf mehr als 10 kg ansteigen.

Die Waldwildkatzen ziehen nur einen Wurf Junge im Jahr auf. Die Unterart Felis silvestris caucasica, Satunin, 1905, schließt sich im Osten an, im Westen die Unterart Felis silvestris grampia, Miller, 1905, die heute noch in Schottland und im kontinentalen Westeuropa vorkommt.

*Steppenwildkatze* (Abb. S. 224).

Die Steppenwildkatzen, deren bekanntester Vertreter die kleingefleckte, sandgelbe Felis silvestris ornata, Gray, 1832, ist, sind auf Asien beschränkt. Auch die anderen Unterarten sind gefleckt, ganz selten nur verlaufen die Flecken zu Streifen. Im Gewicht sind sie im allgemeinen leichter als die Waldwildkatzen und besitzen einen längeren, weniger dicken Schwanz.

*Wüstenkatze* (Abb. S. 224).

Der Silvestris-Form recht nahe verwandt und mit ihr kreuzbar sind die Wüstenkatzenarten Felis margarita, Loche, 1858, auch als *Sand-* oder *Saharakatze* bekannt. Sie bewohnt nur Wüsten und Sandgebiete Afrikas und Asiens. Sie ist sandgelb mit grauem Ton, und ihre verschwommene Zeichnung ist meistens nur am Kopf, den Beinen und am Schwanz, der immer eine dunkle Spitze hat, deutlicher zu erkennen. Bemerkenswert sind ihre großen Ohren, denn sie jagt vorwiegend nach dem Gehör. Gegen die Hitze des heißen Sandes besitzt sie ein dickes Haarpolster an den Pfoten, das die Ballen, die ja bei allen Katzen haarlos sind, schützt.

Eine Unterart der Wüstenkatze ist die *Barchankatze (Sicheldünenkatze,* Abb. S. 223), Felis margarita thinobia, Ognev, 1927, die weiter östlich lebt und in Größe und Fellentwicklung ihre im wärmeren Gebiet beheimatete Schwester übertrifft. Ihre Urheberschaft bei der Schaffung der langhaarigen Hauskatzen, also vor allem der Perserkatze, ist wahrscheinlich.

Wenig ist über die *Gobikatze* oder *Graukatze*, Felis bieti, Milne-Edwards, 1892, bekannt. Sie erscheint wie eine etwas vergrößerte Ausgabe der Silvestris-Arten.

Die kleinste der Wildkatzen ist die *Schwarzfußkatze,* Felis nigripes, Burchell, 1822 (Abb. S. 224). Sie lebt in der Kalahari-Wüste und in der Karroo-Einöde, wird nur bis 2,5 kg schwer und ist deutlich mit einem Flecken- oder Streifenmuster gezeichnet. Auch sie paart sich fruchtbar mit Hauskatzen. Das einzig Gewaltige an dem zierlichen Tier ist seine Stimme, die mit Tigergebrüll verglichen wird. Als Wüstenbewohnerin benötigt sie zum Leben trockene Wärme. Ein Hygrometer ist in ihrem Raum noch wichtiger als das Thermometer. Wenn ihr das richtige Kleinklima geboten wird und das Futter aus frischen Kleintieren besteht, dann läßt sich das attraktive Kätzchen auch im Privathaus gut halten, zumal es zu denjenigen Arten gehört, die auch tagsüber munter sind. Auf jeden Fall muß sie einen eigenen Raum bewohnen, denn bei aller Kleinheit wird von erwachsenen Tieren, auch den weiblichen, erstaunlich viel Urin verspritzt.

*Rohrkatze* (Abb. S. 224).
Wenn von den alten Jagdkatzen der Ägypter berichtet wird, dann handelt es sich um die Rohrkatze, Felis (Chaus) chaus, Güldenstädt, 1776. Sie wurden abgerichtet und an der Leine zur Jagd mitgeführt, wie sonst nur Hunde. Ihnen ähnlich, werden sie sehr anhänglich und sind leicht zu zähmen, so daß sie bei den Jagden auf Sumpf- und Wassergeflügel eingesetzt wurden. Durch ihre hohen Beine kann sich die Rohrkatze auch im schwierigen Gelände leicht vorwärtsbewegen, und wenn es sein muß, schwimmt sie auch. Wegen dieser langen Beine, der kleinen Haarpinsel auf den großen, spitzen Ohren und des kurzen Schwanzes wird die Rohrkatze auch als *Sumpfluchs* bezeichnet. Weitere Namen sind *Dschungelkatze* und *Schilfkatze*. Die Zeichnung ist bei den grau bis schmutziggelb gefärbten Katzen nur in der Jugend deutlicher zu erkennen. Sie ist eine der größten Arten der Gattung Felis und unvergleichbar mit ihren hohen Beinen. Mit Hauskatzen paart sie sich fruchtbar.

*Manul* (Abb. S. 223 u. 224).
In der Katzensystematik ist dieses interessante Tier schwer einzuordnen. Er gehört einer eigenen Gattung an und heißt Otocolobus manul, Pallas, 1776. Seinem Erstbeschreiber zu Ehren wird der Manul auch *Pallaskatze* genannt. Schon Pallas äußerte die Vermutung, daß der Manul bei der Entstehung der Langhaarhauskatzen beteiligt gewesen sei und daß auf ihn der Perserkatzentyp zurückgeführt werden könne. Außerdem berichtete er, daß der Manul sich gern mit Hauskatzen paare. Diese Behauptung läßt sich schwer nachprüfen, denn das in den Hochsteppen Innerasiens lebende Tier ist dem europäischen Klima nicht gewachsen und bleibt hier nicht lange am Leben. Seiner rauhen Heimat mit der trockenen Kälte ist er dagegen vorzüglich angepaßt mit dem dichten, langen, harten Fell, seinem kurzen, dickbuschigen Schwanz und kleinen, abgerundeten weit aus-

einanderstehenden Ohren. Sein Kopf ist der kürzeste und breiteste von allen echten Katzen mit kurzer Nase und Backenbart. Die Grundfarbe kann leuchtend Gelbrot bis Fahlgelbgrau sein, bei weißer oder hellgrauer Unterseite. Während der Kopf immer gemustert ist, können die dunklen Querstreifen, die sich über den Rücken ziehen, in der Stärke sehr unterschiedlich ausfallen. Der Schwanz ist immer mit Ringen und dunkler Spitze versehen.

Wegen ihrer aparten Zeichnung steht eine ganze Reihe von Kleinkatzen den Katzenfreunden näher als die wirklichen Verwandten der Hauskatze und ihrer Zuchtrassen. Daher sollen diese Arten nicht unerwähnt bleiben, denn die Wahrscheinlichkeit, daß sie eines Tages in unseren Armen landen, ist weitaus größer als bei den näher beheimateten Arten. Keinesfalls soll dies eine Anregung sein, sich solch ein herrliches Tier ins Haus zu holen. Denn die Freude wird auf beiden Seiten bald recht beschränkt sein. Außerdem ist die Zahl dieser Wildkatzen so gering, daß sie, um den Bestand zu sichern, nicht gefangen werden sollten. Wer glaubt, nicht ohne ein solch schön geflecktes Katzentier auszukommen, soll sich bewußt machen, daß die Mutter des Kätzchens getötet werden mußte. Denn freiwillig gibt keine Katze ihr Kind her.

Am häufigsten kommen die südamerikanischen Kleinkatzen in den Handel. Sie sind es auch, die der Wunsch nach einem ausgefallenen Tier meint. Möglichst ein Ozelot oder wenigstens ein »Zwergozelot« soll es werden, den man sich heranwünscht. Zum Glück wird meistens etwas ganz anderes geliefert! Denn der *Ozelot,* Leopardus pardalis, Linné, 1785, ist ausgewachsen ein ganz beachtliches Stück Raubtier, das auch bei allem Tierverstand nicht gut im Privathaus gehalten werden kann. Seine Gesamtlänge schwankt von 90 cm und 1,50 m. Ein Drittel davon mißt der Schwanz, so daß im Höchstfall ein Meter reines Raubtier übrigbleibt. Dabei ist diese Katze gedrungen und derb und von ungeheurer Kraft. Der Kopf erwachsener Kater ist besonders kräftig. Die Rückseite der gerundeten Ohren hat einen weißen Fleck, den auch die meisten der kleineren gefleckten Katzen besitzen. Von den Augenwinkeln führt ein kurzer weißer Streifen zur Stirn, der als Unterscheidungsmerkmal gilt, um einen jungen Ozelot von ausgewachsenen kleineren Katzen anderer Rasse zu unterscheiden. Die aus Flecken und Streifen mit helleren Mittelhöfen bestehende Zeichnung verläuft auf dem Rücken in Längsrichtung, auf dem Bauch in Querrichtung. Die Beine sind getupft, die Füße haben dunkle Sohlen. Bei der weiten Verbreitung vom Süden der USA über Mittelamerika bis Nordargentinien und Peru werden mehrere Unterarten unterschieden, die in Muster und Länge der Behaarung ebenso schwanken wie in der Körpergröße. Allen gemeinsam ist der starke Körper- und Uringeruch.

Die kleinere Schwester des Ozelots ist die *Langschwanzkatze* oder *Margay,* Leopardus tigrinus, Schreber, 1777. Auch sie hat die gleiche geographische Verbreitung, im Norden bis Texas. Wenn vom *Baumozelot* oder vom *Kleinen Ozelot* gesprochen wird, dann meint man den Margay. Er ist hochbeinig und langschwänzig, die Flecken haben einen helleren Innenhof und sind in Längsrichtung angeordnet. Wie der Ozelot, hat auch der Margay einen weißen Fleck auf der Hinterseite der dunklen Ohren. Die großen Augen sind hellumrandet, ohne den hellen Streifen zur Stirn hin. Wie bei allen gefleckten Katzen, entwickelt sich die Zeichnung erst im Laufe des ersten Lebensjahres deutlich, Katzenbabys zeigen sie undeutlich und verschwommen. Diese Katze bleibt wesentlich kleiner als der Ozelot, ist aber dennoch ein echter Wildling. Als Baumbewohner muß er klettern können.

Die dritte der bekanntesten exotischen Katzen ist die *Oncilla*, Oncifelis pardinoides, Gray, 1867. Auch sie ist gut hauskatzengroß und gleicht im Muster einem Miniaturjaguar. In Längsrichtung laufen schwarze Ringflecken auf ockerfarbener Grundfärbung. Die Unterseite ist quergemustert. Vom Margay ist die Oncilla nicht ganz leicht zu unterscheiden, denn auch sie hat den hellen Fleck auf der Rückseite der Ohren. Ihr Verbreitungsgebiet deckt sich in Südamerika mit dem des Margay, reicht jedoch nur ein geringes Stück nach Mittelamerika. Auch sie ist ein Waldbewohner, jagt jedoch lieber auf dem Boden. Die Bezeichnung *Zwergozelot* ist nicht ganz glücklich, denn sie wird auch dem Margay gegeben.

Weiter südlich, von Südbrasilien bis Südpatagonien, lebt die *Geoffroykatze* oder *Salzkatze,* Oncifelis geoffroyi, D'Orbigny und Gervais, 1843. In der Größe gleicht sie den vorbesprochenen Arten, wobei die im Gran-Chaco lebenden Salzkatzen am kleinsten sind und das kürzeste Fell besitzen. Die Tupfen auf ockerfarbenem bis silbrigem Grund sind schwarz, klein und ohne Hof. Nur an der Schulter und den Flanken können Rosetten auftreten.

Die *Nachtkatze,* Oncifelis guigna, Molina, 1910, ist die kleinste Katzenart Amerikas und lebt in den Wäldern Chiles. Sie ähnelt der Salzkatze mit ihren feinen Tupfen, die Grundfärbung ist düster ockergelb bis bräunlich. Schwärzlinge treten bei dieser Art noch häufiger auf als bei den übrigen Arten. Sie sind recht schwierig auseinanderzuhalten, denn sie gleichen sich mehr oder weniger alle.

Rotbraun gemustert auf grauem Grund ist die *Pampaskatze,* Lynchailurus pajeros, Desmarest, 1816. Mit ihrem buschigen, rotbraun geringelten Schwanz und großem, breitem Kopf zeigt sie als Besonderheit stark verlängerte Rückenhaare an der ganzen Rückgratslinie. Sie bewohnt die Steppen von der Nähe der Anden bis nach Patagonien.

Kaum jemand wird in die Lage kommen, die *Berg-* oder *Andenkatze,* Oreailurus jacobita, Cornalia, 1856, richtig ansprechen zu müssen. Sie zählt zu den ganz großen Seltenheiten, die noch in keinem Zoo gezeigt wurden. Sie gehört zu den Katzen, die auch Gebiete mit ewigem Schnee nicht scheuen. Ihre Flecken sind orangefarben bis braun auf grauem Grund und ziemlich regellos angeordnet. Der helle Fleck auf der Rückseite der Ohren, den die anderen südamerikanischen Kleinkatzen, mit Ausnahme der südlichsten Pampaskatzen tragen, fehlt bei ihr.

Marderähnlich wirkt die schlanke *Wieselkatze,* Herpailurus yagouaroundi, Geoffroy, 1803, die in ihren rot- bis graubraunen Exemplaren *Jaguarundi* und in ihren fuchsroten *Eyra* genannt wird. Sie kommt in fast ganz Süd- und Mittelamerika vor, wird aber kaum als Liebhabertier gehalten. Sie ist äußerst temperamentvoll und gilt als großer Räuber unter dem Hausgeflügel, denn die Nähe des Menschen stört sie nicht. In der vorkolumbianischen Zeit, vor Einführung der Hauskatzen, wurde sie gezähmt und zur Bekämpfung der Ungezieferplage in Haus und Hof gehalten. Menschen gegenüber soll sie recht anhänglich werden, doch Geflügel und andere kleine Haustiere töten auch die liebenswürdigsten von ihnen.

Die altweltlichen Kleinkatzen kommen seltener in den Handel. Sie wären als Haustier nicht mehr und nicht weniger geeignet als die Südamerikaner. Lebhaft braungemustert ist die *Marmorkatze*, Pardofelis marmorata, Martin, 1836, aus Südostasien.

Beinahe schon als mittelgroß ist die *Afrikanische Goldkatze*, Profelis aurata, Temminck, 1827, zu bezeichnen. Sie bewohnt die Regenwälder im westlichen Äquatorialafrika und kann fuchsrote bis schiefergraue und auch schwarze Grundfärbung zeigen. Die Musterung ist kleingefleckt. Bemerkenswert ist ihr kleiner Kopf. Die *Asiatische Goldkatze* oder *Temminckkatze,* Profelis temmincki, Vigors und Horsfield, 1827, aus Südostasien ist mit Schwanz 1,10 bis 1,60 m lang und als Haustier ungeeignet. Von ihrer afrikanischen Schwester unterscheiden sie die weiße Schwanzunterseite, weiße Augenstreifen und vier Fleckenreihenstreifen auf der Stirn. Ihr hauskatzengroßes Abbild ist die *Borneokatze,* Profelis badia, Gray, 1874.

In Asien leben einige hübsch gezeichnete Arten der *Bengalkatzen* (Abb. S. 224). Weit verbreitet, von Indien über Innerasien bis Korea, ist die Bengalkatze Prionailurus bengalensis, Kerr, 1892. Bei der weiten Verbreitung mit vielen Unterarten ist die Zeichnung wechselnd, teils verschwommen, teils klar als scharfe Flecken, auch Hofflecken und Rosetten, heraustretend. Bengalkatzen sind mäßig groß mit einer Gesamtlänge von 0,75 und 1,00 m. Sie gelangen nicht selten in Gefangenschaft, wo sie am besten paarweise gehalten werden. In Tiergärten halten sie sich recht gut und züchten auch gelegentlich. Für den Privatmann sind sie nur zu empfehlen, wenn viel Platz vorhanden ist. Als Nachttiere sind sie tagsüber nicht zu sprechen.

Die *Rostkatze,* Prionailurus rubiginosus, Geoffroy, 1834, ist nahe verwandt mit der Bengalkatze, doch mit 0,50 bis 0,70 m viel kleiner und zierlicher. Sie kommt nur in Südindien und Ceylon vor. Ihre Grundfarbe ist Rotbraun bis Graubraun, in einigen Gegenden Graublau. Die Zeichnung besteht aus längslaufenden Streifen und Tupfen.

Größer und plumper wirkt die *Fischkatze,* Prionailurus viverrinus, Bennet, 1833. Der breite, große Kopf mit kleinen, abgerundeten Ohren und der kurze Schwanz verstärken diesen Eindruck. Das glanzlose Fell ist unscheinbar gefärbt mit dunklen Fleckenreihen und dunklen Streifen auf Stirn, Schädel und Nacken. Ihr Wohngebiet sind Sümpfe und andere feuchte Landstriche, wo sie von Fischen, Krebsen und allem, was sich sonst erbeuten läßt, leben. In Gefangenschaft sollen sie paarweise verträglich sein, jedoch andere, selbst weit größere Katzenarten töten.

Eher marderartig ist das Aussehen der *Flachkopfkatze,* Prionailurus planiceps, Vigors und Horsfield, 1827. Damit ist das Tier vorzüglich an das Leben im dichten Unterholz der Wälder der südostasiatischen Inseln angepaßt. Die Beine sind kurz, das Gewicht soll bei nur 2,5 kg liegen. Die Rückenfärbung ist ungemustert in verschiedenen Brauntönen. Lediglich Kopf, Vorbrust und Beine sind gezeichnet. Diese Katze wird so selten gefunden, daß man sie zu den zoologischen Kostbarkeiten rechnet.

# Klubleben

Selbst eingefleischte Individualisten müssen sich mit anderen Interessenten zusammentun, wenn sie in der Tierzucht Erfolg haben wollen. Es sind Richtlinien aufzustellen, wie die Katzen bis in alle Einzelheiten hinein aussehen sollen und was als Fehler gilt. Die gezüchteten Tiere müssen registriert werden, sie werden ins Stammbuch eingetragen und erhalten eine Ahnentafel. Es muß aber auch dafür gesorgt werden, daß das Wohl der Katzen gewahrt bleibt und nicht vielleicht geschäftstüchtige Tierhalter durch hemmungslose Vermehrung die Gesundheit der Muttertiere schwächen und unterernährte Kätzchen ins Leben entlassen. Zu alledem schließen sich die Tierfreunde zu Klubs zusammen, deren Bestimmungen sie sich fügen.

Auf dem Gebiet der Katzenliebhaberei sind die Angelsachsen dem europäischen Kontinent um Längen voraus. Bereits 1887 wurde in England der erste Katzenklub der Welt, der »National Cat Club«, gegründet, der bis zum heutigen Tag besteht. Der zweite Klub, »The Cat Club«, wurde 1898 ins Leben gerufen und führte sein eigenes Zuchtbuch. Spezialvereine für bestimmte Rassen folgten. Viele von ihnen bestehen heute noch. 1910 schlossen sich alle englischen Klubs zu einer Dachorganisation zusammen, dem »Governing Council of the Cat Fancy«, mit GCCF abgekürzt. Diese Vereinigung von inzwischen annähernd 70 Klubs funktioniert heute so gut wie damals. Die Delegierten der Einzelklubs einigen sich über alle anstehenden Fragen, wie Ausstellungen, Anerkennung neuer Rassen, Änderung bestehender Bestimmungen, und führen zusammen ein Zuchtbuch.

In Amerika setzte die Cat Fancy, die Katzenliebhaberei oder der Katzensport, wie wir übersetzen würden, Ende des vorigen Jahrhunderts mit Macht ein. 1895 war die erste große Ausstellung in New

| | |
|---|---|
| | Sekretariat: Mme. E. A. E. Adriaanse-de Back, Tjasker 65 (Molenwijk), Amsterdam. Zeitschrift: Felikat |
| Frankreich: | Fédération Féline Française. Mme. M. Ravel, 247, rue de Vaugirard, F-75015 Paris. Zeitschrift: La vie féline. |
| Dänemark: | Landsforeningen Felis Danica. Mme. L. W. Casselgreen, Platanallé 17, Torsted, DK 8700 Horsens. |
| Schweden: | Sveriges Raskattklubbars Riksförbund. Präsident: M. B. Andersson, Majorsgatan 4, S-70369 Örebro. Sekretariat: Mme. A. Lundegard, Berghäll, Kinnaström, S-51100 Kinna. Zeitschrift: Vara Katter. |
| Norwegen: | Norske Rastkattklubbers Riksforbund. M. C.-F. Nordane, Valkyriegate 9, Oslo 3. |
| Finnland: | Suomen Rotukissaayhdistys. Mlle. U. Aspelin, Gruvstavägen 4 A 21, 0440 Helsinki 44. |
| Italien: | Fédération Féline Italienne. Präsident: Dr. A. Pedrazzi, Via Filelfo 7, I-20145 Milano. Sekretariat: Dr. E. Bruno, Via Principi d'Acaja 20, I-10138 Torino. |
| ČSSR: | Cesky Svaz Chovatelú Drobného Zvírecta. R. Bohácek. Na Kozaćce 3, Vinohrady, Praha 2. Zeitschrift: Ušlechtilá Kočka. |

*Angeschlossene Klubs:*

Cat Club de Berne. Mme. H. Coendet, Mottastr. 20, CH-3005 Bern.

Cat Club Vaudois. Mme. Y. Augsburger, Av. de Morges 14, CH-1004 Lausanne.

Klub der Katzenfreunde Zürich. M. A. Huber, Aegeripark, CH-6314 Unteraegeri.

Klub der Katzenfreunde Luzern. M. W. Imholz, Mühlemattstr. 3, CH-6000 Luzern.

Cat Club de Paris. Prof. J. Nouvel, Dir. du Parc Zoologique, F-75012 Paris.
Cat Club de Cannes-Côte d'Azur-Provence. Mme. E. Giovannini, Chemin de Vence, Quartier St. Andrieux, F-06620 Barsur-Loup.
Cat Club du Centre. Mme. S. D'Alleizette, 23, Avenue Charras, F-63000 Clermont-Ferrand.
Cat Club de l'Quest. Mme. Gamichon, 29, rue du Général Leclerc, F-50400 Granville.
Cat Club Occitent. Mme. C. Manzac, 20, rue Kruger, F-31000 Toulouse.
Racekatten. Mme. E. Ringsted, Ørnholm, Manderup, DK-3550 Slangerup. Zeitschrift: Racekatten.
Darak. M. F. Igild, Kildeløbet 49, DK-2700 Copenhagne Brh.
Dankat. Mme. A. Christensen, Kobbervej 18, 2 tv., DK-2730 Herlev.
Jyrak. Mme. L. W. Casselgreen, Platanallé 17, DK-8700 Horsens.

*Dachorganisation für Großbritannien:*

Governing Council of the Cat Fancy, Dovefields, Petworth Road, Witley, Surrey.

*Dachorganisationen für die USA:*

The Cat Fanciers Association, P.O. Box 430, Red Bank N. J. 07701.
Americain Cat Fanciers Association, P.O.Box 203, Point Lookout MO 65726.
The American Cat Association, 16318 Lakewood Blvd. 213/TO 6-6897.
National Cat Fanciers Association, 6812 Gahona Avenue, Allen Park MI 48101.
Crown Cat Fanciers Federation, Rt. 8, Leestown Pike, Lexington KY 40504.
Cat Fanciers Federation, 2013 Elizabeth Street, Schnectady NY 12303.
Independent Cat Federation, 6616 E. Hereford Dr., Los Angeles CA 90022.

*Unabhängige Katzenklubs Europas:*

| | |
|---|---|
| Deutschland: | Deutsche Rassekatzen-Union, 5000 Köln 1, Weißenburgstraße 43, Zeitschrift: Katzen. |
| Schweiz: | Cat Club de Genève. 50, Avne. Bel-Air, Chene Bourg/Genf.<br>Edelkatzen-Züchter-Gruppe und Freunde Bern und Basel. CH-3097 Liebefeld, Dianaweg 5. |
| Frankreich: | Association des Cercles Félins de France. 16, rue de Margingnan, Paris VIII.<br>Association Féline de France, Siège Social. 43, rue Labouret, F-92 Colombes. |
| Holland: | Nederlandse Kattenfokkers Vereniging. Beeklaan 340, Den Haag.<br>Societeit van Kattenliefhebbers Neocat. Van Kifhoecklaan 20, Den Haag.<br>Nederlandse Vereniging van Kattevrienden. 105, Standhaesenstraat, Dordrecht. |
| Schweden: | Sveriges Nya Raskattförening. St. Eriksplan 11, S-11320 Stockholm. |
| Norwegen: | Oslo Rasekattklubb. Sörliveien 45, 1482 Nittedal. |

## Literatur


Amberson R. So hält man Katzen. Albert Müller, Rüschlikon-Zürich 1974.

Antonius, O. Stammesgeschichte der Haustiere. Gustav Fischer, Jena 1922.

Brentjes, B. Die Haustierwerdung im Orient. A. Ziemsen, Wittenberg-Lutherstadt 1965.

Damjan, M. und Schilling, R. Mau Mao Miau. Die Katze durch die Jahrtausende. Eugen Diederichs, 1969.

Gay, M. C. Umgang mit Katzen. Albert Müller, Rüschlikon-Zürich 1951.

Haltenorth, Th. Die Wildkatze. Wittenberg-Lutherstadt 1957.

Hediger, H. Wildtiere in Gefangenschaft. Basel 1942.

Hesse, R. und Doflein F. Tierbau und Tierleben. Jena 1935.

Hilzheimer, M. Natürliche Rassegeschichte der Haussäugetiere. Berlin 1926.

Hilzheimer, M. Eine Hauskatze mit Hängeohren. Sitzungsberichte der Ges. naturforschender Freunde Berlins, Jg. 1938.

Hoffmann, G., Abriß der Laboratoriumstierkunde. Gustav Fischer, Jena 1961.

Jude, A. C. Cat Genetics. T.F.H. Publications, Neptune City 1967.

Keller, C. Naturgeschichte der Haustiere. Paul Parey, Berlin 1905.

Klatt, B. Haustier und Mensch. Hamburg 1948.

Klett, R. und Holthof, L. Unsere Haustiere. Deutsche Verlagsanstalt Stuttgart und Leipzig ca. 1900.

Leyhausen, P. Verhaltensstudien an Katzen. 3. Aufl. Paul Parey Berlin und Hamburg 1973.

Lorenz, K. und Leyhausen, P. Antriebe tierischen und menschlichten Verhaltens. Piper München 1971.

Manton, S. M. Colourpoint Longhair & Himalayan Cats. George Allen & Unwin, London 1971.

Metcalf, C. Katzen. Delphin Taschenbuch. Stuttgart und Zürich 1973.

Nachtsheim, H. Vom Wildtier zum Haustier. Alfred Metzner Berlin 1936.

Nickel, R., Schummer, A. und Seiferle, E. Lehrbuch der Anatomie der Haustiere. Paul Parey Berlin 1961.

Petzsch, H. Die Katzen. Verlag J. Neumann-Neudamm, Melsungen 1969.

Pond, G. The Complete Cat Encyclopaedia. Heinemann: London, 1972.

Robinson, R. Genetics for Cat Breeders. Pergamon Press, Oxford 1971.

Schmidt-Treptow, W. A. Taschenbuch für die tierärztliche Kleintierpraxis. Paul Parey Verlag, Berlin und Hamburg 1963.

Schneider-Leyer, E. Welche Katze ist das? Kosmos-Verlag Stuttgart 2. Auflage 1971.
Schulberg, H. Deine Katze und Du! Albert Müller Verlag, Rüschlikon-Zürich 1963.
Schwangart, F. Zur Rassenbildung und Züchtung der Hauskatze. Zeitschrift f. Säugetierkunde. Jg. 1932, S. 73 bis 155.
Schwangart, F. Der Problemkreis um die schwanzlosen Katzen. Der Zoologische Garten (N.F.) Jg. 1950, S. 66 bis 73.
Staffe, A. Haustier und Umwelt. Verlag Paul Haupt, Bern 1948.
Wink, U. und Ketsch, F. Keysers praktisches Katzenbuch. Keysersche Verlagsbuchhandlung, München 1973.
Wolff, H. G. Gesunde Katzen durch homöopathische Behandlung. Karl F. Haug Verlag Ulm 1964.
Wolff, R. Katzen. Verlag Eugen Ulmer, Stuttgart 1970.
Wolff, R. und Braemer, H. Rassekatzen. Belser Verlag Stuttgart 1973.
Zukowsky, L. Tiere als Hausgenossen. Winkler Verlag München 1956.

*Zeitschriften:*
Die Edelkatze. 6200 Wiesbaden Rheinstraße 49.
Unsere Katze. 1000 Berlin 61, Steglitzdamm 36.
Cat World. 5395 South Miller Street, Littleton, Colo. 80123 – USA.

## Bildquellenverzeichnis

*Seite 97 oben* Reinhard-Tierfoto, Eiterbach, *Mitte und unten* Rolf Hinz, Wedel.
*Seite 115 oben* Irmgard Gnaps, Isernhagen. *Mitte und unten* Rolf Hinz.
*Seite 133 oben* Dr. Ulla Schultz-Roth, Hamburg. *Mitte* Rolf Hinz und Reinhard-Tierfoto. *Unten* Rolf Hinz.
*Seite 151 oben* Rolf Hinz. *Mitte* Dr. Ulla Schultz-Roth. *Unten* Rolf Hinz.
*Seite 169* Rolf Hinz.
*Seite 187 oben* Rolf Hinz und Ullmann, Hammersbach. *Mitte* Rolf Hinz. *Unten* Ulrich Kempf, Hamburg, und Dr. Ulla Schultz-Roth.
*Seite 205 oben* Rolf Hinz. *Mitte* Rolf Hinz und ZEFA GmbH, Düsseldorf. *Unten* Rolf Hinz.
*Seite 223 oben* Ullmann. *Mitte* Okapi, Frankfurt, und Dr. Ulla Schultz-Roth. *Unten* Okapi.

## Register